Geistliche Gemeinschaften in Sachsen

Johannes Berthold, Markus Schmidt (Hg.)

Geistliche Gemeinschaften in Sachsen

Evangelische Kommunitäten,
Gemeinschaften und Netzwerke
stellen sich vor

Völlig überarbeitete und erweiterte
Neuausgabe

Bibliografische Information der Deutschen Nationalbibliothek:
Die Deutsche Nationalbibliothek verzeichnet diese Publikation in der Deutschen
Nationalbibliografie; detaillierte bibliografische Daten sind im Internet über
http://dnb.d-nb.de abrufbar.

© 2020 Johannes Berthold und Dr. Markus Schmidt
Herstellung und Verlag: BoD – Books on Demand, Norderstedt
Covergestaltung: Maria Einert, Leipzig

ISBN 978-3-751-90384-4

Inhaltsverzeichnis

Informationen

Thilo Daniel

Geleitwort der Ev.-Luth. Landeskirche Sachsens

Liebe Schwestern und Brüder,

Geistliche Gemeinschaften – wenigstens zweierlei ist dazu zu sagen:

Geistlich sind sie. Verbunden in einem Geist. Dem Geist, den uns Jesus Christus selber an die Seite gibt und der zu aller Zeit und an allen Orten Gemeinschaft stiftet (Johannes 14,17).

Das führt gleich das andere nach sich: Gemeinschaft gibt es wohl nur im Plural. Die Gemeinschaft lebt in Gemeinschaften. Einem römisch-katholischen Theologen, Wolfgang Beinert, verdanke ich die Einsicht, dass Einheit immer die Vielfalt voraussetzt. Ansonsten erleben wir „Uniformismus" anstatt Einheit.

Die Geistlichen Gemeinschaften bilden aus meiner Sicht den Reichtum des Glaubens in der Landeskirche ab. Die Synode der Landeskirche Sachsens hat dieser Bedeutung durch ein erneuertes Gesetz zum Amt der Diakonin und des Diakons Rechnung getragen. An die Geistlichen Gemeinschaften ist die Einladung ergangen, sich in die Landeskirche weiter einzubringen und geistliche Heimat zu geben. Die Gemeinschaften sind ein Zuhause in der Kirche. Sie verbinden den Wunsch nach Verbindlichkeit mit dem lebendigen Ideal, Leben und Glauben zu verbinden. Dies wird wohl in der Landeskirche in Zukunft noch mehr gebraucht als bislang.

Während dieses Geleitwort entsteht, entbehren wir dieser Gemeinschaft auf nie gekannte Weise. Die Bedeutung der Gemeinschaft im Glauben tritt deutlich vor Augen. Nikolaus Ludwig von Zinzendorf wird der Satz zugesprochen: „Ich statuiere kein Christentum ohne Gemeinschaft". Diese Feststellung hat an Bedeutung keineswegs eingebüßt.

Diese Veröffentlichung dokumentiert den Reichtum und die Vielfalt der Geistlichen Gemeinschaften im Bereich unserer Landeskirche und die Verbundenheit untereinander, die es vermag, auch unterschiedliche Auffassungen und Haltungen miteinander zu verbinden. Denn die Gemeinschaften wissen sich in der Kirche Jesu Christi verbunden.

Deshalb wünsche ich der Neuausgabe dieser Veröffentlichung eine weite Verbreitung. Das ist mit der Hoffnung verbunden, dass die Gemeinschaften für den Glauben be-geistern können. Den Gemeinschaften wünsche ich, dass sie offen bleiben für diejenigen, die sich begeistern lassen. So kann die Gemeinschaft vielfältig bleiben und weiter mitwirken am Auftrag der Kirche, der im 1. Petrusbrief ausgesprochen wird:

„als lebendige Steine zum geistlichen Hause zu erbauen"
(1. Petrus 2,5).

In herzlicher Verbundenheit,

Dr. Thilo Daniel,
Oberlandeskirchenrat

Christoph Meyns

Geleitwort des Beauftragten des Rates der EKD für den Kontakt zu den geistlichen Gemeinschaften und evangelischen Kommunitäten

In der Vergangenheit haben sich Reformvorschläge im Bereich der Kirche – in Anlehnung an Methoden aus Marketing und Management – immer wieder an der Frage orientiert, welche organisatorischen Maßnahmen geeignet sind, um Gottesdienstbesuch, Amtshandlungs- und Mitgliederzahlen zu steigern. Eher weniger haben Kirchenleitungen über Fragen diskutiert, die die geistliche Dimension des kirchlichen Lebens betreffen.

Eben an dieser Stelle liegt der besondere Beitrag, den die geistlichen Gemeinschaften für die Vitalität der Kirche leisten können.

Mit Stundengebeten, Gottesdiensten und Gebetszeiten sowie mit ihrer liturgischen und musikalischen Arbeit, in der sakralen Kunst, der Gestaltung ihrer Räume und ihrer Gärten, mit ihrer Gastfreundschaft, ihrem gemeinsamen Leben und ihrem diakonischen Engagement gestalten sie auf intensive Weise geistliches Leben. Von besonderer Bedeutung ist für mich dabei der Raum des Rückzugs in die Stille, den sie Menschen bieten.

In einer Zeit, in der Glaube immer weniger durch institutionelle Bindungen gestützt wird, kommt es darauf an, dass Menschen eigene geistliche Erfahrungen machen können. Gott redet ebenso deutlich und verständlich zu uns wie in jeder anderen Epoche der Menschheitsgeschichte. Das Problem besteht darin, dass unsere Zeit so laut ist und jeden Tag mit so vielen Stimmen gefüllt wird, dass wir seine Stimme im Alltag kaum mehr hören. Menschen brauchen „Wüstenorte", Räume des Schweigens, in denen die Chance besteht, dass die äußeren und inneren Stimmen zur Ruhe kommen und das Hören auf Gott wieder möglich wird.

Wer sich in der Mischung aus Ordnung und Freiheit für längere Zeit auf die Stille einlässt, wird auf neue Weise hellhörig im Blick auf sich selbst, auf seine Umgebung und auf die Gegenwart Gottes. Es ist ein Weg in die Tiefe, von der Ebene der bewussten Sprache über die Welt der Bilder und Träume, die Dimension körperlicher Empfindungen und Gefühle bis hinein in das kontemplative Sein vor Gott jenseits dessen, was sich direkt zur Sprache bringen lässt.

Ich meine deshalb, dass den geistlichen Gemeinschaften eine große Bedeutung für die Erhaltung und Erneuerung des kirchlichen Lebens zukommt. Als Beauftragter des Rates der EKD für den Kontakt zu den geistlichen Gemeinschaften und evangelischen Kommunitäten freue ich mich daher über die Neuausgabe dieses Buches. Möge es viele Leserinnen und Leser finden, die darin Inspiration für ihr geistliches Leben entdecken.

Dr. Christoph Meyns,
Landesbischof der Ev.-Luth. Landeskirche in Braunschweig

Johannes Berthold, Markus Schmidt

Einführung

Gemeinschaften stellen sich vor

Ein Buch nicht nur *über*, sondern *von* Geistlichen Gemeinschaften mag als eine Selbstempfehlung erscheinen, die deren Wesen eigentlich fremd ist. Doch die Gemeinschaften erfahren solche Empfehlungen im Raum der evangelischen Kirche eher von außen. So heißt es in dem Perspektivpapier „Kirche der Freiheit", das der Rat der Evangelischen Kirche in Deutschland (EKD) im Jahr 2006 veröffentlich hatte:

„Ein ganz neues Gewicht gewinnen Kommunitäten und klosterähnliche Gemeinschaften an besonderen kirchlichen Orten. Die Zahl evangelischer Gemeinschaften mit einer verbindlichen geistlichen Lebensform wächst; oftmals erfüllen sie herausgehobene geistliche Räume mit ihrem spirituellen Leben. Sie wollen und sollen den Dienst der Ortsgemeinden ergänzen. An solche Orte kommen Menschen, die Zeiten der Stille und des gemeinsamen geistlichen Lebens, also ein ‚Kloster auf Zeit' suchen. Soweit ihre Gottesdienste und Gebetszeiten öffentlich sind und sie sich im Rahmen der kirchlichen Glaubens- und Lebensordnungen bewegen, sind diese Kommunitäten ein Schatz der evangelischen Kirche, dessen Bedeutung für die evangelische Frömmigkeit im Wachsen ist".[1]

Solche Hochschätzung kann leicht zur Überschätzung führen. Am ehesten wird sie vermieden, wenn Geistliche Gemeinschaften sich selbst beschreiben. Sie kennen sich selbst am besten – ihr Anliegen und ihre Verwirklichung, ihre Träume und ihre Enttäuschungen, ihren Reichtum und ihre Armut.

In diesem vorliegenden Buch stellen sich evangelische Kommunitäten, Geistliche Gemeinschaften und Netzwerke in der Ev.-Luth. Landeskirche Sachsens selbst vor. Sie sind in der Verschie-

---

1 Kirche der Freiheit. Perspektiven für die evangelische Kirche im 21. Jahrhundert. Ein Impulspapier des Rates der EKD, hg. vom Kirchenamt der EKD, Hannover 2006, 56 (Hervorhebungen im Oiginal).

denheit ihrer Geschichte und ihrer Anliegen wie bunte Blumen. Sie haben unterschiedliche Wurzeln und Farben. Und doch sind sie zusammengebunden in dem gemeinsamen Wunsch, der geistlichen Erneuerung unserer Kirche zu dienen.

Treffen Geistlicher Gemeinschaften in Sachsen

Seit 2007 sind die meisten dieser Gemeinschaften in den Treffen Geistlicher Gemeinschaften in Sachsen vernetzt. Bei diesen regelmäßigen Begegnungstagen kommen Mitglieder und Interessierte zusammen. Trotz des ökumenischen Anliegens unserer Gemeinschaften konzentrieren sich die Treffen auf die evangelischen Gruppen in Sachsen, um diesen lange vernachlässigten Bestandteil evangelischer Spiritualität zu stärken.

Im Mai 2020 ist das Netzwerk der Geistlichen Gemeinschaften online gegangen: www.geistliche-gemeinschaften-sachsen.de.

Mittlerweile sind unsere Gemeinschaften eine feste Größe in der sächsischen Landeskirche. Seit 2014 haben sie sogar einen Sitz in der Landessynode, den in der aktuellen Legislaturperiode (27. Landessynode bis 2020) Sr. Esther Selle von der Diakonischen Gemeinschaft der Ev.-Luth. Diakonissenanstalt Dresden wahrnimmt. Diese Entwicklung zeigt, wie die Gemeinschaften einen nicht wegzudenkenden Bestandteil der lebendigen Spiritualität in der sächsischen Landeskirche bilden. Sie bestätigt damit, was der frühere Tübinger Praktische Theologe Werner Jetter (1913–2004) festgestellt hatte:

Die Kirche Jesu Christi könne grundsätzlich „nicht auf die Intimität ihrer Glaubensgemeinschaft verzichten, ohne sich selbst zu entleiben. So ist es zu verstehen, daß sie in ihrer Geschichte, nicht nur in der Ursprungszeit, sondern auch, je größer sie wurde, immer wieder mit der Bildung von Gruppengemeinschaften und dem Ruf nach solchen zu tun hatte. Dies ist zwar nie eine problemlose, aber immer eine besonders wichtige konstruktive ekklesiale Realität gewesen".[2]

---

2 Jetter, Werner, Symbol und Ritual. Anthropologische Elemente im Gottesdienst, Göttingen ²1986, 231.

Es sei gerade die kleine Gruppengemeinschaft, die die „Lücken der großkirchlichen Praxis", so Jetter, mit ihrer unterscheidbaren Lebensgestaltung, ihrem konkreten Nächstendienst und ihrem klaren Bekenntnis schließe.

Die 23 im Buch vertretenen Gemeinschaften

Diese Neuausgabe unseres erstmals 2016 in zwei Auflagen erschienenen Buches ist gewachsen. Sie erscheint erweitert und vollständig überarbeitet. Von den fast 30 Gruppen sind in diesem Buch nunmehr 23 mit eigenen Beiträgen vertreten.

Wie könnte besser die Verschiedenartigkeit dieser Gruppen und ihrer Mitglieder am besten beschrieben werden? Die einen bestehen aus noch jungen Mitgliedern, andere verbinden Menschen unterschiedlicher Generationen, einige sind schon in die Jahre gekommen. Manche entstammen als diakonisch oder missionarisch ausgerichtete Gemeinschaften der Inneren Mission des 19. Jahrhunderts, andere repräsentieren die klösterlichen Kommunitäten der Nachkriegszeit. Manche leben ehelos, manche verheiratet, manche bilden Lebensgemeinschaften auf Zeit und andere wiederum kommen in regelmäßigen Abständen zusammen. Die einen stellen Gemeinschaften von Pfarrerinnen und Pfarrern, Vikaren oder Theologiestudierenden dar, während andere verschiedene Berufe verbinden. Einige leben nach einer festen Regel, einige organisieren sich eher spontan. Hochkirchlich, pietistisch, betont lutherisch, evangelikal und / oder charismatisch sind sie. Es ist unmöglich, sie einfach einer Schublade zuzuordnen.

Was sie alle verbindet: das *ora et labora*, das „bete und arbeite", das Benedikt von Nursia (ca. 480–547) seiner Mönchsgemeinschaft auf dem Monte Cassino ins Stammbuch (die Regel) geschrieben hatte und das sich über den Benediktinerorden hinaus als eine Grundregel christlicher Spiritualität erwiesen hat. Dieses Motto wird verschieden gelebt und führt doch auf die allen gemeinsame Wurzel der verbindlich gestalteten, gemeinschaftlichen Nachfolge Jesu Christi zurück.

Neben den im Buch vertretenen Gemeinschaften gibt es noch einige weitere, die aus unterschiedlichen Gründen keinen Beitrag liefern konnten. Sie seien an dieser Stelle erwähnt: die Schwesternschaft vom Trinitatis-Ring in Leipzig, die Christophorus-Bruderschaft, die Christusträger-Bruderschaft, die Burgarbeit Christliches Sozialwerk und Lebenshilfe in Leipzig[3].

Inhalt und Aufbau des Buches

Diese Neuausgabe ist in drei Teile gegliedert: Der erste Teil bietet grundlegende theologische und historische Reflexionen zu Geistlichen Gemeinschaften in der evangelischen Kirche bzw. in der Ev.-Luth. Landeskirche Sachsens. Im zweiten Teil, dem Hauptteil des Bandes, stellen sich 23 Kommunitäten, Gemeinschaften und Netzwerke selbst vor. Den Schluss bilden Anschriften und die Autorenübersicht.

Der Leipziger Praktische Theologe Peter Zimmerling steuert auch für diese Neuauflage seinen grundlegenden und wegweisenden Text zur *Bedeutung der Kommunitäten und geistlichen Gemeinschaften für die evangelische Kirche* wieder bei. Zimmerling hatte seine Gedanken für den EKD-Text „Verbindlich leben. Kommunitäten und geistliche Gemeinschaften in der Evangelischen Kirche in Deutschland. Ein Votum des Rates der EKD zur Stärkung evangelischer Spiritualität"[4] von 2007 entwickelt und im gleichen Jahr auf dem ersten Treffen Geistlicher Gemeinschaften in Sachsen vorgetragen.

Der frühere Beauftragte des Rates der EKD für den Kontakt zu den Kommunitäten, Landesbischof i.R. Jürgen Johannesdotter liefert einen einleitenden Beitrag, indem er theologische und historische Eckdaten der *Entstehung evangelischer Kommunitäten*

---

3 Zur Burgarbeit vgl. Drechsler, Sieglinde, Die Burgarbeit. Unsere Zeit in Liemehna, in: Schmidt, Markus (Hg.), Ein Haus aus lebendigen Steinen. 40 Jahre Bruderschaft Liemehna, Berlin 2013, 71–76.

4 Kirchenamt der EKD (Hg.), Verbindlich leben. Kommunitäten und geistliche Gemeinschaften in der Evangelischen Kirche in Deutschland. Ein Votum des Rates der EKD zur Stärkung evangelischer Spiritualität (EKD-Texte 88), Hannover 2007.

bzw. Gemeinschaften markiert. Er formuliert Beobachtungen über *aktuelle Entwicklungen* der Gemeinschaften in Deutschland.

Pfarrer Christian Schreier beschreibt, *wie es zu den Treffen Geistlicher Gemeinschaften in Sachsen kam*. Als Vordenker dieser Treffen hält er persönliche Erinnerungen fest.

Von ihm stammt auch die Anregung für eine *Dekade der Umkehr*, die auf dem Treffen Geistlicher Gemeinschaften am 29. und 30. November 2019 in Moritzburg angenommen wurde. Der entstandene Text wird ebenfalls im ersten Teil dieses Buches dokumentiert.

Den Kern und größten Teil des Buches bilden die *Selbstvorstellungen* der sächsischen Kommunitäten, Gemeinschaften und Netzwerke. Sie sind von Schwestern und Brüdern der einzelnen Gruppen verfasst. Die alphabethisch geordneten Beiträge folgen einem gleichen Aufbau, indem sie nach den sechs Abschnitten gegliedert sind:

- · Geschichte,
- · Profil,
- · Struktur,
- · Gemeinsames Leben,
- · Aktivitäten/Angebote,
- · Netzwerk.

Im Schlussteil des Buches findet sich wieder eine, auf den aktuellen Stand gebrachte, *Adress- und Kontaktliste* aller im Buch vertretenen Gemeinschaften sowie eine *Übersicht der Autorinnen und Autoren*.

Dank und Widmung

Als Herausgeber danken wir allen Schwestern und Brüdern, die sich dem Wagnis dieses Buchprojektes gestellt und einen Beitrag über ihre Gemeinschaft beigesteuert haben.

Die Ev.-Luth. Landeskirche Sachsens hat auch diese Neuausgabe mit einem großzügigen Druckkostenzuschuss freundlich gefördert und dadurch überhaupt ermöglicht. Dafür gilt unser besonderer Dank. Schließlich sind wir allen zu Dank verpflichtet, die unsere Kommunitäten, Gemeinschaften und Netzwerke durch ihr Interesse, ihre Freundschaft und mit finanziellen Hilfen unterstützen.

Unsere Widmung, mit der wir die erste Auflage dieses Buches versehen hatten, erneuern wir. Wir widmen es der Landeskirche Sachsens. Mögen die Leserinnen und Leser inspiriert werden, über den zukünftigen Weg unserer Kirche nachzudenken. Ihr gilt unsere Liebe und unsere Sorge – vor allem aber unsere Hoffnung. Denn wie Johannes Calvin zuversichtlich formuliert hatte:

„wenn die Kirche nicht leuchtet, halten wir sie schnell für erloschen und erledigt. Aber so wird die Kirche in der Welt erhalten, dass sie auf einmal vom Tode aufsteht, ja am Ende geschieht diese ihre Erhaltung jeden Tag unter vielen solchen Wundern. Halten wir fest: Das Leben der Kirche ist nicht ohne Auferstehung, noch mehr: nicht ohne viele Auferstehungen".[5]

---

5 Ioannis Calvini opera quae supersunt omnia, Bd. 43, hg. von Wilhelm Baum/Eduard Cunitz/Eduard Reuss (Corpus reformatorum 71), Braunschweig 1890, 353.

Grundlagen

Peter Zimmerling

Die Bedeutung der Kommunitäten und geistlichen Gemeinschaften für die evangelische Kirche[1]

Vorbemerkungen

Im Vatikan gibt es schon lange eine eigene Kongregation für das Ordenswesen. Dieses kirchenleitende Ministerium wacht über die Ausbildung, Verwaltung und Regeltreue der Mitglieder von Orden und Säkularinstituten und kontrolliert die Integration ihres spezifischen Auftrags in die Aktivität der Kirche insgesamt. Päpste, Kardinäle und Bischöfe bringen regelmäßig in öffentlichen Verlautbarungen zum Ausdruck, dass die Orden und neuen geistlichen Gemeinschaften unerlässlich für das Leben der katholischen Kirche seien. Am durchdachtesten hat dies zuletzt 1998 der damalige Präfekt der Glaubenskongregation Joseph Kardinal Ratzinger in seiner Rede über den theologischen Ort der geistlichen Gemeinschaften getan.[2] Er stellt darin fest: „Ortskirchliche Struktur und apostolische Bewegungen brauchen einander. Wo eines von beiden geschwächt wird, leidet die Kirche als Ganze". Institutionelle und charismatische Dimension sind gleichermaßen für die Kirche unverzichtbar.

In der Evangelischen Kirche wurden die Geistlichen Gemeinschaften und Kommunitäten erst 1979 durch die Denkschrift „Evangelische Spiritualität" kirchenamtlich anerkannt. Die Landeskirchen waren von der Entstehung zahlreicher Kommunitäten und geistlichen Gemeinschaften im 20. Jahrhundert mehr oder weniger überrascht worden. Mit der Denkschrift vollzog die evangelische Kirche einen tief greifenden Paradigmenwechsel. Sie

---

1 Referat beim Treffen Geistlicher Gemeinschaften in Liemehna am 02.11.2007, veröffentlicht in: Schmidt, Markus (Hg.), Ein Haus aus lebendigen Steinen. 40 Jahre Bruderschaft Liemehna. Festschrift, Berlin 2013, 107–119; zuerst abgedruckt in: Mitteilungsblatt der Hochkirchlichen Vereinigung Augsburgischen Bekenntnisses e.V., Nr. 199/200, 2010, 21–32.

2 Benedikt XVI. / Ratzinger, Joseph Kardinal, Kirchliche Bewegungen und neue Gemeinschaften. Unterscheidungen und Kriterien, München u.a. 2007, 13.

brach – vorbehaltlos – mit der aus der Reformationszeit herrüh-
renden Ablehnung monastischer Lebensformen. Die Studie geht
davon aus, dass Kommunitäten eine legitime Ausprägung bib-
lisch-reformatorischen Christseins darstellen und würdigt sie als
Orte spiritueller Übung und Erfahrung: „In neuerer Zeit sind
Kommunitäten und Einkehrhäuser für viele zu ‚Gnadenorten‘
geworden. Diese Entwicklung sollte gefördert werden."

Die Vorbehalte, ob kommunitäre Spiritualität Heimatrecht im
Protestantismus besitzt, sind fast 30 Jahre nach Erscheinen der
Denkschrift immer noch weit verbreitet. Das jüngste Wort des
Rates der EKD vom Januar 2007 zu Kommunitäten „Verbindlich
leben. Kommunitäten und geistliche Gemeinschaften in der
Evangelischen Kirche in Deutschland. Ein Votum des Rates der
EKD zur Stärkung evangelischer Spiritualität"[3] hat nichtsdesto-
trotz – erstmals seit 500 Jahren – die Kommunitäten und geistli-
chen Gemeinschaften als eine legitime Sozialgestalt der evangeli-
schen Kirche anerkannt.

1. Zum Sprachgebrauch

Der aus dem Französischen und Englischen stammende Begriff „Kommunität" wird im Deutschen in einem engeren und
einem weiteren Sinn verwendet. Im engeren Sinn bezeichnet er
evangelische Gemeinschaften, die nach der – häufig modifizier-
ten – Regel der drei monastischen Gelübde auf Dauer zusammenleben: des Gehorsams gegen eine Leitungsinstanz, des Ver-
zichts auf Privatbesitz und auf die Ehe (z.B. die „Communauté de
Taizé" oder die „Communität Christusbruderschaft Selbitz").
Hierher gehören auch die z.T. bereits im 19. Jahrhundert entstandenen Diakonissenmutterhäuser. Im weiteren Sinn findet der
Begriff für Schwesternschaften, Bruderschaften und Gemeinschaften von Frauen und Männern Verwendung, deren Mitglieder
zwar nach einer verbindlichen Regel ihr Christsein gestalten und

---

3 Kirchenamt der EKD (Hg.), Verbindlich leben. Kommunitäten und geistliche Gemeinschaften in der Evangelischen Kirche in Deutschland. Ein Votum des Rates der EKD zur Stärkung
evangelischer Spiritualität (EKD-Texte 88), Hannover 2007. Die folgenden Überlegungen
finden sich zum großen Teil in dieser Schrift, an der ich mitgearbeitet habe.

auch regelmäßig zu Tagungen und Einkehrzeiten zusammen-
kommen, ohne sich aber aus Familie und Beruf zu lösen (z.B. die
„Evangelische Michaelsbruderschaft"). Es gibt auch Gemeinschaften, die beide Formen umfassen (z.B. die „Jesus-Bruderschaft
Gnadenthal"). Eine besondere Form geistlicher Gemeinschaften
stellen schließlich die bereits aus der Reformationszeit stam-
menden evangelischen Damenstifte dar, die ihre Entstehung der
Umwandlung vorreformatorischer Klosterkonvente verdanken.
Die heutigen Selbstbezeichnungen der Gemeinschaften lassen
eine bunte Vielfalt erkennen, die sich meist aus ihrer Eigenart
und Entstehungszeit ergibt, aber nicht unbedingt ihre innere
Struktur zum Ausdruck bringt (Kommunität, Bruder- und
Schwesternschaft, Familie, Ring, Kreis, Gilde, Foyer, Oratorium,
Kloster, Konvent, Cella, Priorat, Orden u.a.).

2. Kommunitäten und geistliche Gemeinschaften als eine legitime Sozialgestalt der evangelischen Kirche

Der Kirchenrechtler Hans Dombois hat überzeugend nachge-
wiesen, dass vier Sozialgestalten für die Kirche essentiell seien.
Sie bildeten sich in den ersten vier Jahrhunderten des Christentums heraus: universale Kirche, partikulare bzw. regionale Kirche, Ortsgemeinde und Orden bzw. Kloster. Ortsgemeinde und
universale Kirche sind dabei gleich ursprünglich, was bereits an
der Doppelbedeutung des neutestamentlichen Begriffs der Ekklesia im Sinne von Gesamtgemeinde (1Kor 15,9) und Einzelge-
meinden (1Kor 1,2) sichtbar wird. Beide Gestalten von Kirche
besitzen die gleiche Dignität. Sehr bald entwickelte sich auch die
dritte Gestalt von Kirche, die Partikularkirche, die begrifflich neben und sachlich innerhalb der universalen Kirche steht. Ansätze
zur Entwicklung von Partikularkirchen finden sich wiederum
schon im Neuen Testament. Hier ist z.B. die durch die paulini-
sche Mission entstandene griechisch geprägte Kirche zu nennen
(vgl. auch 1Kor 16,1, wo Paulus von „den Gemeinden in Galatien"
spricht). An der Wende vom dritten zum vierten Jahrhundert
entstand schließlich eine vierte Sozialgestalt von Kirche, die spä-

ter unter der Bezeichnung Orden bzw. Kloster begrifflich zusammengefasst wurde.

Unter Orden sind alle selbständigen Gruppen zu verstehen, „die auf
Grund besonderer Berufung und freier Wahl ihrer Glieder in bewußter
Korrelation zu der grundsätzlich jedem Christen zugänglichen ‚Kirche'
und ‚Gemeinde' stehen, aber eben darum selbst nicht Kirche oder Gemeinde zu sein beanspruchen [...]. Aus dieser bewußten Begrenzung und
bejahten Bezogenheit ergibt sich über den präzisen und engeren Begriff
des Ordens hinaus der hier gemeinte, für die Struktur der Kirche charak-
teristische Verbandstypus, dessen weiteste, schon etwas blasse Um-
schreibung man im Begriff der ‚besonderen Dienstgemeinschaft' versuchen könnte".[4]

Neutestamentliche Analogien zum späteren christlichen Ordenswesen lassen sich im Zusammenleben der Jünger und Jüngerinnen des irdischen Jesus (Lk 8,1–3), ansatzweise vielleicht
auch in der Jerusalemer Urgemeinde finden (Apg 2,42–47). Den
Orden kommt wie den drei anderen Sozialgestalten für die Kirche konstitutive Bedeutung zu. Sie sind deshalb nicht ausschließlich durch den Verweis auf außergewöhnliche Entstehungsbedin-
gungen, wie z.B. eine verweltlichte oder reich gewordene Kirche
und darauf reagierende besondere asketische Bestrebungen zu
erklären. Vielmehr kommt den Orden eine für die drei anderen
Gestalten der Kirche auf Dauer unverzichtbare spirituelle und
institutionelle Prägekraft zu. Die vier Sozialformen der Kirche
stellen nämlich keine isolierten Größen dar, sondern verweisen
aufeinander und sind untereinander verbunden. Evangelische
Kommunitäten und geistliche Gemeinschaften sind eine legitime
Sozialgestalt auch der evangelischen Kirche.

---

4 Dombois, Hans, Das Recht der Gnade. Ökumenisches Kirchenrecht II, Bielefeld 1974, 40.

3. Die Entstehung von evangelischen Kommunitäten und geistlichen Gemeinschaften im Protestantismus – Stationen auf dem Weg

Schon die Reformationszeit zeigt, dass Minderheitsbildungen im Raum der Großkirche anscheinend notwendig zu ihrer Existenz dazu gehören. Es sieht so aus, als bildeten die damals entstandenen täuferischen Gemeinschaften – der sogenannte linke Flügel der Reformation – eine Art Ersatz für das verdrängte Ordenswesen. Im Laufe der weiteren Geschichte des Protestantismus wurde zwar immer wieder versucht, alle Sondergemeinschaften zu unterdrücken. Dennoch kam es spätestens seit dem 18. Jahrhundert im Raum der evangelischen Landeskirchen zur Bildung von geistlichen Gemeinschaften, die die Rolle der Orden übernahmen.

Dabei hätte es schon während der Reformationszeit nicht zwangsläufig zur Auflösung fast aller Orden und Bruder- und Schwesternschaften kommen müssen. Es gibt durchaus positive Aussagen der Reformatoren zum Ordenswesen, aus denen hervorgeht, dass sie nur die Missbräuche abgeschafft wissen wollten, nicht aber die Sache selbst.[5]

Im Barockpietismus konnten Philipp Jakob Spener, Gerhard Tersteegen und Nikolaus Ludwig Graf von Zinzendorf erste Ansätze kommunitären Lebens zum Teil dauerhaft etablieren. Einen weiteren Ansatzpunkt kommunitären Lebens in der evangelischen Kirche stellten im 19. Jahrhundert die an vorreformatorische Tradition anknüpfenden, ganz auf diakonische Aufgaben ausgerichteten Schwestern- und Bruderschaften dar. Die ersten wurden von Johann Hinrich Wichern in Hamburg (1833), von Theodor und Friederike Fliedner in Kaiserswerth (1836) und von Wilhelm Löhe in Neuendettelsau (1853) ins Leben gerufen.

Im 20. Jahrhundert schließlich gab es drei Entstehungswellen gemeinschaftlichen Lebens in der evangelischen Kirche. Zunächst schlossen sich vor und nach dem Ersten Weltkrieg einzelne Bruderschaften ohne gemeinsames Leben zusammen. Am bekanntesten und größten wurde die 1931 gegründete „Evangeli-

---

5 Vgl. Halkenhäuser, Johannes, Kirche und Kommunität, Paderborn ²1985, 13–81.

sche Michaelsbruderschaft". Abgesehen von Bonhoeffers Bruderhaus in Finkenwalde 1935 und der schon 1940 gegründeten Bruderschaft in Taizé entstanden die ersten Kommunitäten mit gemeinsamem Leben erst unmittelbar nach dem Zweiten Weltkrieg.
Damals bildeten sich evangelische Orden in der Traditionslinie
vorreformatorischer Regeln wie die „Communität Christusbruderschaft Selbitz" (1949). Ende der 1960er-Jahre formierten sich
Familiengemeinschaften als Erneuerungskerne in einer Zeit tief
greifender gesellschaftlicher Umbrüche. Zu ihren größten zählt
die Familienkommunität der „Jesus-Bruderschaft
Gnadenthal" (1968).

4. Gründe, warum Kommunitäten und geistliche
Gemeinschaften für die Kirche unverzichtbar sind

Martin Luther wies der reformatorischen Spiritualität Familie
und Ortsgemeinde, Beruf und Gesellschaft als primäre Verwirkli-
chungsfelder zu.[6] Er verlegte damit das Zentrum der christlichen
Frömmigkeit vom Kloster in die Familie und schuf auf diese Weise die Hauskirche. Gleichzeitig machte er den weltlichen Beruf
und damit die Gesellschaft zum Bewährungsfeld des Glaubens.
Reformatorische Spiritualität stellte gegenüber der mittelalterlichen Frömmigkeit einen qualitativen Fortschritt dar: Sie war eine
Spiritualität für jedermann und zeichnete sich durch Alltagsverträglichkeit aus. Familie und Ortsgemeinde, Beruf und Gesellschaft haben sich in den folgenden Jahrhunderten als bevorzug-
ter Raum reformatorischer Spiritualität bewährt. Luthers eigene
Ehe und Familie wurde zum Prototyp der neuzeitlichen protestantischen Familie. Im evangelischen Pfarrhaus als Abbild von
Luthers Haus lag auch im kleinsten Dorf die dafür nötige Veran-
schaulichungsinstanz vor. Im Rahmen der Familie gelang durch
den Katechismus mit Unterstützung der parochialen Kirchengemeinde die Weitergabe des Evangeliums an die nächste Generation. Indem der weltliche Beruf von Luther zum Bewährungsfeld
des Glaubens gemacht wurde, erhielt die weltliche Arbeit religiö-

---

6 Vgl. Zimmerling, Peter, Evangelische Spiritualität. Wurzeln und Zugänge, Göttingen 2003.

se Orientierung. Jeder Christ war dazu befreit, in seinem weltlichen „Beruf" zur Ehre Gottes und zum Wohl der Mitmenschen zu wirken. Dadurch wurden im neuzeitlichen Europa ungeahnte schöpferische Kräfte im Menschen freigesetzt.

Inzwischen hat sich die gesellschaftliche Situation gegenüber dem 16. Jahrhundert tiefgreifend gewandelt. Seit der Industriellen Revolution entwickelte sich die mittelalterliche und frühneuzeitliche Großfamilie über die Kleinfamilie zur Kleinstfamilie. Sie wurde zunehmend weniger im reformatorischen Sinn als Hauskirche erlebt. Ihre religiöse Grundierung ging verloren. Mit der fortschreitenden Säkularisierung der Gesellschaft verlor auch der lutherische Berufsgedanke seine religiöse Prägung. Inzwischen wird der Beruf kaum noch als Bewährungsfeld des Glaubens, sondern als Ort des Geldverdienens und der Selbstverwirklichung verstanden. Neben Familie und Beruf trat in den vergangenen Jahrzehnten auch die Ortsgemeinde in ihrer Bedeutung für die Spiritualität des einzelnen Kirchenmitglieds zurück. Die Bewohner einer Großstadt wählen unter den verschiedenen Angeboten den Gottesdienst aus, der ihnen zusagt. Die parochiale Struktur reicht inzwischen weder aus, um einen Großteil der Menschen einer mobilen, pluralistischen Gesellschaft mit dem Evangelium zu erreichen, noch um die Weitergabe des Evangeliums an die nachfolgende Generation zu gewährleisten. Das zunehmende Auseinanderdriften in unterschiedliche gesellschaftliche Gruppen und verschiedene ästhetische Milieus, die kaum eine gemeinsame Kommunikationsebene haben, macht es notwendig, das herkömmliche parochiale System durch zusätzliche Sozialgestalten von Kirche zu ergänzen. Dabei sind die Kommunitäten und geistlichen Gemeinschaften unverzichtbar.

Überdies bilden Kommunitäten und geistliche Gemeinschaften ein notwendiges Gegengewicht zu einem im 19. Jahrhundert herausgebildeten protestantischen Frömmigkeitstypus, der von Individualismus, Subjektivismus und Innerlichkeit bestimmt ist. Mehr und mehr ist der traditionellen evangelischen Spiritualität der Gemeindehorizont verloren gegangen. Eine gewisse Unverbindlichkeit und Profillosigkeit waren die Konsequenz. Gleichzeitig drohte evangelischer Spiritualität der Verlust der Form. Die

Bedeutung von Symbol und Ritual für den Glauben wurde unterschätzt. Mitglieder von Kommunitäten und geistlichen Gemeinschaften setzen stattdessen auf eine gemeinsam gelebte verbindliche Glaubenspraxis, zur der regelmäßige Gottesdienste und nach Möglichkeit auch Stundengebete gehören. Dabei hat sich die Pflege von liturgischen und anderen spirituellen Formen als unverzichtbar herausgestellt. Aus der gemeinsam gelebten *praxis pietatis* rührt die Möglichkeit der Kommunitäten, als „Gnadenorte" wirksam zu werden.

Im Laufe der Zeit hat sich gezeigt, dass kommunitäres Christsein auch mit Risiken verbunden sein kann. Es kann als Hochform evangelischer Spiritualität missverstanden werden, die von einigen wenigen religiösen Virtuosen stellvertretend für andere gelebt wird. Eine solche Interpretation entspricht zwar dem Trend des modernen Lebens mit seinem zunehmenden Spezialistentum, das konsequenterweise auch religiöse Spezialisten verlangt. Sie würde aber einen Rückfall in ein vorreformatorisches Zwei-Stufen-Christsein bedeuten: von Christen erster Klasse, die kommunitär lebten, und von Christen zweiter Klasse, die in Familie, Beruf und Kirchengemeinde verblieben. Auf diese Weise ginge die Ausrichtung reformatorischer Spiritualität auf die Welt und das damit verbundene immer neue Ringen um ihre Alltagsverträglichkeit verloren. Ein weiteres Risiko kommunitären Christseins besteht darin, dass es in Abhängigkeit vom Leiter oder der Leiterin der Gemeinschaft geraten kann. Manche Menschen unterwerfen sich nur zu gerne einem geistlichen Leiter, um dadurch von der Last der Eigenverantwortung für Leben und Glauben frei zu werden. Dadurch würde jedoch die reformatorische Errungenschaft der Freiheit des individuellen Gewissens preisgegeben. Kommunitäres Christsein kann schließlich zu einer Überbetonung der Gemeinschaft führen. Sie wird z.B. am fehlenden Eigenprofil der Spiritualität des einzelnen Kommunitätsmitglieds sichtbar. Der Glaube der Gemeinschaft kann zum Surrogat des eigenen Glaubens werden. Persönliche Zweifel und Meinungsunterschiede werden unterdrückt, um die emotionale Sicherung durch die Gruppe nicht aufs Spiel zu setzen. Im Wissen um diese Gefährdung ist es für jede christliche Gemeinschaft notwendig, ihren Mitgliedern ein möglichst hohes Maß an Selbstbestimmung, Partizipation und Initiative in Fragen des Glaubens und des gemeinsamen Lebens einzuräumen.

Gerade angesichts dieser Risiken ist es wichtig, Kommunitäten und geistliche Gemeinschaften, Kirchengemeinden und Landeskirchen bzw. EKD in Zukunft stärker aufeinander zu beziehen, und zwar im Sinne gegenseitiger Ergänzung und Korrektur. Erst wenn Kommunitäten, Kirchengemeinden und Landeskirchen sowohl ihre Gleichwertigkeit und Unterschiedlichkeit als auch ihr bleibendes Aufeinanderangewiesensein erkennen, wird es zu einer echten gegenseitigen Bereicherung kommen.

5. Was Kommunitäten und geistliche Gemeinschaften konkret zum Leben der Kirche beitragen können – Zehn Thesen

1. Indem sie dem Gottesdienst nichts vorziehen (Benedikt), stärken sie die geistliche Mitte der Kirche.
   Das Zentrum kommunitärer Spiritualität bildet die Feier des Gottesdienstes. Kommunitäten wenden sich gegen die „Herabsetzung des liturgischen Gottesdienstes zu einem bloßen Mittel zur Verwirklichung des vernünftigen Gottesdienstes"[7]. Für die primär an den Früchten des Glaubens orientierte volkskirchliche Spiritualität (diakonisches und sozialethisches Engagement) bildet kommunitäre Spiritualität auch aus diesem Grund ein unverzichtbares Korrektiv.

2. Angesichts der „Selbstsäkularisierung" des Protestantismus (Wolfgang Huber) helfen sie zur notwendigen Profilierung evangelischen Christseins.
   Die in Kommunitäten gelebte verbindliche Spiritualität bildet angesichts der bei der überwiegenden Mehrzahl der evangelischen Kirchenmitglieder zu beobachtenden Unkenntnis und Unverbindlichkeit des Glaubens, die sich z.B. an fehlender Teilnahme am Gottesdienst und dem übrigen Gemeindeleben und an der Unkenntnis der Gebote Gottes zeigt, ein wichtiges Gegengewicht.

---

7 So Jüngel, Eberhard, Der evangelisch verstandene Gottesdienst, in: ders., Wertlose Wahrheit. Zur Identität und Relevanz des christlichen Glaubens, Theologische Erörterungen III, München 1990, 305.

3. Kommunitäten zeigen durch die Vielfalt ihrer Erscheinungsformen, dass in der Kirche ein schöpferischer Pluralismus möglich ist, der nicht relativierend und dissoziierend wirken muss.

Beim Vergleich der unterschiedlichen Kommunitäten zeigt sich, dass ihre Spiritualität pluralistisch ist, ohne deshalb in unverbundene Spiritualitäten zu zersplittern. Die unterschiedlichen kommunitären Spiritualitäten besitzen eine gemeinsame Mitte im christozentrisch geprägten Glauben, in der Liebe zur Bibel, in der Hochschätzung des Gottesdienstes einschließlich der Sakramente und in der Ausrichtung auf Gemeinschaft, Kirche und Gesellschaft. Der Pluralismus der kommunitären Spiritualitäten wirkt dadurch bereichernd und nicht dissoziierend.[8] Auf diese Weise können Kommunitäten dazu beitragen, in der Gesamtkirche die Bedeutung eines schöpferischen Pluralismus[9] zu entdecken – eine auf dem Hintergrund der oft zerstörerischen Flügelkämpfe zwischen den Anhängern verschiedener theologischer Richtungen in der Gesamtkirche und in den Parochialgemeinden besonders dringliche Aufgabe.

4. Kommunitäten stellen einen Schritt auf dem Weg zur praktischen Verwirklichung des allgemeinen Priestertums dar, das durch die Reformation zwar wieder entdeckt, aber nicht praktisch umgesetzt wurde.

Indem die geistlichen Gemeinschaften die Bedeutung der Charismen für den Gemeindeaufbau entdeckt haben, tragen sie zur Überwindung der Konzentration des Charismas auf den Amtsträger bei, die für die Gesamtkirche immer noch typisch ist, und helfen so, die reformatorische Forderung nach dem „Allgemeinen Priestertum" praktisch umzusetzen.[10]

---

8 Christoph Joest versucht das Ineinander von Einheit und Unterschiedenheit der christlichen Spiritualität mit dem dreieinigen Leben Gottes zu begründen: „Letztlich ist die ‚Dialektik' zwischen der einen Spiritualität und den vielen Spiritualitäten, ihre spannungsvolle Einheit und wechselseitige Bedingtheit, implizit im dreifaltig-einen Leben Gottes enthalten, dessen Geist unsere Spiritualität begründet", ders., Der Protestantismus und die evangelischen Kommunitäten, in: KuD 42/1996, 278; Hervorhebungen im Original.

9 Vgl. zum Begriff im Einzelnen: Welker, Michael, Kirche im Pluralismus, Gütersloh 1995, 8 u.ö.

10 Zum Begriff vgl. Härle, Wilfried, Allgemeines Priestertum und Kirchenleitung nach evangelischem Verständnis, in: Marburger Jahrbuch Theologie VIII, Marburg 1996, 66f. Eine weitere Voraussetzung dafür stellt die Möglichkeit der Kommunitätsmitglieder dar, sich innerhalb und außerhalb der eigenen Kommunität ständig theologisch weiterzubilden.

5. Kommunitäten lassen erkennen, dass im evangelischen Glauben Individualität und Sozialität untrennbar zusammengehören.

Gegenüber dem gegenwärtig vorherrschenden protestantischen Frömmigkeitstypus, der seit dem 19. Jahrhundert zunehmend von Individualismus, Subjektivismus und Innerlichkeit geprägt wurde, stellt die Neuentdeckung der ekklesiologischen Ausrichtung des Glaubens durch die Kommunitäten ein notwendiges Korrektiv dar. Zinzendorf: „Kein Christentum ohne Gemeinschaft".

6. Die Ewigkeitsorientierung der Spiritualität von Kommunitäten stellt ein notwendiges Gegengewicht zur Diesseitsverliebtheit der gegenwärtigen volkskirchlichen Frömmigkeit dar.

Die eschatologische Ausrichtung kommunitärer Spiritualität stellt eine unverzichtbare Herausforderung gegenüber einer die volkskirchliche Frömmigkeit dominierenden Diesseitsorientierung dar.

7. Kommunitäten haben durch die Wiederentdeckung von Symbolen und Ritualen die Notwendigkeit der Gestaltwerdung für den Glauben erkannt.

Kommunitäten plädieren für ein Christentum mit Leib und Seele. Die protestantische Phobie vor der Form ist an ihnen gnädig vorübergegangen. Darum wird ihre Spiritualität wesentlich durch Symbole und Rituale geprägt. Die Wiederentdeckung des Symbols wirkt sich bis in der Gestaltung der Wohnräume unter Einbeziehung geistlicher Gesichtspunkte aus: Eine „schöne Ecke" mit Kruzifix gehört zur Einrichtung vieler Zimmer in Kommunitäten. Die Hochschätzung des Rituals als Glaubenshilfe zeigt sich z.B. in der Praxis der Beichte.

8. Kommunitäten vermitteln durch die Durchführung von Vorträgen, Seminaren, Tagungen und Freizeiten Impulse für die konkrete Gestaltung des spirituellen Lebens.

Die Kommunitäten bieten als „evangelische Gnadenorte" Besuchern und Besucherinnen die Möglichkeit, geistlich aufzutanken. Diesem Zweck dienen spirituelle Tagungsangebote vonseiten der Kommunitäten und die Einladung, für kürzere oder längere Zeit in den Kommunitäten mitzuleben („Kommunität auf Zeit"). In Kommunitäten erfahren Menschen in einer sonst von Lärm und Leistungsdruck geprägten Gesellschaft innere Entspannung:[11] Die von Stundengebeten und Gottesdiensten getragene Spiritualität hilft, zur Stille zu kommen.[12]

9. Angesichts fortschreitender Entkirchlichungs- und Säkulari-
sierungsprozesse bieten Kommunitäten – gerade für junge
Menschen – wichtige Experimentierräume für Glaubenserfahrungen an (FSJ, „Kloster auf Zeit").
Mit ihrer Spiritualität geben Kommunitäten eine Antwort auf die in
den vergangenen Jahren immer wieder gestellte Frage, wo es im
Rahmen der traditionellen Kirche Angebote für – gerade auch junge –
religiös suchende Menschen gibt.[13] Kommunitäten bilden Experimen-
tierfelder für Glaubenserfahrungen.[14] Das Moment der Übung ist
konstitutiver Bestandteil ihrer Frömmigkeit. Gerade für die Glau-
bensvermittlung ist das Moment der Übung unerlässlich. Kommunitäten betonen in diesem Zusammenhang auch den Aspekt des gelebten
Vorbilds in seiner Bedeutung für die Weitergabe des Glaubens.[15]
Ohne Existenzmitteilung scheint heute kaum noch die Vermittlung
des Glaubens möglich zu sein.[16] Konsequenterweise wurde in Kommunitäten die Bedeutung von geistlicher Vater- und Mutterschaft für
die Glaubensweitergabe wieder entdeckt.

---

11 Reimer, Ingrid (Hg.), Alternativ leben in verbindlicher Gemeinschaft. Evangelische Kommunitäten, Lebensgemeinschaften, junge Bewegungen, Stuttgart [3]1986, 7.

12 Vgl. Heinz-Mohr, Gerd, Christsein in Kommunitäten, Stuttgart 1968, 97f.

13 Diese Frage formuliert z.B. Ingrid Reimer im Vorwort des von ihr herausgegebenen
Buches: dies., Alternativ leben (wie Anm. 11), 9.

14 Vgl. Kortzfleisch, Siegfried von, Strukturen und Ziele der Gemeinschaften, in: Reimer,
Alternativ leben (wie Anm. 11), 18f; Wenzelmann, Gottfried, Nachfolge und Gemeinschaft.
Eine theologische Grundlegung des kommunitären Lebens, Stuttgart 1994, 256. Vgl. dazu
Überlegungen von Ulrich Wilckens, dem früheren Beauftragten des Rates der EKD für den
Kontakt zu den evangelischen Kommunitäten (sein Bericht: Die evangelischen Kommunitä-
ten, EKD-Texte 62, hg. vom Kirchenamt der EKD, Hannover 1997; vgl. auch Mallinkrodt-
Neidhardt, Sylvia, Gottes letzte Abenteurer. Anders leben in christlichen Gemeinschaften
und Kommunitäten, Gütersloh 1998, 134–136).

15 Vgl. hierzu Dietrich Bonhoeffer, der im „Entwurf einer Arbeit" dem menschlichen Vorbild
im Hinblick auf die Erneuerung der Kirche eine wesentliche Bedeutung zuweist: „Sie [die
Kirche] wird die Bedeutung des menschlichen ‚Vorbildes' (das in der Menschheit Jesu
seinen Ursprung hat und bei Paulus so wichtig ist!) nicht unterschätzen dürfen; nicht durch
Begriffe, sondern durch ‚Vorbild' bekommt ihr Wort Nachdruck und Kraft", ders., Widerstand und Ergebung. Briefe und Aufzeichnungen aus der Haft, hg. von Christian Gremmels
u.a. (DBW Bd. 8), Gütersloh 1998, 560f. Veranschaulichungsinstanzen des Glaubens sind
nötig, weil der Glaube sonst leicht welt- und ortlos wird, d.h. auf der einen Seite in die
religiöse Innerlichkeit, auf der anderen Seite ins Jenseits verdrängt werden kann.

16 In gleicher Richtung argumentiert die 1994 erschienene EKD-Denkschrift zum Religionsunterricht: „Weil die subjektive Glaubwürdigkeit immer mehr zählt, müssen sich auch die
Lehrenden ihrer Vorbildwirkung bewusst sein. Wenn die Plausibilität der Inhalte nicht mehr
durch religiöse Sitte und Erfahrung außerhalb der Schule gestützt wird, werden die Perso-
nen, wird das gelebte christliche Vorbild besonders wichtig", Identität und Verständigung.
Standort und Perspektiven des Religionsunterrichts in der Pluralität, eine Denkschrift der
Evangelischen Kirche in Deutschland, im Auftrag des Rates der Evangelischen Kirche in
Deutschland, hg. vom Kirchenamt der EKD, Gütersloh 1994, 29.

10. Kommunitäten leisten einen unverzichtbaren Beitrag im Rahmen von Seelsorge, Einzelbeichte und geistlicher Begleitung.

Ein letzter hier zu nennender Beitrag kommunitärer Spiritualität für die Gesamtkirche besteht in seelsorgerlichen Angeboten. Kommunitätsmitglieder sind als Fachleute für Seelsorge bekannt geworden und werden von vielen Gemeindegliedern regelmäßig aufgesucht. Die Situation des Abstands vom normalen Alltagsleben während des Aufenthalts in einer Kommunität fördert die Bereitschaft zu existenzieller Veränderung.[17]

Kommunitäten sind inzwischen ein beliebtes Ziel für Ausflüge von Gemeindekreisen und Gesamtgemeinden, wobei Einblicke in kommunitäre Spiritualität und Impulse für die eigene Frömmigkeitsgestaltung vermittelt werden. Der gleiche Effekt tritt ein, wenn Gemeindekreise Referenten aus Kommunitäten zu spirituellen und seelsorgerlichen Themen einladen.

Evangelische Kommunitäten und geistliche Gemeinschaften sind nötig, um das geistliche Leben von Kirchengemeinden zu bereichern und zu einer Erneuerung der Landeskirchen, ja der Christenheit insgesamt beizutragen.

---

17 Vgl. Heinz-Mohr, Gerd, Die Kunst des geöffneten Lebens, Stuttgart 1975, 44f.

Jürgen Johannesdotter

Geistliche Gemeinschaften als Lebensäußerung der Kirche

Zu aktuellen Entwicklungen der Geistlichen Gemeinschaften in Deutschland

„Bisher sind Kommunitäten und geistliche Gemeinschaften kaum im Blick der kirchlichen Öffentlichkeit in Sachsen. Dabei wächst vielfach das Interesse an gemeinsamem Leben und verbindlichen Engagement." Aus dieser Beobachtung der Herausgeber ist die Idee zu diesem Buch über die „Geistlichen Gemeinschaften in Sachsen" entstanden. Als Beauftragter des Rates der Evangelischen Kirche in Deutschland (EKD) für die Kommunitäten und Geistlichen Gemeinschaften bin ich dankbar für diesen Beitrag. Das Bewusstsein für die Existenz von Kommunitäten und geistlichen Gemeinschaften ist in den letzten Jahrzehnten durchaus gewachsen. Das Bewusstsein für Kommunitäten und geistliche Gemeinschaften als eine „Sozialgestalt von Kirche" ist dagegen weniger in der kirchlichen Öffentlichkeit vorhanden.

1. Geistliche Gemeinschaften als Sozialgestalt der Kirche

Der evangelische Kirchenrechtler Hans Dombois hat von den „vier Sozialgestalten" für die Kirche gesprochen, die sich in den ersten vier Jahrhunderten des Christentums gebildet haben: 1) universale Kirche, 2) partikulare Kirche, 3) Gemeinde und 4) Orden bzw. Kloster.[1] Gemeinde und universale Kirche finden sich in der Doppelbedeutung des griechischen Wortes ekklesia im Sinne von Gesamtgemeinde (1Kor 15,9) und Einzelgemeinde

---

1 Vgl. dazu Verbindlich leben. Kommunitäten und geistliche Gemeinschaften in der Evangelischen Kirche in Deutschland. Ein Votum des Rates der EKD zur Stärkung evangelischer Spiritualität, hg. vom Kirchenamt der Evangelischen Kirche in Deutschland (EKD-Texte 88), Hannover 2007.

(1Kor 1,2). Ansätze zur dritten Gestalt von Kirche, der Partikularkirche, entwickeln sich ebenfalls im Neuen Testament, wenn Paulus im Blick auf die durch seine Mission entstandene griechisch geprägte Kirche von „den Gemeinden in Galatien" (1Kor 16,1) spricht. Die vierte Sozialgestalt entstand an der Wende vom dritten zum vierten Jahrhundert. Sie wurde unter dem Begriff „Orden" bzw. „Kloster" zusammengefasst.

Analogien zum späteren Ordenswesen zeigen sich bereits im Zusammenleben der Jünger und Jüngerinnen des irdischen Jesus (s. Lk 8,1–3). Immer haben die Orden eine spürbare Prägekraft auf die drei anderen Gestalten der Kirche ausgeübt. Deshalb sind die vier Gestalten keine isolierten Größen, sondern ergänzen bzw. relativieren einander und sind so untereinander verbunden.

Dem gegenüber findet in der Reformationszeit eine Konzentration auf Ortsgemeinde und Landeskirche bzw. Partikularkirche statt. Das ist ein ekklesiologischer Neuansatz, für den theologische und soziologische Bewegungsgründe maßgeblich sind. Die Konzentration auf die Ortsgemeinde wird in Artikel 7 des Augsburger Bekenntnisses sichtbar („Versammlung"). Für diese Entwicklung war die Wiederentdeckung des allgemeinen Priestertums durch die Reformatoren entscheidend. Das deutet sich in Martin Luthers Schrift von 1523 an: „Dass eine christliche Versammlung oder Gemeinde Recht oder Macht habe, alle Lehre zu urteilen und Lehrer zu berufen, ein- und abzusetzen, Grund und Ursach aus der Schrift".[2] In der Konsequenz verschiebt sich dann auch das Zentrum der christlichen Frömmigkeit und Spiritualität vom Kloster in die Familie („Hauskirche"). Gleichzeitig steigt die Bedeutung des „Berufes" (und damit der Gesellschaft) als Bewährungsfeld des Glaubens.

Dieses bedeutet den Verlust der dominierenden Rolle des mittelalterlichen Ordenswesens in der protestantischen Welt. Gegenüber der mittelalterlichen Frömmigkeit ist die protestantische Frömmigkeit eine „für jedermann". Im evangelischen Pfarrhaus ist in jeder Ortsgemeinde ein „Exempel" dafür sichtbar – mit weitreichenden Folgen. Andere soziologische Entwicklungen wie die zunehmende Emanzipation und das wachsende Selbst-

---

2 WA 11, 408–416.

bewusstsein des Bürgertums – vor allem in den Städten – wirkten sich ebenfalls aus. Und schließlich trug der Wegfall des Papsttums im Protestantismus zur schwindenden Bedeutung der Universalkirche hin zur wachsenden Bedeutung der Partikularkirche bzw. der Landeskirchen bei. Aus der sichtbaren Universalkirche wurde die unsichtbare, im Modus des Glaubens existierende Kirche des dritten Glaubensartikels.

2. Entstehung evangelischer Kommunitäten und Gemeinschaften

Wie kommt es aber von hier zu einer neuen Entstehung von evangelischen Kommunitäten und geistlichen Gemeinschaften?

Schon in der Reformationszeit ergaben sich Minderheitenbildungen, Sondergemeinschaften und alternative Bewegungen. Je stärker sich die Landeskirchen entwickelten, desto fester etablierten sich auch Alternativen zu ihnen. Eine bedeutsame Rolle spielte der sogenannte „linke Flügel" der Reformation, aber schon im 18. Jahrhundert kam es im Raum der Landeskirchen zur Bildung von geistlichen Gemeinschaften, die die Rolle der alten Orden und Klöster übernahmen. Dabei gehörte die Auflösung der meisten Orden, Bruder- und Schwesternschaften nicht zwangsläufig zum Wesen der Reformation. Manche Klöster lebten weiter als „Evangelische Stifte", in denen ein geistliches Leben auf reformatorischer Grundlage gepflegt wurde. Bei Martin Luther selbst und auch Martin Bucer finden sich Ansätze zu neuen Formen geistlicher Gemeinschaften. Martin Luther schrieb in seiner Schrift über die Deutsche Messe (1526), dass eine Vereinigung derer wünschenswert sei, „die mit Ernst Christen wollen sein und das Evangelium mit Hand und Munde bekennen". Wenn man die Personen dazu hätte, „die Ordnungen und Weisen wären bald gemacht".[3]

Im Pietismus entwickelten sich dann dauerhafte Ansätze kommunitären Lebens. Die erste dauerhafte Neubildung im protestantischen Raum war die Herrnhuter Brüdergemeine (1727),

---

3 Zit. nach EKD-Texte 88 (wie Anm. 1), 11.

die nach dem Willen des Gründers Nikolaus Ludwig Graf von Zinzendorf auch Teil der Landeskirche bleiben sollte. Hinzu kamen im 19. Jahrhundert die auf diakonische Aufgaben ausgerichteten Schwestern- und Bruderschaften. Von herausragender Bedeutung sind hier Johann Hinrich Wichern in Hamburg (1833), Theodor und Friederike Fliedner in Kaiserswerth (1836) und Wilhelm Löhe in Neuendettelsau (1853).

Im 20. Jahrhundert gibt es drei „Entstehungswellen" gemeinschaftlichen Lebens. Die erste entsteht in der Zeit der Krise vor und nach dem Ersten Weltkrieg angesichts der gesellschaftlichen Erschütterungen, zu denen die Neuordnung des kirchlichen Lebens in der Weimarer Republik und die Neuorientierung der Theologie im Anschluss an den Krieg hinzukommen. Einzelne Bruderschaften ohne vita communis (gemeinsames Leben) entstehen wie die Bahnauer Bruderschaft für Diakonie 1906), die Pfarrer-Gebetsbruderschaft (1913), die Sydower Bruderschaft für Pfarrer (1922), der Freudenstädter Kreis für Pfarrer (1928), die Hochkirchliche St.-Johannes-Bruderschaft 1929) und die Evangelische Michaelsbruderschaft (1931). Sie nähren sich aus verschiedenen Quellen: dem Geist pietistischen Lebens, hochkirchlich-liturgischer Strömungen und Impulsen aus der aus der Schweiz stammenden Bruderschaft vom gemeinsamen Leben (1905). Eine besondere Rolle spielt in dieser Zeit die Bruderhof-Gemeinschaft mit der Gründung des Rhönbruderhofes durch Eberhard Arnold 1920. 1937 wurden die Mitglieder durch die Nationalsozialisten aus Deutschland ausgewiesen, aber die Geschichte der Bruderhof-Gemeinschaft konnte damit nicht beendet werden. Die Liebe zum Evangelium und das Leben aus dem Geist der Bergpredigt ermöglichten immer wieder Neuanfänge in vielen Ländern und schließlich auch wieder in Deutschland.

Bonhoeffers Bruderhaus in Finkenwalde (1935) und die Communauté de Taizé (1940) stehen vor dem und im Zweiten Weltkrieg eher allein da. Danach aber entsteht eine große Zahl von Kommunitäten mit gemeinsamem Leben, denn der Zusammenbruch von 1945 rief ein intensives Suchen nach neuen Werten und Lebensformen hervor. Es entstanden evangelische Orden in der Tradition vorreformatorischer Regeln: die Evangelische

Marienschwesternschaft (1947), der St.-Johannis-Konvent vom gemeinsamen Leben (1947), die Christusbruderschaft Selbitz (1949), die Communität Casteller Ring (1950), die Kommunität Imshausen (1955), die Christusträger (1961), die Jesus-Bruder-schaft Gnadenthal (1961) und die Kommunität Adelshofen (1962).

Ende der 1960er Jahre, in einer Zeit tiefgreifender gesellschaftlicher Umbrüche, formierten sich die Familiengemeinschaften als Zeichen der Erneuerung. Zu ihnen gehören der Laurentius-Konvent (1959), die Familienkommunität der Jesus-Bruder-schaft Gnadenthal (1968), die Offensive Junger Christen in Reichelsheim/Odenwald (1968), die sich 2012 für eine „OJC Kommunität" eine „Regel" gegeben hat.[4] Zu den neuen Familienkommunitäten gehört schließlich auch die Basisgemeinde Wulfshagenerhütten, 1973 als „Basisgemeinde Kornwestheim" bei Stuttgart entstanden und 1983 nach Wulfshagenerhütten bei Kiel umgezogen. Die enge Verbindung zu den Bruderhöfen in England und den USA deutet bereits darauf hin, dass hier wie dort die Bergpredigt als die Lebensordnung verstanden wird.

3. Lernfeld geistliche Ökumene

Diese für die reformatorischen Kirchen verwunderliche Entwicklung fand häufig außerhalb der Kirchen statt oder zumindest unabhängig von ihnen. Manchmal wurden die Kommunitäten und geistlichen Gemeinschaften geradezu misstrauisch beäugt. Evangelische Klöster – geht das überhaupt? Und nun gar im 20. Jahrhundert? Dabei hatten sich längst die Voraussetzungen gegenüber dem frühen Weg der reformatorischen Kirchen verändert, schon soziologisch. Aus der mittelalterlichen und frühneuzeitlichen Großfamilie war im Zuge der industriellen Revolution die Klein- und Kleinstfamilie geworden, die längst nicht mehr als „Hauskirche" erlebt wurde. Auch der evangelische Berufsgedanke hatte mit der Säkularisierung seine religiöse Prägung verloren.

---

4 Vgl. Die OJC-Kommunität mit Dominik Klenk, Wie Gefährten leben. Eine Grammatik der Gemeinschaft, mit einem Nachwort von Notker Wolf, Basel/Giessen 2013.

Die Ortsgemeinde verlor an Bedeutung für die religiöse und spirituelle Prägung des einzelnen Gemeindegliedes. Damit gingen weithin die traditionellen „Prägeorte" evangelischen Glaubens verloren, zumal sich evangelische Christen schon von den Anfängen her schwer mit Ritualen und mit der Gestaltung des Glaubenslebens taten, ohne sich dabei immer auf die Reformatoren berufen zu können. In vielerlei Weise haben die evangelischen Kirchen auf die Veränderungen reagiert – mit den evangelischen Akademien, mit zahlreichen Bildungsangeboten, mit der Zuwendung zu den Arbeits- und Freizeitorten der Menschen, mit der Einbeziehung pädagogischer und psychologischer Kenntnisse und Erkenntnisse in die vielfältigen Arbeitsbereiche und natürlich auch in der Aus- und Fortbildung ihrer Mitarbeitenden.

Jeder Lernprozess braucht Zeit, Geduld, Übung. Wachstumsprozesse kann man nicht beliebig beschleunigen. In der Zeit des ersten Erschreckens über den schöpfungswidrigen Umgang mit der Schöpfung haben wir die schmerzhafte Erfahrung machen müssen: Wenn das Baumsterben erst einmal sichtbar und zum Waldsterben wird, ist es bereits 30 Jahre zu spät. Da hilft es nicht, den Waldboden mit Übermengen Kalk zu düngen. Da ist es nötig, langsam und geduldig gegenzusteuern; wenn man so will: neu auszusäen. Es ist ein Generationen-Projekt. In der Natur ist dieses Projekt schon schwer durchzuführen. Wie viel schwerer ist es bei geistigen und geistlichen Prozessen. Wenn das Verhältnis der Generationen erst zum Generationen-Krieg mutiert ist, ist nicht weniger nötig als das, was am Ende des Alten Testamentes im Buch Maleachi beschrieben wird (3,23f):

„Siehe, ich will euch senden den Propheten Elia, ehe der große und schreckliche Tag des Herrn kommt. Der soll das Herz der Väter bekehren zu den Söhnen und das Herz der Söhne zu den Vätern, auf dass ich nicht komme und das Erdreich mit dem Bann schlage".

Einfache Lösungen funktionieren nicht. Auch die Kommunitäten und geistlichen Gemeinschaften sind keine einfachen Lösungen. Sie sind auch nicht einfach in Konkurrenz zu setzen zu kirchlichen Arbeitsbereichen, die in den vergangenen Jahrzehnten entstanden und gewachsen sind. Die Kommunitäten und

Gemeinschaften sind oft aus der schmerzlichen Erfahrung erwachsen, dass Individualismus und die Förderung der Eigeninteressen nicht ausreichen für ein Gemeinwesen, weder im Horizont der nahen sozialen Bezüge noch im Horizont eines ganzen Staates. Pflanzstätten und Übungsorte sind nötig, an denen andere Dimensionen des Lebens und Glaubens entdeckt und gefördert werden können – und dann auch wachsen. Solche Pflanz- und Übungsorte sind die „neuen" evangelischen Kommunitäten – „alten" Klöstern zwar nicht gleich, aber doch ähnlich, wenn auch vor neuen Herausforderungen und in veränderter Umgebung. Wahrscheinlich ist das der Grund, weshalb es so viele Berührungspunkte zwischen ihnen gibt. So ist wahrlich eine „geistliche Ökumene" entstanden, die um die „alten" Unterschiede weiß, aber die Kontrovers- und Differenz-Theologie nicht über alles erhebt, wenn es gilt, den Glauben an das Evangelium und den Herrn, den das Evangelium verkündigt, ins Leben zu ziehen. Es ist ja nicht einfach, „kontrovers-theologisch" zu leben, aber das gemeinsame Leben verträgt auch den kontroverstheologischen Disput.

Eine solche geistliche Ökumene ist eine Ökumene der Freundschaft und der Liebe zu den Armen. Diese Liebe zu den Armen kann ganz unterschiedliche Formen annehmen, wie auch die Armut ganz unterschiedliche Gestalt annehmen kann. Die Nahrung, von der diese geistliche Ökumene lebt und gespeist wird, ist das Evangelium von Jesus Christus. Er ist es, und er bleibt es! Aber als nächstes gehört dazu das Gebet. Und darum wird in den evangelischen Kommunitäten und geistlichen Gemeinschaften wie in den alten Klöstern gebetet, auch dann, wenn gerade kein Besuch da ist. Denn nicht nur die Besucher oder Kursteilnehmer brauchen das Gebet, sondern die Mitglieder der Kommunitäten mindestens ebenso. Das hält sie demütig und erwartungsvoll.

4. Dienst für die Kirche

Kirche braucht diese Orte mit solchen Gemeinschaften und manche von ihnen haben auf diesem Weg die überraschende Erfahrung gemacht: „Frei von der Kirche" kann auch zu einem „frei für die Kirche" werden, wie es nicht wenige Kommunitäten im Bereich der Landeskirchen geworden sind. Die meisten Gemeinschaften sind finanziell unabhängig von kirchlichen Zuschüssen. Da wo sie einen Dienst für bestimmte Landeskirchen tun, zum Beispiel in der geistlichen Ausbildung für Vikarinnen und Vikare oder in der Pfarrer- / Pfarrerinnen-Fortbildung, werden auch Kosten erstattet. Aber grundsätzlich sind die Kommunitäten auf eigene Einnahmen angewiesen. Sie haben oft auch viele Freunde, die sich regelmäßig am Ort der Gemeinschaft treffen, um sich neu stärken zu lassen für das eigene Leben an anderen Orten.

So ist es oft zu einem Dienst der Kommunitäten und geistlichen Gemeinschaften in bzw. an der Kirche gekommen. Und umgekehrt: Viele Kirchen haben den Wert der Gemeinschaften auch für sich entdeckt – und gefördert. Es war darum ein großer Schritt, als die EKD durch ihren Rat einen „Beauftragten für die Kommunitäten und geistlichen Gemeinschaften in der Evangelischen Kirche ins Deutschland" berief und damit den Kontakt institutionalisierte. Da sich aber die Kontakte der Gemeinschaften selber nicht auf Beziehungen in der gleichen Landeskirche und gleichen Konfession beschränkten, ergaben sich auch für die Beauftragten wohltuende und erfrischende Horizonterweiterungen, auf welch unterschiedliche Weise man dem Herrn des Glaubens dienen kann – im Hören auf sein Wort, im Preisen und Loben und im Dienst der Liebe zu all seinen Geschöpfen. So wiederholt sich, was schon Nikolaus Ludwig Graf von Zinzendorf erleben durfte:

„Auch denken wir in Wahrheit nicht, / Gott sei bei uns alleine. /
Wir sehen, wie so manches Licht / auch andrer Orten scheine. /
Da pflegen wir denn froh zu sein / und uns nicht lang zu sperren; /
wir dienen ihm und ihm allein, / dem einen großen Herren".[5]

Auch das ist eine geistliche ökumenische Erfahrung. Und daraus ist ein reger Austausch entstanden zwischen den Gemeinschaften und Kommunitäten in der Christenheit. Von der Unterzeichnung der Gemeinsamen Erklärung zur Rechtfertigungslehre

---

5 Modernisierte Fassung in: Gesangbuch der Evangelischen Brüdergemeine, 500,2.

in Augsburg (1999) ist ein Impuls ausgegangen, der zu einer großen interkonfessionellen Bewegung „Miteinander für Europa" geführt hat, in der sich der ganze Reichtum der geistlichen Bewegungen auf wunderbare Weise zusammengefunden hat. Ermutigend sind aber auch Beiträge wie das Dokument der Lutherisch/Römisch-Katholischen Kommission für die Einheit, das 2013 unter dem Titel „Vom Konflikt zur Gemeinschaft" eine Grundlage für ein ökumenisches Gedenken im Jahre 2017 entwickelt hat, das anders aussieht als in den vergangenen Jahrhunderten.[6] Stimmen die alten „Verwerfungen" noch? Welche neuen Chancen zur Wiedergewinnung der Einheit gibt es? Dazu braucht es die besten Kräfte aus allen Kirchen und Gemeinschaften, auf dem Weg zur vollen, sichtbaren Einheit weiterzugehen. Die Kommunitäten und geistlichen Gemeinschaften möchten dazu einen Beitrag in Gebet, Gottesdiensten und Liebe zu den Armen leisten. Ähnlichkeiten mit den „alten" Kommunitäten und Orden sind deshalb nicht zufällig, sondern selbstverständlich und erwünscht.

5. Persönlicher Schluss

So kann ich am Ende meiner Beauftragung für die Kommunitäten und geistlichen Gemeinschaften in der Evangelischen Kirche dankbar bekennen, dass ich viel mit ihnen und durch sie gelernt habe und das Vertrauen in Gottes wunsersame Wege bei mir um einiges gewachsen ist.

---

6 Vom Konflikt zur Gemeinschaft. Gemeinsames lutherisch-katholisches Reformationsgedenken im Jahr 2017. Bericht der Lutherisch/Römisch-katholischen Kommission für die Einheit, Leipzig 2013.

Christian Schreier

Wie es zu den Treffen Geistlicher Gemeinschaften in Sachsen kam

Es war eine spontane Idee. Sie tauchte auf in einem Gespräch mit meinem Freund Olaf Richter über die Situation unserer Kirche. Mich bewegte damals besonders, wie manche Freunde, Brüder und Schwestern im Blick auf ein wichtiges geistliches Anliegen in ihrer Umgebung unverstanden und einsam waren. Tüchtige Gemeindepfarrer und Mitarbeiter, wurden bisweilen von anderen überkritisch beobachtet, manchmal auch von Vorgesetzten unfair behandelt. Fehlte der offene Austausch? Wie schwer kann der uns fallen! Und wir können ihn nicht erzwingen. Vertrauen kann nur geschenkt und empfangen werden.

Immer wieder ähnliche Probleme: Verschiedene Positionen und die Unfähigkeit, manchmal auch Unwilligkeit, sich auf einen echten, geschwisterlichen Austausch einzulassen, bei dem keiner fürchten muss, irgendwie den Kürzeren zu ziehen. Man grenzt sich ab. Fronten bauen sich auf, verhärten sich, für das Ganze der Kirche unfruchtbar. Das Gegenteil davon wäre: Aus dem Munde des Andersdenkenden den Anruf des Heiligen Geistes erwarten. – Dann: Die Gestalt und der Gebrauch von Autorität in unserer Kirche. Das lateinische Wort *auctoritas* hat etwas mit Wachsen zu tun: Der Sinn echter Autorität besteht darin, etwas wachsen zu lassen. Das ist ein weites Feld. Wer hat in der Kirche Autorität? Woher kommt sie? Wie wird sie ausgeübt und was bewirkt sie?

Alle geistlichen Gemeinschaften stehen immer wieder vor diesen beiden Problemen: Innerhalb der Gemeinschaft die verschiedenen, manchmal vielleicht gegensätzlichen Begabungen und Prägungen fruchtbar zu machen für das Ganze. Je besser das gelingt, desto lebendiger und anziehender erscheint die Gemeinschaft. Es ist „fein und lieblich", wenn Brüder und Schwestern „einträchtig", d.h. offen, fair und liebevoll, „beieinander wohnen" (Ps 133,1), wenn eins das andere nicht nur leben lässt, wie es nun mal ist, sondern es würdigt und wertschätzt in seiner Einmaligkeit. „Einer komme dem anderen in Ehrerbietung zuvor" (Röm 12,10). Und Gemeinschaft gelingt nicht ohne vertrauensvolle Loyalität gegenüber wohl verstandener und gebrauchter Autorität. Zu diesem Thema haben alle Gemeinschaften ihre unterschiedlichsten Erfahrungen.

Ich selber gehöre keiner geistlichen Gemeinschaft an. Es ist mir immer schwer gefallen, mich an eine bestimmte Gruppe zu binden. Umso dankbarer bin ich für die vielen Begegnungen mit Kommunitäten vor allem innerhalb des Christophorus-Netzwerkes. Schon in den 1970er Jahren gab es auf Initiative des anglikanischen Ordensmannes Father Christopher Lowe CR aus Mirfield b. Manchester jährliche Treffen zwischen evangelischen und katholischen Gemeinschaften aus Ost und West. Sie fanden zuerst in Laski bei Warszawa (Warschau) statt. Ab 1985 war es möglich, sich auf dem Boden der DDR zu treffen. Seitdem war ich als „Sympathisant" dabei, d.h. als „Einzelkämpfer", den die in Gemeinschaft lebenden Schwestern und Brüder willkommen heißen, verstehen und mittragen. Nach dem Jahr 1989 wanderte das Treffen wieder nach Laski aus und F. Christopher lud Ordensleute aus Polen und Litauen dazu ein. Als ich 1992 heiratete, fragte ich F. Christopher, ob ich wohl noch zu diesem Kreis gehöre, der ja aus zölibatär Lebenden bestand. Seine Gegenfrage: „Hast du das Gefühl, nicht mehr dazuzugehören"? – „Nein!" – „Dann komm!"

So bin ich bis jetzt dabei geblieben und habe in diesem Kreis eine Erfahrung machen dürfen, die ich „Ökumene der Freundschaft" nennen möchte. Auch nach F. Christophers plötzlichem Tode im Jahr 2001 wurden die Treffen weiter geführt. Es waren keine großen Kongresse, aber wir haben uns gut kennengelernt. Vertrauen ist gewachsen. Manchmal erschienen mir diese Treffen wie ein ökumenisches Laboratorium, wo Dinge erprobt werden können, die in der Gesamtkirche noch nicht möglich sind.

Diese Erfahrungen standen hinter meinem Vorschlag: Wie wäre es, wenn sich die Gemeinschaften in unserer sächsischen Kirche über Freud und Leid offen untereinander austauschten und so vielleicht der Kirche als Ganzer einen wertvollen Dienst erweisen würden? Das war damals unsere spontane Idee und ich bekenne, dass ich damit die Hoffnung verbunden habe, dass Menschen, die mitten im Dienst der Kirche mit einem bestimmten geistlichen Anliegen allein stehen, einen Ort finden könnten, wo dieses Anliegen verstanden und gewürdigt werden und von wo aus sie Unterstützung und Schutz erfahren. Olaf Richter hat diese Idee seinen Liemehnaer Mitbrüdern vorgestellt. Sie haben die Initiative ergriffen und zu dem ersten Treffen im November 2007 nach Liemehna eingeladen.

Dieses Buch ist ein Zeichen dafür, dass der Funke gezündet hat. Darüber bin ich sehr froh und danke zuerst Gott, unserem Herrn, aber auch den vielen Menschen, mit denen ich mich verbunden weiß.

Damals haben wir uns bewusst darauf beschränkt, evangelische Gemeinschaften aus Sachsen einzuladen. Das hat sich bewährt. Wir haben in diesem überschaubaren Rahmen einander gut wahrnehmen können. Trotzdem fehlen mir unsere Brüder und Schwestern aus den römisch-katholischen Gemeinschaften unseres Landes. Ökumenische Freundschaft gehört zum Lebensgefühl der geistlichen Gemeinschaften, die ich kennengelernt habe. Deshalb möchte ich dazu ermuntern, darüber nachzudenken, ob und wie die anfängliche konfessionelle Beschränkung überschritten werden kann.

Dekade der Umkehr 2019–2029

Geduld mit anderen ist Liebe.
Geduld mit sich selbst ist Hoffnung.
Geduld mit Gott ist Glaube.
(Adel Bestravos)

Vom 29. bis 30. November 2019 fand in Moritzburg das diesjährige Treffen Geistlicher Gemeinschaften Sachsens statt. Unter dem Thema „Die Kirche und ihre Geistlichen Gemeinschaften" bewegte uns auch die aktuelle Situation unserer Landeskirche, deren innere Spannungen und Spaltungen uns schmerzlich bewusst sind. Wir spüren darin einen Ruf zur Neubesinnung und zur Umkehr und stehen damit in unserer Landeskirche gewiss nicht allein.

Umkehr erfolgt fast nie schnell, „per Dekret" oder mithilfe offizieller Schuldbekenntnisse, sondern fast immer in einem langfristigen Prozess. Darum laden wir ein zu einer Dekade der Umkehr.[1]

Für die ersten fünf Jahre dieser Dekade denken wir an folgende Schritte. Diese sind allerdings nicht streng an das Schema der aufeinanderfolgenden Jahre gebunden und können in der Wirklichkeit parallel geschehen. Sie sind aber so aufgebaut, dass jeder Schritt ein „Mehr" an Reinigung und Klarheit vorbereiten kann.

---

1 Dabei haben wir die Erfahrungen bei der Lutherdekade (2008–2017) vor Augen, dass gegen Ende dieser Dekade unsere katholischen Mitchristen gesagt haben: Euer Jubiläum können wir nur mitfeiern, wenn es ein Christusfest ist. So wurde aus dem Jubiläum einer Konfession ein ökumenisches Christusfest. Das hat sich offensichtlich erst auf einem langen Weg des Suchens und Ringens ergeben. Mit unserem Vorschlag knüpfen wir an solche und ähnliche Erfahrungen an.

1. Jahr (Advent 2019 – Ewigkeitssonntag 2020)

Wir achten auf unsere Sprache, die immer auch eine „Wirklichkeit" schafft. Dabei bedenken wir den Kontext und die Wirkung unserer Worte: Öffnen oder beenden sie Kommunikation? Dienen sie einer sachlichen Klärung oder der Diskreditierung von Personen? Heilen oder verletzen sie? Welche Adjektive und Attribute verwende ich mit welcher Absicht? Welche Worte sollte ich unterlassen, welchen muss widersprochen werden?

Niemand soll durch eine solche Übung mundtot gemacht werden. Unterschiedliche Positionen sollen nicht durch eine abgeschliffene Sprache nivelliert werden. Es geht darum, Menschen unterschiedlicher Positionen nicht abzustempeln, auszuschließen oder zu majorisieren.

Dabei muss jeder bei sich selbst anfangen. Die Übung des ersten Jahres sollte vorwiegend in den eigenen Reihen geschehen. Dabei geht es vor allem um den Austausch.

2. Jahr

Wir suchen nicht nur das Gespräch mit Menschen, die uns bestätigen, sondern auch mit denen, die uns herausfordern und hinterfragen und befremden. Wir sind bereit, offen und beherzt auch auf Menschen zuzugehen, die uns bisher in ihrem Denken oder in ihrer Lebensart fremd geblieben sind. Deshalb knüpfen wir Kontakte und suchen Gespräche, um andere Menschen kennen und – wenn's gut geht – verstehen zu lernen.

Jean-Claude Juncker sagt im Blick auf die so verschiedenen Europäer: „Wir müssen neugierig aufeinander sein!"

3. Jahr

Wir versuchen mehr und mehr darauf zu achten, was Gott uns gerade durch die „ganz Anderen" sagen will, vielleicht nur durch sie sagen kann.

Es ist nicht das Ziel, „Gegenpositionen" als „Willen Gottes" anzuerkennen oder sich dazu überreden zu lassen. Letztlich geht es darum, im Glauben ernst zu nehmen, dass auch der Andere Anteil am Wirken des Geistes Gottes hat. Darum gilt es, diese Erwartungshaltung zu üben und zu pflegen.

Hier brauchen wir wahrscheinlich viel Geduld. Andersartigkeit und die Fremdheit können lange bleiben und müssen ausgehalten werden. Es kann sein, dass lange Zeit das Erwartete nicht passiert. Trotzdem, wenn möglich, diese Erwartungshaltung nicht aufgeben!

4. Jahr

Wir lesen gemeinsam die Heilige Schrift. Für uns alle ist – trotz unterschiedlichen Vorverständnisses – die Bibel Grundlage und Quelle unseres Glaubens und Handelns. Gemeint ist hier: Mit unserem unterschiedlichem Vorverständnis der Bibel zuhören. Vielleicht hört jeder etwas anderes?

Christsein gibt es immer nur mit „zerlesenen Bibeln", hat uns Landesbischof Johannes Hempel eingeschärft.

Dabei sehnen wir uns nach der Erfahrung: *„Brannte nicht unser Herz in uns, da er mit uns redete auf dem Wege und uns die Schrift öffnete?"* (Lk 24,32). Mehr als auf alles andere sind wir als Kirche darauf angewiesen, Gottes schöpferisches Wort gemeinsam zu hören und uns so die Wirklichkeit deuten zu lassen.

5. Jahr

Wir üben das gemeinsame Gebet. Dabei orientieren wir uns am „Vaterunser" – dem Gebet des Herrn, das in seiner Konzentration auf das, was wirklich wesentlich ist, unser Denken, Wollen und Tun ordnen kann.

6. bis 10. Jahr

Konkrete Fragen und Themen in Kirche und Gesellschaft gemeinsam angehen. Welche das sein werden, wird sich ergeben.

Wir rufen die Geistlichen Gemeinschaften in Sachsen zu dieser Dekade der Umkehr auf.

Wir vertrauen darauf, dass diese Schritte eine eigene Dynamik auslösen können, auch wenn wir sie noch traurig oder skeptisch und schleppend gehen wie die Emmausjünger. Doch an unserer Seite geht Christus, der Auferstandene, der unsere Herzen verwandeln kann. „Das Leben der Kirche ist nicht ohne Auferstehung, noch mehr: nicht ohne viele Auferstehungen" (Johannes Calvin).

Advent 2019   Leitungskreis der
Treffen Geistlicher Gemeinschaften in Sachsen

Selbstvorstellungen

Gilbert Peikert, Markus Schmidt

Bruderschaft Liemehna

Geschichte

1973 begann im Pfarrhaus zu Liemehna das Leben einer studentischen Wohngemeinschaft. Niemand ahnte, dass sich in diesem unscheinbaren Dorf zwischen Leipzig und Eilenburg, welches zur Kirchenprovinz Sachsen (heute Ev. Kirche in Mitteldeutschland) gehört, eine Geistliche Gemeinschaft der Ev.-Luth. Landeskirche Sachsens entwickeln sollte, die bis heute bestehen würde. Das Pfarrhaus mit Gelände und Nebengebäuden war zu dieser Zeit längst eine Ruine gewesen. Schon seit den Nachkriegsjahren gab es vor Ort keinen Pfarrer mehr. Der Theologieprofessor Christoph Michael Haufe (1932–2011), Dozent am Theologischen Seminar Leipzig, unterstützte eine Gruppe von Studenten, die dort leben wollten. Haufe ist es zu verdanken, dass dieses Haus gerettet, bewohnt und geistlich belebt wurde.

Die juristische Basis im sozialistischen Umfeld wurde geschaffen, indem Haus und Gelände 1973 vom Theologischen Seminar gepachtet wurden – und zwar für die Dauer von 60 Jahren. Dass die Wiedervereinigung Deutschlands in diese Zeitspanne fiel, hatte niemand vorausgesehen. Seit dem Ende der Kirchlichen Hochschule Leipzig, die als Nachfolgerin des Theologischen Seminars mit der Theologischen Fakultät der Universität Leipzig 1992 fusioniert war, führt die Bruderschaft Liemehna den Pachtvertrag weiter.

In einem Vortrag zum zehnten Jubiläum der Bruderschaft Liemehna von 1983 erinnerte Christoph Michael Haufe:

„Wir hatten uns als Theologisches Seminar von dem Unternehmen folgendes versprochen:
1) Bei unserer chronischen Wohnungsnot, Buden für Studenten zu besorgen, war es dies ein willkommener Ableger. Und wir hofften, so ungefähr zehn bis fünfzehn Mann da auf Dauer installieren zu können.

2) Man hatte damals noch einen nicht vorlesungsfreien Samstag. Die Studenten fuhren längst nicht jedes Wochenende nach Hause, stöhnten aber in dem öden Leipzig und wollten gern wohin, wo's grün war. Also hätte man hier ein schönes Wochenendgelände gehabt.

3) Die Dozenten fahren mit den Studenten gern auf Rüstzeiten, es kostet viel Geld und man muss weit weg. Warum in die Ferne schweifen? Sieh, das Gute liegt so nah.

Von diesen drei Gedanken ermannten sich die Kollegen des Kollegiums, „Ja" zu sagen und das Haus zu pachten von der provinzialsächsischen Kirche auf sechzig Jahre. Totale Nutzung, totale Unterhaltung. Und der Schwung der ersten Zeit war auch so, dass viele Studenten des Seminars mitmachten.

Die erste Eintragung in diesem Buche, das angelegt wurde, ‚Buch von den Arbeiten am Pfarrhaus der Kirche zu Liemehna bei seiner Wiederherstellung' lautet vom 6. April 1974: ‚Schachtarbeiten für die Klärgrube' – Sie sehen, man musste ganz elementar ran".[1]

Liemehna, das war und ist ein Bild für Baustelle. Der besonders klingende, slawische Ortsname „Liemehna" mit der Bedeutung „Leute, die am Bruch wohnen"[2] erschien 1973 wie ein Omen des Pfarrhauses. Dieses glich einem wahren Steinbruch. Seither haben Studentengenerationen und viele tatkräftige Helferinnen und Helfer das Pfarrhaus wieder aufgebaut, das Gelände gestaltet und 2014 sogar die Reste der historischen Nebengebäude in ein modernes Gästehaus verwandelt.

Liemehna, das war aus der Sicht des Theologischen Seminars in Leipzig ein Konvikt für Theologiestudenten. Das Haus wurde wie andere Häuser finanziell unterstützt. Aber schon seit Mitte der 1970er Jahre lag die Selbstverwaltung und -organisation des Hauses weitestgehend in den Händen der kleinen Studentengemeinschaft vor Ort.

Liemehna – ein Haus für Studium und gelebten Glauben. Das bedeutete, lange Wege auf sich zu nehmen, Pflichten und Aufgaben zu haben. Man war „Priester" und „Butler", Heizer und Gärtner, Einkäufer, Rüstzeitbegleiter, Gottesdienstgestalter, Junge-

---

1 Haufe, Christoph Michael, Geschichte und Geschichten. Vortrag zum 10-jährigen Jubiläum 1983, in: Schmidt, Markus (Hg.) im Auftrag der Bruderschaft Liemehna e.V., Ein Haus aus lebendigen Steinen. 40 Jahre Bruderschaft Liemehna. Festschrift, Berlin 2013, 39–61, hier 50f.

2 Vgl. zur Orts-, Kirchen- und Kirchbaugeschichte Graf, Gerhard, Baugeschichte als Frömmigkeitsgeschichte. Das Beispiel der Kirche von Liemehna, in: Schmidt (Hg.), Ein Haus aus lebendigen Steinen (wie Anm. 1), 91–103, hier 92.

Gemeinde-Verantwortlicher. Das Haus für Studium und gelebten Glauben soll im wahrsten Sinne des Wortes ein Rüst-Zeit-Ort für Wohnende und Gäste sein. Doch nicht nur die Aufgaben und die Bildung, auch der Dank spielen hier eine Rolle.

Liemehna, das war der Ort, wo die Frommen lebten. Da zog man nicht unbedingt hin. Und entgegen der offiziellen Erwartung blieb die Gemeinschaft mit vier bis sechs Hausbewohnern immer recht überschaubar. Darin lagen auch ein besonderer Reiz und dennoch auch eine besondere Herausforderung. Liemehna bedeutet bis heute geistliches Leben, beglückende Gemeinschaft, aber auch das Abarbeiten an dem Anderssein der anderen und das Leiden an den eigenen Grenzen.

Liemehna, das war auch und vor allem die Teilhabe an einer größeren Bewegung. Als Student und Hausbewohner schaute man auf zu den Gründern der Anfangszeit. Man atmete noch den Geist des geistlichen Aufbruchs der Anfangszeit. Man verstand sich als Teil einer Erneuerungsbewegung, die zunehmend in der sächsischen Landeskirche wirkte, auch und vor allem durch die schon im Dienst dieser Kirche stehenden Amtsbrüder. Sie hielten nicht nur den Kontakt nach Liemehna, dem Gründungsort ihrer Gemeinschaft, sondern definierten sich nun auch unabhängig vom Ort der gelebten Gemeinschaft als Bruderschaft. Die jährlichen Treffen in Liemehna waren große Höhepunkte für die Hausgemeinschaft. Man nahm wahr, was im Lande geschah und profitierte von dem Rat und den Erfahrungen der „Alten". Und fließend war der Übergang vom Bewohner in Liemehna zum Teilhaber der Bruderschaft, die keine Verpflichtungserklärung oder einen Aufnahmeritus kannte und und bis heute nicht kennt.

Die Gemeinschaft wächst noch heute. Bisher haben über 80 Brüder und Schwestern im Pfarrhaus gewohnt. Viele von ihnen gehörten oder gehören zum eingetragenen Verein Bruderschaft Liemehna, der am 3. März 1992 gegründet wurde. Die Bewohnerschaft des Hauses aber ist unabhängig von einer Mitgliedschaft im Verein. So besteht die Bruderschaft zum einen aus der jeweiligen Hausgemeinschaft, zum anderen aus den Vereinsmitgliedern.

Das Pfarrhaus heißt seit 1998 „Martin-Rinckart-Haus", um an den Eilenburger Pfarrer Martin Rinckart (1586–1649) zu erinnern, der inmitten des Dreißigjährigen Krieges sein bekanntes Lied, das deutsche Te Deum „Nun danket alle Gott" (1636) zum Lobe Gottes verfasste.

Die Bruderschaft Liemehna konnte im Herbst 2013 ihr 40-jähriges Jubiläum feiern.[3] Es war ein großes und gut besuchtes Fest, das intensiv an die Gründerzeit und die damaligen Förderer und Wegbegleiter erinnern konnte, von denen schon einige alt geworden oder nicht mehr unter uns sind.

Profil

Von unserer Entstehung her sind wir eine Pfarrerbruderschaft innerhalb der Landeskirche Sachsens. Über die Namensgebung, die den historischen Anfängen Rechnung trägt, kann neu nachgedacht werden. Denn hinter der Bruderschaft Liemehna stehen Männer  und Frauen, Brüder und Schwestern im Herrn gleichermaßen und davon auch nicht mehr ausschließlich Theologen und Theologinnen.

Was viele von uns verbindet, ist gemeinsame in Liemehna gelebt zu haben. Aber auch Freunde und Ehepartner kamen dazu. Heute ist es vor allem die Mitgliedschaft im Verein, die verbindet. Viele Mitglieder des Vereins wohnten im Pfarrhaus Liemehna. Aber nicht alle, die hier wohnten, wurden Mitglieder im Verein. Und manche der Mitglieder haben nie in Liemehna gewohnt und fühlen sich dennoch verbunden.

Der Verein hat eine Satzung, in der zusammengefasst drei wesentliche Ziele beschrieben sind: 1) das Pfarrhaus Liemehna soll erhalten bleiben als ein Ort geistlichen Lebens für Theologiestudierende; 2) die Ausbildung von Theologiestudiereden soll geistlich und theologisch begleitet werden; 3) die Bruderschaft will einen Beitrag leisten für die Erneuerung der Landeskirche.

---

3 Vgl. Schmidt (Hg.), Ein Haus aus lebendigen Steinen (wie Anm. 1).

Doch eine Bruderschaft will und soll nicht nur Impulse geben, sondern auch selbst empfangen.

Eine bestimmte, abgegrenzte geistliche, theologische, liturgische Ausrichtung oder Prägung hat es nie gegeben. Von Anfang an rekrutierten sich die Studenten in Liemehna aus unterschiedlichen geistlichen Richtungen und Erneuerungsbewegungen. Aber wesentlich war trotz aller Unterschiedlichkeit der Wille, eine Berufung zum Dienst in einer der Landeskirchen auszufüllen. In dieser Weise mag das Verbindende und das Gemeinsame in dem Wirken Gottes an Menschen, die sich ihm zur Verfügung stellen, zu suchen sein. In dem Wissen um gemeinsame Wurzeln, in der Erfahrung einer gemeinsamen Berufung, in der Ausrichtung auf den einen Herrn der Kirche, der durch den Heiligen Geist unter den Menschen wirkt, hat das Wirken Gottes unter uns in Form der Bruderschaft eine konkrete Gestalt gefunden.

Struktur

Die Bruderschaft Liemehna hat sich abgesehen von den Vereinsstrukturen bis zum heutigen Tag keine Verpflichtungen auferlegt. Eine „Ordnung der Bruderschaft" und eine Beschreibung von „Leitsätzen" sind zwar vor vielen Jahren in dem Wunsch, eine größere gegenseitige Verbindlichkeit zu erreichen, erarbeitet worden. Aber eine solche Verbindlichkeit wurde nicht umgesetzt.

Zentral ist die Arbeit des Vereinsvorstandes, der sich nicht nur mit praktischen, finanziellen und organisatorischen Aufgaben beschäftigt, sondern sich in gewisser Weise auch zu einem geistlichen Leitungsgremium entwickelt hat. Hier werden auch Initiativen bedacht, öffentliche Stellungnahmen geprüft und Kontakte zu geistlichen Gemeinschaften gesucht.

Gemeinsames Leben

Das gemeinsame Leben der Bruderschaft Liemehna gestaltet sich zum Einen innerhalb der Liemehnaer Hausgemeinschaft, zum anderen unter den Vereinsmitgliedern.

Die jeweilige Hausgemeinschaft regelt ihre Angelegenheiten selbstständig. Dennoch sind wichtige Elemente über die Jahrzehnte zu tragenden Bausteinen geworden: Regelmäßige Morgen- und / oder Abendandachten, wöchentliche Hausabende mit Bibelgespräch und Abendmahl, verschiedene gemeinsame Mahlzeiten, Gespräch, Spiel, Arbeit und zwischenmenschliche Übung. Kontemplation und Kampf liegen dicht beieinander.

Unter den Vereinsmitgliedern findet das gemeinsame Leben seine Form durch regionale Treffen (Kreise oder Konvente), Gebete für- und miteinander, Rüstzeiten, Arbeitseinsätze und Mitgliederversammlungen.

Im Pfarrhaus zu Liemehna leben derzeit zwei Familien. Zum Verein gehören derzeit 47 Mitglieder. Zirka 270 Freunde fühlen sich mit den Anliegen und Zielen der Bruderschaft verbunden. Durch die Freundesbriefe kann der Kontakt gehalten werden.

Aktivitäten/Angebote

Verschiedene Angebote geben die Möglichkeit der Begegnung. Jährlich laden wir zum jährlichen Bruderschaftstreffen (früher „Brüdertreffen") nach Liemehna ein. Der persönliche, geistliche Austausch steht hier im Mittelpunkt.

Darüber hinaus gibt es die organisatorisch ausgerichtete Mitgliederversammlung des Vereins mit einem abschließenden Abendmahls- und Segnungsgottesdienst, der sich inzwischen etabliert hat.

Eine Bruderschaftsrüstzeit im Herbst bietet Familien und Alleinstehenden die Möglichkeit zu entspannen, zu spielen und Zeit zu verbringen.

Bei der Retraite im Frühjahr können exerzitienähnliche Einkehrtage in Stille, Gemeinschaft und mit dem Angebot seelsorgerlicher Begleitung wahrgenommen werden. Schon seit ihren

Anfängen ist die Bruderschaft mit der – damals noch ebenfalls jungen – evangelischen Exerzitienarbeit verbunden.[4]

Die jährliche Baurüstzeit im Sommer führt ebenfalls die Anfänge vor Augen. Körperlicher Einsatz und geistliche Gemeinschaft sind hier aufs Engste verbunden, wenn nötige Bau- und Reparaturarbeiten an den Häusern und im Gelände versehen werden.

Hin und wieder veranstalten wir einen geistlichen Tag in Liemehna zur Besinnung und / oder theologischen Bildung.

Ein großes Potential tragen die regionalen Konvente unserer Bruderschaft, wo man sich zum persönlichen Austausch und Gebet trifft. Die Konvente sind unterschiedlich in der Anzahl der Teilnehmenden. Es gibt keine festen Leitungsstrukturen. Man kommt in unterschiedlicher Häufigkeit zusammen.

Zu allen unseren Angeboten sind Gäste und Freunde jederzeit herzlich eingeladen. Das Gästehaus sowie eine Ferienwohnung im Pfarrhaus und weitere Räume laden zu Rüstzeiten, Urlauben, Einkehrtagen, Tagungen etc. ein.

Aktuelle Informationen finden sich unter www.bruderschaft-liemehna.de und www.gaestehausliemehna.de.

Netzwerk

Verbunden sind wir zunächst mit den verschiedensten Gemeinschaften und Gemeinden durch unsere ebenso verschiedenen Schwestern und Brüder. Entsprechend ihrer jeweiligen Verbindungen gestaltet sich das Netzwerk. In Einzelfällen gibt es Doppelmitgliedschaften mit anderen Gemeinschaften.

Sehr wichtig war und ist die Verbindung zur sächsischen Landeskirche. Die Bruderschaft sucht den Kontakt und Austausch und erfährt Unterstützung, nicht zuletzt auch durch einen jährlichen Zuschuss aus dem landeskirchlichen Haushalt.

---

4 Diese Verbindung bestand vor allem durch die Theologen Christoph Michael Haufe und Gottfried Wolff. Vgl. dazu Wolff, Gottfried, Evangelische Exerzitien und die Wurzeln der Bruderschaft Liemehna, in: Schmidt, (Hg.), Ein Haus aus lebendigen Steinen (wie Anm. 1), 67–70.

Wir gestalten seit 2007 die Treffen Geistlicher Gemeinschaften in Sachsen mit.

Aufgrund unserer historischen Wurzeln und des Satzungszweckes des Vereins pflegen wir enge Beziehungen zum Theokreis Leipzig. Wir unterstützen dessen studienbegleitende Arbeit, indem wir die rechtliche Basis für die Anstellung seiner Studienassistenten bieten und diese gemeinsam mit Vertretern der Landeskirche einsegnen.

Susanne Meinel

BRUNNEN Christliche Lebensgemeinschaft

Geschichte

Die Idee und der Wunsch nach einem Zentrum für ganzheitliche Mitarbeiterbildung bestanden in der sächsischen Jugendarbeit, dem Jungmännerwerk, schon in den 1980er Jahren. Bereits Ende der 80er Jahre erlebten 20 junge Mitarbeiter (in Rosenthal) für ein Vierteljahr das Gemeindetraining, eine Synthese aus Kurzzeitbibelschule und Lebensschule. Nach der Wende wurde die Idee eines freien Werkes zur Wirklichkeit.

Die Wege führten zum Wörnersberger Anker, einer Lebensgemeinschaft in der württembergischen Landeskirche. Dort war bereits die Entscheidung getroffen, sich in den neuen Bundesländern zu engagieren. Dieses Zusammentreffen erlebten alle Beteiligten als eine von Gott vorbereitete Situation. So entstand 1991 unser Verein, der BRUNNEN e.V.

Als erste Baumaßnahme wurde von 1994 bis 1995 ein neues Haus als Basis gebaut. Ab 1996 erfolgte die Renovierung und Einrichtung des alten Pfarrguts Oberalbertsdorf durch Mitarbeiter und Jahresteams (freiwillige junge Erwachsene im Rahmen des FSJ oder BFD) des Vereins, viele ehrenamtliche Helfer und befreundete Baufirmen. Heute sind unsere Häuser kleine Prachtstücke.

Seit 1994 lebten insgesamt über 100 Junge Erwachsene im Jahresteam mit. Für ein Jahr leben und arbeiten sie mit den Familien in der Lebensgemeinschaft.

Profil

Als BRUNNEN-Lebensgemeinschaft unterstützen wir Christen, unabhängig von Alter und Konfession, einen in Kirche und Gesellschaft wirksamen Lebensstil zu entwickeln. Wir wollen dazu beitragen, dass Einzelne, Vereine und Gemeinden einen Weg der Erneuerung gehen. Dadurch soll auch in Gruppen der innere und äußere Wachstums- und Reifungsprozess vorangebracht werden.

Der Auftrag bzw. die Berufung des BRUNNEN e.V. ist eine dreifache:

1. Wir sind berufen, verbindliche, geistliche Lebens- und Dienstgemeinschaft in Treue zu leben. Wir leben Lebensgemeinschaft um Jesu Christi Willen und sind miteinander verbunden. Wir kümmern uns um uns selbst und umeinander.

2. Wir sind berufen, Raum zu schaffen, in dem wir und andere Menschen Gott begegnen können. Sowohl unsere Häuser mit ihren unterschiedlichen Räumen, Segnungszeiten, Lobpreis, Abendmahlsfeiern als auch unser vielfältiges Seminarangebot verstehen wir als Raum, in dem Gottesbegegnung geschieht. Stille und Gebet spielen in unserem persönlichen Leben und in unseren Angeboten eine entscheidende Rolle. Das Rückgrat unserer Lebensgestaltung sind die festen Gebetszeiten.

3. Wir sind berufen, Christen im Wachsen, Reifen und Heilwerden zu begleiten. Mit unseren Diensten und Angeboten unterstützen wir Christen dabei, in ihrer persönlichen Gottesbeziehung zu wachsen, sich in ihrer Beziehungsfähigkeit, ihrer Persönlichkeit und ihrem Charakter weiter zu entwickeln sowie ihre Gaben und Berufung zu entdecken und zu trainieren. Mit Paulus' Worten: „Auf dass die Heiligen zugerüstet werden zum Dienst" (Eph 4,12).

Neben dieser dreifachen Berufung verstehen wir das Jahresteam, in dem junge Erwachsene die Möglichkeit haben, ein Jahr bei uns mitzuleben, als unseren Kernauftrag.

Struktur

Der BRUNNEN ist ein gemeinnütziger eingetragener Verein mit derzeit 18 Mitgliedern. Die Leitung des Vereins geschieht somit durch den Vorstand und in enger Zusammenarbeit mit der Lebensgemeinschaft vor Ort und den Vereinsmitgliedern.

Wir sind ein Glaubenswerk und finanzieren unseren Haushalt zu 50 Prozent über Spenden und zu 50 Prozent über die Einnahmen aus dem Gästebetrieb. Unsere Feststellung dabei: Wenn wir treu im Gebet sind, ist Gott treu in der Versorgung.

Ein wichtiger Bestandteil unserer Struktur ist seit 2010 die BRUNNEN-RingGemeinschaft (BRinG), eine Art Tertiärkreis mit Mitgliedern aus ganz Sachsen. Denn – im Bild gesprochen – ein Brunnenring schafft mehr Volumen für den Inhalt, vergrößert die Möglichkeiten. Es kann mehr hineinfließen und natürlich ist mehr herauszuholen. So verstehen wir die BRinG von Gott her als Erweiterung und Verstärkung unserer Berufung. Neben der BRUNNEN-Lebensgemeinschaft gibt es diese zweite Gemeinschaft, die sich mit uns verbindet. Sie besteht aus 25 engagierten Christen aus ganz Sachsen, die dies am 18. April 2010 von Gott her als persönliche Berufung angenommen haben und die Arbeit des BRUNNENs nach ihren Möglichkeiten unterstützen (praktisch, inhaltlich, finanziell oder mit Gebet). Eine ganz besondere geistliche Verbundenheit entsteht durch das Vaterunser um 12.15 Uhr zu Beginn des Mittagsgebets im BRUNNEN, das auch von Mitgliedern anderen Orten zur gleichen Zeit gesprochen ist, sowie ein wöchentliches gemeinsames Hingabegebet der BRinG und der BRUNNEN-Lebensgemeinschaft.

Gemeinsames Leben

Als christliche Lebensgemeinschaft arbeiten wir zusammen am Auftrag und Ziel des BRUNNENs. Zusammen mit Vorstand und Mitgliedern tragen und prägen wir die Arbeit. Im Moment sind im Pfarrgut Oberalbertsdorf neun Erwachsene mit insgesamt neun Kindern heimisch.

Ein Teil der Mitarbeiter ist im Verein angestellt, die anderen arbeiten ehrenamtlich mit. Jedes Jahr wechselt unser Jahresteam und erweitert so die Lebensgemeinschaft um fünf bis sieben Personen.

Wir sind eine Lebensgemeinschaft auf Zeit und stehen im Spannungsfeld von Lebens- und Dienstgemeinschaft. Über Gottes Wirken durch die Lebensgemeinschaft am Einzelnen sind wir beschenkt. Den Reichtum, den wir und unsere Kinder durch die Gemeinschaft erleben, schätzen wir sehr und staunen immer wieder darüber: „Siehe, wie fein und wie lieblich ist es, dass Brüder einträchtig beieinander wohnen" (Ps 133,1).

Grundlage unseres gemeinsamen Lebens ist in einem Zitat von Dietrich Bonhoeffer treffend ausgedrückt: „Christliche Bruderschaft ist nicht ein Ideal, das wir zu verwirklichen hätten, sondern es ist eine von Gott in Christus geschaffene Wirklichkeit, an der wir teilhaben dürfen".

Unsere Berufung leben wir in der Beziehung zu Gott dem Schöpfer, zu Jesus dem auferstandenen Herrn, unserem Erlöser, sowie dem Heiligen Geist und in Verantwortung vor dem in der Bibel inspirierten und überlieferten Wort Gottes. Gemeinsam wollen wir christliches Leben im Alltag einüben und gestalten, die gemeinsamen Kräfte bündeln und dem Reich Gottes dienen. Durch verbindliche Treffen und Gebetszeiten geben wir unserem Leben einen festen Rhythmus. Gemeinsam beginnen wir den Tag mit dem Frühgebet und dem Versorgungsgebet. Um 12.15 Uhr unterbrechen wir die Arbeit mit dem Mittagsgebet.

Als Glieder am Leib Christi sind wir als Gemeinschaft und einzeln zugehörig zu einer Ortsgemeinde und besuchen den Sonntagsgottesdienst. Da wir aufgrund verschiedener Dienste meistens nicht geschlossen in den Gottesdienst gehen können, feiern wir dienstags um 7 Uhr einen Abendmahlsgottesdienst bei uns in der Kapelle, zu dem wir die Pfarrer der Region zum Predigen und zum Austeilen des Abendmahls einladen.

Unsere wöchentlichen Hausabende sind der zentrale Punkt des gemeinsamen Austausches und ein weiterer Abend ist für gemeinschaftliche Aktionen reserviert.

Als Lebensgemeinschaft verbringen wir monatlich einen ganzen Tag zusammen, um die Dinge des alltäglichen Lebens zu klären und zu ordnen. Fest in den Kalender gehören auch fünf Gebetssamstage pro Jahr und unsere „Mit Freuden Wasser schöpfen"-Woche im Herbst in Anlehnung an das jüdische Laubhüttenfest mit dem Schwerpunkt „Dank".

Aktivitäten/Angebote

Der BRUNNEN ist ein Seminar- & Gästehaus und wird als solches auch von vielen Menschen das ganze Jahr über genutzt und geschätzt. Hauskreise, Kirchvorstände, Leitungsgremien oder auch Einzelpersonen, die stille Tage verbringen wollen, fühlen sich bei uns wohl und genießen sowohl die urige Unterkunft in den sanierten Fachwerkhäusern als auch die vollwertige und kreative Verpflegung.

Unser Schwerpunkt liegt allerdings auf unserem Seminarbetrieb. Inzwischen bieten wir jährlich ca. 25 Wochenenden zu den unterschiedlichsten Themen und für fast alle Zielgruppen an. An Wochentagen gibt es jährlich ca. 80 Seminartage als Weiterbildung für Unternehmer, Leiter oder Seelsorger.

Wir freuen uns darüber, dass unser Jahresprogramm jedes Mal etwas umfangreicher wird und für jeden etwas bereithält. Hier eine kleine Übersicht:

Zielgruppe	Angebot
Unternehmer & Führungskräfte	Unternehmer-Wochenende, Unternehmer-Trainingsteams, Seminarreihe für Führungskräfte von xpand „Wertvoll führen"
Gemeinden, Haupt- & Ehrenamtliche	Leitertrainingsteam, Gemeindeaufbau- & Leiterseminar, Gebetstage, Persönlichkeitsbildungsseminare, Familienaufstellung, Lobpreis leiten lernen, Bibelstudientage, Seelsorge-Wochenende
Stille-Gäste, Einkehrer, Beter	Stille-Wochenenden, Einkehrtage, Gebetsseminare, Gebetstage, Gebetsweg
Frauen bzw. Männer	Frauen- bzw. Männerwochenende
Ehepaare & Familien	Ehe-Tag, Ehe-Trainingsteam, Familien-Mutmach-Tag
Junge Erwachsene	HOLY-Jugendtreffen über Pfingsten, Pärchen-Seminar, Silvester-Freizeit, Jahresteam

Neben den zahlreichen Seminaren, die wir anbieten, sehen wir unseren Auftrag in der Förderung
· junger Menschen durch unser Jahresteam-Konzept,
· von Unternehmern und Führungskräften durch Trainingsteams,
· von Gemeinden, Kirchvorständen und Hauptamtlichen durch Begleitung und Coaching sowie
· von Einzelpersonen im Wachsen, Reifen und Heilwerden.

Grundsätzlich bewegt uns bei allen Angeboten immer die Frage „Wie geht es nach der Veranstaltung weiter?". Es liegt uns am Herzen, dass die Teilnehmer an den Themen dranbleiben und sich weiterentwickeln können. So entstand das Konzept der Trainingsteams, die schon in vielerlei Farben und Schattierungen angeboten worden sind. Es gab bzw. gibt Trainingsteams für

Jungen, Mädchen, Ehepaare, Leiter und vor allem für Unternehmer. Für die jeweilige Zielgruppe ist ein Trainingsteam ein zeitlich begrenztes Angebot. Die Entscheidung für das Team ermöglicht den Teilnehmern die Erfahrung einer verbindlichen Gruppe,
die in offenem, vertraulichem Miteinander ihre persönlichen und
geistlichen Erfahrungen teilt. Die Übereinstimmung im Ziel und
eine hohe Eigenmotivation haben sich als sehr fruchtbar für alle
Beteiligten erwiesen. Das Modell Jesu mit seinen 12 Jüngern ist
uns – wenn auch nicht kopierbar – Vorbild und Ansporn dafür.

Punktuell arbeiten wir inhaltlich mit dem CVJM Landesverband Sachsen, Campus für Christus, dem Institut für Seelsorge
und Beratung (ISB), dem Volksmissionskreis Sachsen und xpand
zusammen. Darüber hinaus engagiert sich der BRUNNEN an verschiedenen Projekten in den Gemeinden und Gruppen der Region. Wir arbeiten mit beim Kindergottesdienst, Jüngerschaftstrai-
ningsteam, Alpha-Kurs sowie bei Evangelisationen und trainieren
eine Fußballmannschaft für Kinder und Jugendliche.

Netzwerk

Wir sind verbunden mit der BRUNNEN-Ring-Gemeinschaft,
den Vereinsmitgliedern und ehrenamtlichen Mitarbeitern in unseren unterschiedlichen Aufgabenbereichen. Es verbinden uns
gemeinsame Ziele und Werte, die unseren Auftrag ausmachen
und unser Miteinander bestimmen.

Wir verstehen uns als freies Werk innerhalb der Ev.-Luth.
Landeskirche Sachsens, sind Mitglied im CVJM-Landesverband
und im Diakonischen Werk. Als Mitglieder unterschiedlicher Denominationen leben wir die Einheit des Leibes Christi über diese
Grenzen hinweg (vgl. Joh 17).

Innerlich verbunden fühlen wir uns mit einigen anderen Gemeinschaften. Dazu gehören der Wörnersberger Anker, das Le-
bens-zentrum Adelshofen, die Communität Christusbruderschaft
Selbitz, das Lebenszentrum Langenburg und die Körnermühle
Christliches Leben e.V. in Dippoldiswalde.

Ruth Gulbins

churchconvention

Name

churchconvention – dieser Name steht für Menschen, die ihre Kirche lieben, die überlegen, wie Kirche der Zukunft aussehen kann und die sich gemeinsam auf den Weg machen, diese Kirche zu gestalten.

„A preview of things to come" (Ein Vorgeschmack auf das, was kommen wird) war das Motto der Spielemesse „games convention" 2006 in Leipzig. Damals suchten einige Theologen einen Namen für ein neu entstandenes Netzwerk, das „Kirche für morgen" denken wollte. Dieses Motto war inspirierend und so bekam das junge Netzwerk den Namen „churchconvention".

churchconvention, abgekürzt cc, ist ein deutschlandweites Netzwerk mit eigenständigen Gruppen auf Landeskirchenebene. Im Folgenden wird daher sowohl die deutschlandweite Perspektive als auch die der Regio Sachsen zu Wort kommen.

Geschichte

Kirche für morgen denken, träumen, hoffen, sich austauschen, aber auch Ängste teilen – all dies geschah, als sich 2003 eine Gruppe von Theologiestudierenden in Tübingen wiederholt traf, um bei Tee über die Zukunft der Kirche zu reden. Zum Ende des Studiums beschlossen sie ein Netzwerk zu bilden, um ihre Leidenschaft für ihre Kirche weiter miteinander zu teilen. Im April 2006 fand das Gründungstreffen unter dem Namen churchconvention statt. Da sich die Mitglieder des Netzwerkes deutschlandweit verstreuten, wurden in den Landeskirchen regionale Gruppen gegründet – die Regios. Die Regio Baden wurde 2008 gegründet, 2009 folgte die Regio Württemberg, später Hannover und die Pfalz.2014 kam Sachsen hinzu und mittlerweile haben sich auch in Bayern, der EKM und Hessen Regios gebildet.

Der Weg der Regio Sachsen startete im Herbst 2008 mit einem neuen Vikariatskurs. Hier schlossen sich drei Vikare zu einer Gemeinschaft zusammen. Alle drei hatten auch in Greifswald bei Professor Michael Herbst studiert und sich mit Fragen des Missionarischen Gemeindeaufbaus auseinandergesetzt. Sie wollten Kirche in Offenheit der Form und Klarheit des Inhalts denken. Ihre Treffen waren von drei Aspekten gekennzeichnet: 1) der persönliche Austausch, 2) die geistliche Gemeinschaft, 3) das Thema missionarischer Gemeindeaufbau.

Bald kamen weitere Vikare und Theologiestudierende dazu. Einige von ihnen waren bereits in anderen geistlichen Gemeinschaften engagiert, sodass eine Zusammenarbeit nahe lag. Durch ihr spezifisches Profil konnten sie sich gemeinsam jedoch auf keine bestehende Gemeinschaft einigen.

Im März 2011 fand in Filderstadt bei Stuttgart die Konferenz Gemeinde 2.0 statt, die churchconvention mit ausgestaltete. Hier kam es zum Kontakt der sächsischen Gruppe mit churchconvention und die Idee war geboren, sich diesem Netzwerk anzuschließen. Verbindend wirkte der gemeinsame Wunsch, Kirche kreativ für morgen zu denken, gemeinschaftlich auf dem Weg zu sein und der konstruktive und loyale Umgang mit der eigenen Landeskirche. Nach einem zweijährigen Prozess fanden beide Seiten ein Ja zueinander und im Oktober 2014 wurde die Regio Sachsen offiziell eingesetzt.

Profil

„Die Zukunft steckt voller Herausforderungen für die Landeskirchen in Deutschland. Aus begründeter Hoffnung heraus und mit Fantasie für den Glauben stellen wir uns diesen Herausforderungen. Eine junge Generation von Pfarrern und Pfarrerinnen und solchen, die es werden wollen, verbindet sich deshalb zu churchconvention. Wir leben heute unsere Vision von Kirche in der Gewissheit einer verheißungsvollen Zukunft."

Mit diesen Worten beginnt das Leitbild von churchconvention. Ein Leitbild, das sich in drei Werten entfaltet: Verbunden in

Freundschaft, Geistlich im Aufbruch, Leidenschaftlich im Leben. Hier kommt dieses Leitbild in seiner kurzen Form zu Wort, entfaltet ist es – genauso wie die Ausführungen zum loyal radical – auf der Homepage www.churchconvention.de einsehbar.

„Verbunden in Freundschaft
Wir sind durch Christus in Freundschaft verbunden. Wir feiern Erfolge und teilen Niederlagen. Wir ermutigen uns und lassen uns kritisch hinterfragen. Wir freuen uns, dass durch unser Netzwerk neue Freundschaften entstehen und wachsen.
Wir bauen ein Netzwerk, das über die Grenzen unserer Landeskirchen hinweg reicht. Wir verbinden die Lebenssituationen von Universität, kirchlicher Ausbildung und gemeindlicher Praxis. Die Vielfalt unserer gesellschaftlichen Hintergründe und Traditionen inspiriert uns und dient der persönlichen wie fachlichen Weiterbildung.
Wir haben einen EKD-weiten Horizont und arbeiten innerhalb von Regio-Gruppen zusammen. Wir teilen miteinander Ideen und Materialien, planen gemeinsame Projekte und suchen nach zukunftsfähigen Wegen, Gemeinde vor Ort zu gestalten.

Geistlich im Aufbruch
Wir leben Kirche in der Erwartung, dass der Heilige Geist uns Wege in die Zukunft zeigt. Wir beten miteinander und füreinander, für unsere Kirche und Kirchenleitung. Wir suchen nach neuen Formen geistlichen Lebens und entdecken die Schätze traditioneller Spiritualität.
Wir unterstützen uns gegenseitig in der Entfaltung unserer individuellen Begabungen. Wir entwickeln und fördern inspirierende Ideen, die Gemeindewachstum und neue Ausdrucksformen von Gemeinde in unserem kulturellen Kontext ermöglichen.
Wir sind bestrebt, in engem Kontakt zu unserer Kirchenleitung zu stehen. Wir sind mit unserer Kirchenleitung geistlich verbunden. Wir wollen gemeinsam zukunftsfähige Konzepte erarbeiten und innerhalb der Regio-Gruppen in Projekten erproben. Eine Kirche der Zukunft investiert ihre Kraft und Ressourcen in Menschen, nicht nur in Gebäude, in Gemeinschaft, nicht nur in Struktur, in Mission, nicht nur in den Erhalt des status quo.

Leidenschaftlich im Leben
Wir lieben das Leben und freuen uns an Gottes Schöpfung. Wir genießen es, gemeinsam auf dem Weg zu sein und bekommen dadurch Kraft für die Herausforderungen des Alltags.
Wir stehen mit beiden Beinen im Leben. Wir schärfen unsere Wahrnehmung für unser kulturelles und soziales Umfeld, damit die Botschaft des Evangeliums in sich verändernden Rahmenbedingungen relevant wird.

Wir setzen uns leidenschaftlich für unsere Vision ein: mit Leib und Seele für Gott, für den Glauben, für die Theologie, für die Kirche."

Dieses Leitbild ist bewusst sehr offen gehalten. Die cc-DNA besteht darüber hinaus aus der dahinter liegenden Haltung des „loyal radical":

Loyal und radikal – zwei Gegensätze, die hier zusammengefügt und unzertrennlich verbunden werden. Die Loyalität bezieht sich dabei auf die Kirche, ihre Traditionen, Kollegen und die Kirchenleitung. Die Radikalität zeigt sich darin Pfarramt und Gemeinde neu zu denken. Folgende Merkmale schreibt churchconvention diesem loyal radical zu:

Ein loyal radical...

... ist bereit, Charakter, Vision & Kompetenzen ständig zu überprüfen und weiter zu entwickeln: Er lässt sich auf lebenslanges Lernen ein, ist bereit sich immer wieder Neuem auszusetzen und sich ins Leben hineinsprechen zu lassen.

... handelt beziehungsorientiert und hat eine grundsätzlich dienende Haltung: Kollegialität ist ihm wichtig. Die Beziehungen sind den Inhalten nicht untergeordnet. Aus seiner dienenden Haltung heraus ist er bereit mehr zu tun, als er müsste.

... erkennt Kirchenleitung als geistliche Autorität an und kann trotzdem konstruktiv-kritisches Gegenüber sein: Er liebt seine Kirche und betet für sie und ihre Leitung. Er spricht wertschätzend und konstruktiv.

... ist risikobereit und steht nicht über den Dingen, sondern mitten drin: Er versucht neues und hält sich nicht aus Angst vor Fehlern zurück. Er erprobt Konzepte und Projekte und erarbeitet sie nicht nur.

... pflegt einen entspannten Umgang mit Karriere & Macht und hat die Erwartung, dass der Heilige Geist Wege in die Zukunft zeigt: Ein loyal radical lässt sich leiten und hat nicht nur seine Karriere im Blick, gleichzeitig ist er bereit Verantwortung auf Leitungsebene zu übernehmen.

Ein loyal radical ist überzeugt, dass es immer einen Weg zur Veränderung gibt, weil für Gott nichts unmöglich ist, er ist aber gleichzeitig durch ein geduldiges und rücksichtsvolles Vorgehen gekennzeichnet.

Diese Grundhaltung, macht es für churchconvention auch unmöglich, sich auf *eine* Ethik oder Theologie festzulegen. Die Haltung steht vor dem Inhalt.

Die Regio Sachsen hat zusätzlich zu diesem Profil eine stark ostdeutsche Perspektive: Sie setzt sich damit auseinander, wie

Kirche in einem stärker säkularisierten Umfeld und ohne volks-kirchliche Bedingungen aussehen kann. Außerdem will sie nicht nur für Pfarrerinnen, Vikare und Theologiestudierende, sondern darüber hinaus für alle offen sein, denen es ein Herzensanliegen ist, Kirche für morgen zu denken.

Struktur

Als EKD-weites Netzwerk wird cc von einem mehrköpfigen Leitungsteam geleitet, das bisher zwischen sechs und acht Personen umfasste und entsprechend der aktuellen Herausforderungen und Ressourcen auch von Zeit zu Zeit Größe und Zusammensetzung prüft und anpasst. Dieses gibt Impulse an die Regios weiter und nimmt auch Impulse von den Regios auf, um sie anderen zur Verfügung zu stellen. In den Regios gibt es eine Regioleitung aus mindestens zwei Personen. Dieses Team organisiert die regioconventions, koordiniert Inhalte und Themen, gibt Informationen und Einladungen weiter, hält Kontakt mit dem Leitungsteam und sucht das Gespräch mit der Landeskirche.

Zu kleineren Treffen kann jeder cc-ler in Absprache mit dem Leitungsteam einladen. In diesen couchconventions werden lokal Projekte umgesetzt, Gemeindesituationen besprochen oder einfach Gemeinschaft gelebt.

Zu den conventiondays, die alle ein bis zwei Jahre stattfinden, sind EKD-weit alle eingeladen, die sich zu churchconvention zugehörig fühlen oder churchconvention kennenlernen möchten. Bei diesem mehrtägigen Treffen stehen Vernetzung und Austausch im Vordergrund, doch auch geistliche Gemeinschaft und Zeit das Leben zu genießen kommen nicht zu kurz.

Eine Mitgliederanzahl ist bei churchconvention schwer zu ermitteln, denn bisher wird bewusst auf eine vertragliche Mitgliedschaft verzichtet. Stattdessen setzt churchconvention auf das Prinzip „Mitsteuern durch Beisteuern". Auch durch den Netzwerkcharakter werden verschiedene Grade der Zugehörigkeit ermöglicht: Manche sind interessiert beobachtend, andere sind „näher dran", wieder andere zeigen ihre Zugehörigkeit ganz deutlich durch ihr Engagement – und mache bewegen sich auch zwischendrin oder hin und her.

Obwohl die numerische Mitgliedschaft schwer zu ermitteln ist, kann festgehalten werden, dass 2019 ca. 500 Personen den allgemeinen churchconvention Newsletter erhalten, von denen sich ca. 150 Personen zu cc zugehörig fühlten. In Sachsen umfasst der E-Mail-Verteiler 27 Namen, zusätzlich haben 41 Leute Interesse an der Regio bekundet.

Gemeinsames Leben

Gemeinsames Leben sieht bei churchconvention sehr unterschiedlich aus. Jede Regio gestaltet ihre Treffen selbst und legt die Häufigkeit fest. Auch in den couchconventions gibt es eine bunte Vielfalt an Ausdrucksweisen der gemeinsam gestalteten Zeit. Die Regio Sachsen trifft sich quartalsweise und setzt in ihren Treffen verschiedene Aspekte des Leitbildes um.

„Verbunden in Freundschaft": Zu jedem Treffen gibt es neben den Gesprächen zwischendurch eine Runde zum Austausch über persönliche Anliegen. Praktische Erfahrungen aus dem Alltag werden als best practice geteilt. Hier kann jede und jeder kurz und knapp etwas aus seinem Gemeindealltag vorstellen, das gelungen ist. Auch digital werden Material und Impulse ausgetauscht. Familienfreundlichkeit hat für die Regio Sachsen einen besonders hohen Stellenwert. Zu jedem Treffen sind auch Partner und Kinder eingeladen.

„Geistlich im Aufbruch": Zum gemeinsamen geistlichen Leben gehört eine Zeit mit Liedern und Gebeten. Beim thematischen Teil werden Impulse von einem Referenten (oft aus der Gruppe) gegeben und sich darüber ausgetauscht.

„Leidenschaftlich im Leben": Gemeinsam essen, mit den Kindern spielen und auch mal eine Runde Fußball – all das hat Platz bei den regioconventions. Zur Zeit nehmen viele junge Familien an den Treffen der sächsischen Regio teil. Die Treffen beginnen und enden mit einer Mahlzeit, bei der alle – cc-ler, ihre Partner und Kinder – zusammen sind. Auch bei der Lobpreiszeit dürfen Kinderlieder nicht fehlen.

Aktivitäten / Angebote

Zu den Kernangeboten von churchconvention zählen, wie unter Struktur beschrieben, die regioconventions, couchconventions und conventiondays.

EKD-weit ist churchconvention Partner des Netzwerks Fresh X. Dieses Netzwerk hat das Ziel, „Kirche erfrischend vielfältig" zu denken und leben. Dazu werden zum Beispiel Fresh X-Kurse angeboten.

Kirche und Milieu ist ein weiteres zentrales Thema. In diesem Zusammenhang ist cc Mitherausgeber der Buchreihe „Kirche und Milieu".

Außerdem ist churchconvention Mitherausgeber des Magazins 3E, einem Ideenmagazin für die Evangelische Kirche. Das Ziel: „kirchlich Engagierte vernetzen, Ideen für Gemeindearbeit geben und innovative Modelle und neue Initiativen innerhalb der EKD vorstellen".

Seit 2016 entwickelt churchconvention eine Konferenzidee, die nicht nur für Hauptamtliche ansprechend sein soll, sondern für die ganze Gemeinde gedacht ist. „Wo Zukunft Kirchte trifft" will sichtbar und erlebbar machen, wie Kirche von morgen aussehen könnte. 2020 wird dafür der erste Impulstag in der Regio Pfalz stattfinden. Es sollen weitere Impuls- und Studientage folgen, je nach regionalen Gegebenheiten in größerem oder kleinerem Format.

Neben diesen größeren Projekten gibt es viele kleinere Initiativen, die von einzelnen in der Haltung von cc verantwortet werden.

In Sachsen gibt es neben den regioconventions verschiedene kleinere und größere Projekte: Beispiele dafür sind das „Fresh X-Intro" milieusensibler Gemeindeaufbau in einem Neubaugebiet in Annaberg-Buchholz im Erzgebirge oder Gemeindeaufbauseminare, die churchconventeion regelmäßig mit der BRUNNEN-Lebensgemeinschaft anbietet.

Netzwerk

„Verbunden in Freundschaft" ist für churchconvention ein im Leitbild verankerter zentraler Wert. Diese Verbundenheit wird auch zu anderen Gemeinschaften und Netzwerken gepflegt. Jeder, der sich zu churchconvention zugehörig fühlt und die DNA des Netzwerkes in seinem Leben umsetzt, geht mit dieser DNA in alle anderen Netzwerke, Gemeinschaften und Gruppen, die ihm am Herzen liegen und seiner persönlichen geistlichen, theologischen und beruflichen Ausrichtung entsprechen. Die zentrale Einstellung ist, den anderen zu dienen und sich in ihren Kontexten zu engagieren. Nach diesem Prinzip fühlt sich churchconvention mit allen verbunden, mit denen einzelne cc-ler verbunden sind. Da churchconvention offen ist für unterschiedliche geistliche Ausrichtungen – die Haltung steht vor dem Inhalt – kann die Verbundenheit mit anderen eine sehr bunte Vielfalt annehmen.

In Sachsen sind cc-ler zur Zeit unter anderem mit folgenden Gemeinschaften, Netzwerken bzw. Einrichtungen verbunden: dem Pfarrerinnen- und Pfarrergebetsbund, der Geistlichen Gemeindeerneuerung in der evangelischen Kirche, der Christlichen Lebensgemeinschaft BRUNNEN e.V., der Sächsischen Bekenntnisinitiative, der AG Evangelistische Dienste, dem Institut zur Erforschung von Evangelisation und Gemeindeentwicklung in Greifswald, dem Runden Tisch Fresh X.

Manfred Kießig

Communität Christusbruderschaft Selbitz

Name

Der Name „Christusbruderschaft" bezieht sich zunächst nicht
auf die Gemeinschaftsform, sondern auf Christus, der durch die
Menschwerdung unser Bruder geworden ist: „Wo Christus als
Bruder erfahren wird, entsteht geschwisterliches Leben, werden
wir einander Brüder und Schwestern".[1] So gehören zur Communität sowohl Schwestern (jetzt in der Mehrzahl) als auch Brüder.

Geschichte

Aus der Jugendarbeit von Pfarrer Walter Hümmer (1909–
1972) und seiner Frau Hanna Hümmer (1910–1977) wuchs in der
oberfränkischen Gemeinde Schwarzenbach/Saale eine kleine
Gruppe von jungen Männern und Frauen, die einen Ruf Gottes
für ein verbindliches, ordensmäßiges Leben ahnten. Am Karfreitag 1948 erfuhren sie in einer intensiven Zeit des Betens und
Hörens auf Gott Gewissheit über diesen Weg. Die offizielle Gründung der evangelischen Ordensgemeinschaft „Christusbruderschaft" fand am 1. Januar 1949 statt. Da es der traditionsgebundenen Gemeinde schwer fiel, die Lebensform einer Ordensgemeinschaft zu akzeptieren, kam es zu Anfeindungen gegen die
junge Gemeinschaft. Daraufhin übertrug die Kirchenleitung Pfarrer Hümmer eine neue Pfarrstelle in Selbitz/Oberfranken. Dort
lebten die Schwestern und Brüder zunächst wie eine große Familie im Pfarrhaus und in einem weiteren Haus – ziemlich beengt,
und zwar vom Pfarrergehalt und den Gaben des Freundeskreises.
Ein rasches Wachstum der Communität machte den Bau eines

---

1 Christusbruderschaft Selbitz. Ein evangelischer Orden unserer Zeit, Bd. 1: 50 Jahre – die
Geschichte der Communität, Selbitz 1999, 5.

Hauses notwendig. So wurde von 1954 bis 1962 das Ordenshaus auf dem Wildenberg am Rande von Selbitz als Zentrum der Communität gebaut. Bei der Einweihung des ersten Bauabschnitts 1956 betonte der damalige bayerische Landesbischof Hermann Dietzfelbinger, „dass auch diese neue, eigene Pflanze im Garten der Landeskirche ihren Raum und ihre Pflege haben soll".[2] Damit gab die Kirche in aller Öffentlichkeit ihr Ja zu der Existenz einer evangelischen Ordensgemeinschaft, nachdem sie sich jahrelang sehr zurückhaltend gezeigt hatte. 1968 konnte das Gästehaus eingeweiht werden, 1971 übernahm die Communität die Verantwortung für ein neu errichtetes Alten-und Pflegeheim (heute „Walter-Hümmer-Haus"), ebenfalls auf dem Wildenberg. Von Anfang an wurden kleine Gruppen von Schwestern zu Ausbildung und Dienst in verschiedene Gemeinden gesandt, außerdem arbeiteten viele Schwestern jahrelang im Kreiskrankenhaus in Naila/Oberfanken.

Mit dem Tode der Gründer Walter Hümmer 1972 und Hanna Hümmer 1977 begann für die Communität der Übergang von der ersten in die zweite Generation. Das löste – ähnlich wie in der Geschichte anderer Orden – eine schwere Krise aus. Die Aus-einandersetzungen um das geistliche Erbe der Gründer und das Ringen um den weiteren Weg der Gemeinschaft führten 1984 zu einer Teilung der Communität in die „Communität Christusbruderschaft Selbitz" (CCB) und die „Christusbruderschaft Falkenstein" bei Regensburg.

Hilfen im Prozess der Neuorientierung der CCB waren Kontakte zu Ordensgemeinschaften aus anderen Konfessionen sowie die Aufnahme von Formen aus der klassischen Ordenstradition. Zum fünfzigjährigen Jubiläum der CCB 1999 konnte aufgrund von Quellentexten der Gründer, die die Priorin Sr. Anna-Maria aus der Wiesche zusammengestellt hatte, und nach Anhörung aller Schwestern und Brüder die Regel der CCB offiziell angenommen werden. Seit 1987 wurden zuerst in Afrika und dann an verschiedenen Orten in Deutschland Außenkonvente gegründet: in Botswana (1987–2000), in Südafrika (2004–2017), in Hof Birkensee bei Nürnberg (1996), in München, in Bayreuth, in Magde-

---

2 A.a.O., 9f.

burg (1996–2012), in Wittenberg (seit 2008), im Kloster St. Marien in Verchen/Vorpommern (2004–2015) und zuletzt 2015 in Leipzig ein kleiner gemischter Konvent aus Schwestern und Mitgliedern der Tertiärgemeinschaft. Seit 1999 lebt der Konvent der Brüder seine Sendung im Kloster Petersberg bei Halle; seit 2012 gemeinsam mit einem Konvent von Schwestern. 1994 belebte eine Gruppe von Schwestern das alte Augustinerinnen-Kloster Wülfinghausen bei Hannover neu und eröffnete dort ein Haus der Stille; aus diesem Konvent entstand 2013 die eigenständige „Communität Kloster Wülfinghausen".

Die CCB zählt im Jahr 2019 105 Schwestern und drei Brüder. Mit ihr verbunden ist von Anfang an eine Tertiärgemeinschaft von Verheirateten und Alleinlebenden, die an verschiedenen Orten ihr Leben in der Spiritualität der CCB gestalten (zur Zeit über 100 Personen).

Profil

In der Regel wird die Berufung der CCB folgendermaßen beschrieben: „Du bist berufen, mit deinen Schwestern und Brüdern Wohnort der Liebe Gottes in dieser Welt zu sein: ‚Ihr seid Hütte Gottes bei den Menschen'".[3] Ein weiteres wichtiges Wort lautet: „Wisset, ihr seid eins". Die Regel führt dies so aus:

„Durch die Versöhnung, die Jesus Christus am Kreuz erworben hat, bist du eins mit deinen Schwestern und Brüdern. Eins seid ihr auch mit allen, die an Jesus Christus glauben und die getauft sind, in der evangelischen Kirche, ja in allen Kirchen der Ökumene".

In der Berufung zur Einheit zeigt sich von Anfang an die ökumenische Ausrichtung. Die zentrale Bedeutung des Kreuzes wird deutlich im Zeichen der Communität: Kreuz mit Dornenkranz und Herz.

---

3 Communität Christusbruderschaft Selbitz (Hg.), Regel, Selbitz ²2008, 11f, dort auch die folgenden Zit.

Die Inspiration zum kommunitären Leben kam aus dem gemeinsamen Hören auf das Wort der Heiligen Schrift. Außerdem waren folgende Wurzeln für das gemeinsame Leben wirksam:

· das bayerische Luthertum, geprägt durch Wilhelm Löhe und Hermann Bezzel, mit der zentralen Bedeutung von Wort und Sakrament, der Hochschätzung der Beichte und der Bejahung der kirchlichen Tradition;

· geistliche Erfahrungen aus dem Pietismus: „Wir sind lutherische Pietisten und pietistische Lutheraner"[4] (Walter Hümmer);

· die Oxford-Gruppenbewegung mit dem persönlichen Hören auf das Wort Gottes in gemeinsamer Stille mit anschließendem Austausch;

· die Begegnung mit der Bruderschaft vom Gemeinsamen Leben und damit die Bekanntschaft mit der „Nachfolge Christi" des Thomas von Kempen;

· Impulse aus Dietrich Bonhoeffers Schrift „Gemeinsames Leben";

· Anregungen aus der katholischen Ordensspiritualität (das Pfarrhaus in Schwarzenbach z.B. war vorzeiten eine franziskanische Niederlassung).

Die CCB lebt gemäß den Evangelischen Räten. Diese werden als Hilfen verstanden, empfänglicher zu werden für die Liebe Gottes: Armut als Vertrauen auf Gottes Fürsorge und im Sinne eines einfachen Lebensstils, Keuschheit (Ehelosigkeit) als Bindung an Gott aus der erfahrenen Liebe Gottes heraus, Gehorsam im Hören auf Gott und in der Einordnung in die Gemeinschaft.

Die Sendung der CCB besteht im Dreiklang von Leiturgia, Martyria und Diakonia:

· Leiturgia in der Wechselbeziehung von persönlichem und gemeinsamem Gebet,

· Martyria als Zeugnis in Wort und Tat, in Verkündigung und Seelsorge,

· Diakonia als Eintreten für die Armen, Schwachen und Leidenden – in Offenheit für das Leid der Menschen, in Pflege und Gastfreundschaft.

---

4 Ein evangelischer Orden unserer Zeit (wie Anm. 1), 7.

Struktur

Seit 1988 wird das Leitungsamt von einem Bruder und einer Schwester der CCB ausgeführt. Die Priorin wird von allen Schwestern, der Prior von allen Brüdern gewählt. Ihre Aufgabe ist es, die Einheit zu wahren und darauf zu sehen, dass die Gemeinschaft hellhörig bleibt für den Willen Gottes. Dabei orientieren sie sich am Evangelium und den Weisungen der Communität. Die Leitenden achten darauf, dass Vertrauen zueinander wachsen kann, und fördern die Begabungen der Schwestern und Brüder. Bevor die Priorin / der Prior wichtige Entscheidungen treffen, sind alle Geschwister zur Mitverantwortung aufgerufen: zum Hören auf Gott, zum Hören aufeinander und auf die Zeichen der Zeit. Der Priorin und dem Prior stehen der Pfarrer der Communität, der Rat und andere Gremien beratend zur Seite. Stellvertreterin der Priorin ist die Subpriorin; die einzelnen Konvente haben jeweils Konventsverantwortliche.

Der Weg in die Communität erfolgt in mehreren Schritten: Postulat, Noviziat, an dessen Ende die Zeitliche Profess steht; es folgt die Zeit des Juniorats und danach die Feier der Profess, in der das Ja zur lebenslangen Bindung an die Gemeinschaft seinen Ausdruck findet. Bei dieser Feier wirkt stets ein Mitglied der Kirchenleitung mit und bezeugt damit die Verwurzelung der CCB in der Kirche. Dies entspricht dem Wort von Walter Hümmer: der Dienst der CCB „geschieht in der Kirche, mit der Kirche und für sie".[5]

Gemeinsames Leben

Das gemeinsame Leben vollzieht sich im Wechsel von beten, arbeiten und feiern. „Lass deine Arbeit durch den Gebetsrhythmus bestimmen, doch achte die Arbeit nicht gering gegenüber dem Gebet", heißt es in der Regel.[6] Typisch ist die Lebensfreude, die bei den gemeinsamen Festen zum Ausdruck kommt. Der Tag

---

5 Christusbruderschaft (Hg.), Denn er hatte seinem Gott vertraut. Zum Gedenken an Walter Hümmer, Selbitz 1973, 44.

6 Regel (wie Anm. 3), 25.

wird geprägt von der persönlichen Stille über dem Wort Gottes
wie von den Gebetszeiten: Morgengebet, Mittagsgebet, Abendgebet und an manchen Tagen Komplet.

- Morgen- und Abendgebet folgen der Struktur von Laudes und
  Vesper mit den gregorianischen Melodien der Münster-
  schwarzacher Benediktiner;
- Im Morgengebet spielt die Anbetung des dreieinigen Gottes
  eine wichtige Rolle, beginnt doch die Regel mit den Worten:
  „Tritt ein in den Liebesraum des Dreieinigen Gottes. Schau
  auf ihn und bete ihn an, durch den deine Berufung sicheren
  Grund erhält".[7]
- Die Komplet wird nach der Ordnung der Evangelischen Michaelsbruderschaft gehalten;
- Das Mittagsgebet speist sich aus unterschiedlichen geistlichen Traditionen und ist vor allem auf die Anbetung des ge-
  kreuzigten und auferstandenen Christus ausgerichtet.

Typisch für das Gebetsleben der CCB ist die Verbindung von
liturgisch geprägten und freien Elementen, zum Beispiel bei der
Fürbitte im Morgen- und Abendgebet. Das Heilige Mahl wird an
allen Sonn-und Festtagen sowie ein- bis zweimal an Werktagen
gefeiert, bei Exerzitien und Einkehrzeiten täglich. So hat die Eucharistie einen wichtigen Platz in der Spiritualität. Die Ordnung
der Gottesdienste folgt der lutherischen Agende. Verbindliche
Zeiten des Schweigens, geistliche Begleitung, Seelsorge und
Beichte sind wichtige Hilfen für das geistliche Leben.

Aktivitäten/Angebote

Zentrum der CCB ist Selbitz mit dem Ordenshaus als Ort der
Sammlung und Sendung für die gesamte Communität. In den
Gästehäusern (Selbitz, Hof Birkensee, Kloster Petersberg) gibt es
ein vielfältiges Angebot an Seminaren und Kursen, Retraiten,
Exerzi-tien und Freizeiten für unterschiedliche Zielgruppen; auch
einzelne Gäste, die eine Zeit der Stille suchen, und Gästegruppen
sind herzlich willkommen. Einzelne Schwestern und Brüder so-

---

7 A.a.O., 10.

wie der Pfarrer bieten geistliche Begleitung und persönliche Seelsorge an. Einige Male im Jahr finden Segnungsgottesdienste in der Kapelle des Ordenshauses in Selbitz statt. In Zusammenarbeit mit der Landeskirche führt die CCB Kurse in Geistlicher Begleitung durch. Neben den Angeboten, als Gast bei der Communität zu sein, gibt es auch Angebote, länger mit der Communität zu leben:

· im Programm „Atem holen"
· im Rahmen von Kloster auf Zeit,
· im Rahmen des Freiwilligen Sozialen Jahres oder des Bundesfreiwilligendienstes.
· Die CCB hat auch einen kleinen Verlag, in dem geistliche Literatur und Kunstkarten – häufig von der Künstlerin Schwester Christamaria Schröter gestaltet – angeboten werden.

An den Orten mit Gästearbeit ist das kommunitäre Leben ebenso von den Gebetszeiten geprägt. In den Stadtkonventen liegt der Schwerpunkt vor allem in der Präsenz mitten in der Stadt unter den Menschen; sie bieten z.B. auch öffentliche Gebetszeiten an.

Netzwerk

Aufgrund ihrer ökumenischen Ausrichtung ist die CCB in zahlreichen Netzwerken engagiert:

· im „Treffen von Verantwortlichen" und im daraus hervorgegangenen Netzwerk „Miteinander für Europa", in dem geistliche Gemeinschaften und Bewegungen aus unterschiedlichen Konfessionen (evangelisch, katholisch, anglikanisch, orthodox, freikirchlich) vertreten sind, für eine versöhnte Gemeinschaft unter den Christen eintreten und diese Kraft der Versöhnung in die Gesellschaft einbringen. Wo es lokale Entsprechungen zu diesem europäischen Miteinander gibt, beteiligt sich daran auch die CCB;
· im Netzwerk „Church and Peace", das sich für ein gewaltfreies Miteinander zwischen Personen und Völkern einsetzt;
· beim internationalen interkonfessionellen Ordenskongress (CIR);

- im Netzwerk Christophorus, indem sich Vertreter von Kommunitäten unterschiedlicher Konfessionen – vor allem aus Mittel – und Osteuropa treffen;
- die CCB gehört zur Interfranziskanischen Arbeitsgemeinschaft (INFAG);
- Mitgliedschaft in der Konferenz evangelischer Kommunitäten im deutschsprachigen Raum (KevK);
- an den Treffen Geistlicher Gemeinschaften in Sachsen ist die CCB ebenfalls beteiligt.

Manfred Kießig

Tertiärgemeinschaft der Communität Christusbruderschaft Selbitz

Name

Der Name „Christusbruderschaft" bedeutet: Jesus Christus, der Sohn Gottes, wurde Mensch und dadurch unser Bruder; er macht uns zu seinen Schwestern und Brüdern. Der Name „Tertiärgemeinschaft" leitet sich ab von dem lateinischen Wort für dritter: *tertius*. Nach den Schwestern und Brüdern der Communität Christusbruderschaft Selbitz (CCB) ist die Tertiärgemeinschaft (TG) der „Dritte Orden" der Communität.

Geschichte

In den Jahren des Zweiten Weltkriegs haben Frauen den seelsorgerlichen und befreienden Dienst der Pfarrfrau Hanna Hümmer in Schwarzenbach an der Saale in Oberfranken erfahren. Nachdem die Communität Christusbruderschaft am 1. Januar 1949 offiziell gegründet worden war, entstand aus ihnen ein Kreis von ersten Tertiärgeschwistern. Mit ihrem Gebet und ihrer materiellen Hilfe trugen sie zur Existenzgrundlage der jungen Christusbruderschaft bei und waren mit ihr als „helfende Mitglieder" verbunden. So ist die TG gleichzeitig mit der Communität entstanden. Im Laufe der Zeit wurden auch Männer in die TG aufgenommen. Die Mitglieder der TG verstanden sich als der Dritte Orden um die Kerngruppe der dienenden Brüder und Schwestern; sie orientierten sich an den Ordnungen der Bruderschaft und versuchten, in ihrer Ortsgemeinde nach Kräften zu deren geistlicher Lebendigkeit beizutragen.

Das große Wachstum der Communität (118 Mitglieder im Jahre 1973) und die starke Bautätigkeit in dieser Zeit prägten auch die TG. Nach dem plötzlichen Tod von Pfarrer Walter Hümmer (1972) hatte Hanna Hümmer nicht mehr die Kraft, die Tertiären weiter zu begleiten und Freizeiten für sie zu halten. Nachdem dann 1977 auch Hanna Hümmer gestorben war, war die Zukunft der Gemeinschaft unklar. Die Krise, welche die Communität nach dem Tode ihrer Gründerpersönlichkeiten erlebte, führte zu einer Teilung der Communität in die „Christusbruderschaft Falkenstein" und die „Christusbruderschaft Selbitz". Dies wirkte sich auch auf die TG aus, so dass ein Teil der Tertiären sich mit Falkenstein verband, während die anderen bei Selbitz verblieben. Mit Freunden, die nach der Trennung eine engere Verbindung zur Christusbruderschaft in Selbitz suchten, und den bisherigen Tertiärgeschwistern erfolgte im Dezember 1986 eine Neugründung der TG. In rascher Folge gab es nun jedes Jahr neue Aufnahmen. Diese Jahre des neuen Aufbruchs waren geprägt von großer Lebendigkeit und Freude.

Inzwischen ist die TG auf über 100 Mitglieder angewachsen – Ehepaare und Singles, von Südbaden bis zur Mark Brandenburg. Neue Strukturen für die Leitungsverantwortung sowie Kommunikationsformen für den Aufnahmeweg und die Zuordnung zur Communität mussten geschaffen werden, damit sie dem Wachstum der einzelnen und den Zielen der ganzen Gemeinschaft dienen. Wegweisend waren dabei die Grundverheißungen der Communität und die Regel der CCB (1999). Unter Beteiligung aller Mitglieder wurden „Konkretionen" erarbeitet, in denen die Gestaltung des Lebens der Gemeinschaft geregelt ist.

Profil

Am Anfang sowohl der Communität als auch der TG stehen grundlegende Verheißungen: „Ihr seid Hütte Gottes bei den Menschen" und „Wisset, ihr seid eins". In den „Konkretionen", in denen das Selbstverständnis der TG, ihre Aufgaben und ihre Lebensform näher beschrieben sind, werden diese Verheißungen aufgenommen und konkretisiert:

„Beide Gemeinschaften (CCB und TG) haben die Verheißung, Wohnort der Liebe Gottes unter den Menschen zu sein. Die Tertiärgemeinschaft ist der Communität bleibend zugeordnet. Tertiärgemeinschaft und Communität achten und unterstützen sich gegenseitig in ihrer je eigenen Berufung und Lebensform.

Die Tertiärgemeinschaft ist eine verbindliche und lebenslange Gemeinschaft von Verheirateten und Alleinlebenden. Die Tertiären orientieren sich in ihrem christlichen Glauben und Leben an der Regel der Communität. Die Tertiärgemeinschaft lebt in der Verbundenheit mit der Communität ihren Sendungsauftrag für die Welt in Familie, Gemeinde und Beruf.“

Grundlegend für das Selbstverständnis der Tertiären ist die „Wegweisung“ (interne Veröffentlichung):

„–Die Tertiärgemeinschaft der Communität Christusbruderschaft Selbitz ist eine Weggemeinschaft.
- Wir sind berufen, einen gemeinsamen, verbindlichen Weg in der spirituellen Ausrichtung mit der Communität Christusbruderschaft zu gehen.
- Wir haben den Auftrag, die Welt segnend in Gottes Herz zu legen, Gottes neue Welt - das Reich Gottes - in unsere Lebensbezüge hineinzutragen. Wir stellen uns in den Dienst unserer Gemeinden und stehen ein für die Einheit der Kirche Jesu Christi“.

Bei der Segnung zur lebenslangen Bindung geben die Tertiären folgendes Versprechen:

„Wir wollen mit den Schwestern und Brüdern der Communität Christusbruderschaft und der Tertiärgemeinschaft innere Gemeinschaft halten, uns untereinander in der Liebe Christi annehmen, in der Fürbitte füreinander und für die Welt einstehen und im Geist der Seligpreisungen leben“.

Die Evangelischen Räte Armut, Keuschheit und Gehorsam, nach denen die Communität lebt, werden in die tertiäre Lebensform übertragen als Einfachheit, Klarheit und Verfügbarkeit.

Struktur

Die TG wählt sich für jeweils fünf Jahre eine dreiköpfige Leitung, die gemeinsam mit der Priorin und dem Prior der Communität für die Gemeinschaft Verantwortung übernimmt. Die Gemeinschaft ist in 12 regionale Zellen mit jeweils sieben bis 12 Geschwistern untergliedert. Die über 100 Geschwister der TG leben vorwiegend im süddeutschen Raum, aber es gibt auch Mitglieder in West-, Nord- und Mitteldeutschland. Seit 2015 existiert in Leipzig ein gemischter Konvent aus zwei Schwestern der Communität und drei Geschwistern der TG. Die Communität hat einen Freundeskreis und dadurch können sich auch Kontakte zur TG ergeben.

Der Weg in die TG gliedert sich in mehrere Schritte. Die meisten Menschen, die sich für die Gemeinschaft interessieren, kennen bereits die Communität. Eine andere Möglichkeit besteht darin, einen Tag mit der TG zu verbringen („Schnuppertage"), etwa einen Studientag oder einen Tag im Rahmen einer Klausur. Wenn sich hieraus der Wunsch ergibt, Mitglied der TG zu werden, dann findet zunächst ein Gespräch mit Ansprechpartnern aus der TG und mit der Priorin statt. Die Gruppe der Anwärter wird begleitet und hat eigene Treffen. Dieser Weg des Hineinwachsens dauert in der Regel drei Jahre. Nach einem Gespräch mit der Leitung der TG und der Priorin steht die zeitliche Bindung (mit Segnung) für weitere drei Jahre. Sie ist noch einmal eine Zeit des Kennenlernens und der Prüfung. Danach erfolgt die endgültige Bindung und Segnung in einem feierlichen Gottesdienst. Dabei wird auch das Zeichen der TG, das sich an das Zeichen der Communität anlehnt, überreicht: ein Kreuz mit dem Dornenkranz, einem Herz mit Strahlen (für Frauen an einer Kette, für Männer meist als Anstecknadel). Dabei ist der Dornenkranz ein Symbol unserer Zusammengehörigkeit, die auch die Erfahrung von Schmerz einschließt. Das Kreuz Christi macht uns fähig zur Vergebung. Es ist das Zeichen der Liebe Gottes, aus der wir leben. Dafür steht das Herz in der Mitte des Kreuzes. Diese Liebe soll durch unser Leben in die Welt ausstrahlen.

Gemeinsames Leben

Die Klausurtreffen in Selbitz sind die Sammlungspunkte der TG. Sie finden jährlich im Frühjahr drei bis vier Tage und im

Herbst vier bis fünf Tage statt. Sie dienen der spirituellen Ausrichtung auf dem gemeinsamen, verbindlichen Weg mit der Communität und der Begegnung mit der Gesamtgemeinschaft der Tertiären. Wichtige Elemente dieser Klausurtreffen sind die gemeinsamen Stundengebete, die Feier der Eucharistie, biblische Impulse, gemeinsames Singen, der geistliche Austausch in kleinen Gruppen, ein Stiller Tag mit Anleitung zu Schriftbetrachtung und Gebet, Referate zum jeweiligen Thema, Fürbitte und gegenseitiges Segnen (segnendes Gebet). Auch Humor, Fest und Feier kommen nicht zu kurz.

Die regionalen Zellentreffen finden mehrere Male im Jahr statt. Sie bieten Raum für gegenseitiges Teilgeben und Teilnehmen, für biblischen Austausch, das gemeinsame Gebet und für die Vertiefung geistlicher Themen.

Im Alltag zeigt sich die Verbindung mit der Communität und untereinander im gemeinsamen Gebetsauftrag in Anbetung und Lob, Dank und Fürbitte und in der Betrachtung des Wortes Gottes. Dabei orientieren sich die Tertiären an der liturgischen Ordnung der Communität, in der sich die liturgische Tradition der Kirche (Stundengebet) mit spontanen Elementen (freies Gebet) verbindet. Sie tun dies gemäß den zeitlichen und praktischen Möglichkeiten der eigenen Lebens- und Berufssituation. Die Beteiligung an gemeinsamen Alltagsexerzitien, geistlichen Angeboten – sei es in der Communität oder bei anderen Gemeinschaften – sowie seelsorgerliche Begleitung werden empfohlen. Die Tertiären stellen ihre Gaben, Finanzen und ihre Zeit Gott zur Verfügung; sie geben – wenn möglich – der Communität den Zehnten und unterstützen ihre Sendung durch praktische Hilfe sowie durch die Mitarbeit in Angeboten der Communität (Retraiten, Exerzitien, Seminare). Eine wichtige Rolle spielt das Segnen:

„Die Gabe und Aufgabe des Segnens ist uns als besonderes Charisma geschenkt. Im Segnen verkündigen wir den gegenwärtig wirkenden Herrn. Wir segnen die Menschen, die uns im Alltag begegnen, auch die, denen wir es schwer haben oder die uns verletzt haben. Wir treten segnend ein für Menschen, die in unserer Welt Verantwortung tragen" (Konkretionen).

Aktivitäten/Angebote

Die Communität hat in ihren Gästehäusern eine Fülle von geistlichen Angeboten (Einkehrzeiten, Retraiten, Exerzitien, Seminare). An ihnen beteiligen sich die Tertiären, indem sie einzelne Angebote mitgestalten.

Am „Tag des offenen Klosters" hat die TG einen eigenen Stand, an dem sich Interessierte informieren können.

An ihren jeweiligen Orten engagieren sich die Tertiären in ihren Gemeinden, darüber hinaus bieten einzelne Tertiärgeschwister Seelsorge und geistliche Begleitung an und wirken bei Alltagsexerzitien mit.

Im Zusammenhang mit ihren Klausuren bietet die TG interne Studientage zu aktuellen Themen an, z.B. über Liturgie, Homosexualität, Rechtsextremismus.

Netzwerk

Zusammen mit der Communität beteiligt sich die TG am Netzwerk „Miteinander für Europa", in dem geistliche Gemeinschaften und Bewegungen aus unterschiedlichen Konfessionen (evangelisch, katholisch, anglikanisch, orthodox, freikirchlich) vertreten sind, für eine versöhnte Gemeinschaft unter den Christen eintreten und diese Kraft der Versöhnung in die Gesellschaft einbringen.

Wo es lokale Entsprechungen zu diesem europäischen Miteinander gibt, sind auch Tertiäre aktiv beteiligt. So haben sie in Leipzig zusammen mit den Fokolaren das Netzwerk „Miteinander für Leipzig" begründet. Außerdem engagieren sich Tertiäre zusammen mit der Communität im Netzwerk „Church and Peace", das sich für ein gewaltfreies Miteinander zwischen Personen und Völkern einsetzt.

Am Treffen Geistlicher Gemeinschaften in Deutschland sowie am den Treffen Geistlicher Gemeinschaften in Sachsen ist die TG ebenfalls beteiligt.

Esther Selle

Diakonische Gemeinschaft der Evangelisch-Lutherischen Diakonissenanstalt Dresden

Geschichte

Die Ev.-Luth. Diakonissenanstalt Dresden wurde im Jahr 1844 auf Initiative einiger adliger und bürgerlicher Dresdner Frauen gegründet. Sie hatten vom weltweit ersten Diakonissenhaus in Kaiserswerth bei Düsseldorf gehört und baten den dortigen Leiter, Pfarrer Theodor Fliedner, um Beratung bezüglich der Eröffnung eines Diakonissenhauses in der sächsischen Landeshauptstadt. Fliedner kam nach Dresden und brachte zwei Diakonissen mit, die per Gestellungsvertrag in den ersten Räumlichkeiten des Vereins auf der Böhmischen Straße in der Dresdner Neustadt ihren Dienst begannen. Sie betreuten zunächst vier Patienten. Sechs Betten standen in den gemieteten Räumen zur Verfügung.

Junge Frauen hatten nun hier die Chance, eine Ausbildung zu absolvieren und diakonische Arbeit zu leisten. Für die Diakonissen, die sich zu ihrem Dienst von Gott berufen wussten, war und ist bis heute die enge Verbindung von christlichem Glauben und sozialer Arbeit von besonderer Bedeutung. Um beiden Aspekten im Alltag gebührenden Raum zu geben, verzichteten sie von Anfang an auf Ehe und Familie, verwalteten ihre Einkünfte in einer gemeinsamen Kasse und nutzen sie zur Entwicklung der Diakonissenanstalt.

Ziel der Diakonissenhäuser war es anfangs, angesichts sozialer Brennpunkte in den Großstädten junge unverheiratete, christliche Frauen „für das Reich Gottes dienstbar zu machen, eine heilige Schar einheimischer Missionarinnen zu bilden, welche die Barmherzigkeit Christi den verlassenen Kranken, den verwahrlosten Kindlein, den gesunkenen Armen nahebringen".

Bereits zwei Jahre nach der Gründung reichten die Räume auf der Böhmischen Gasse nicht mehr aus und es wurde ein neues Gelände zwischen Bautzner Straße und Holzhofgasse erworben, auf dem sich die Diakonissenanstalt Dresden auch noch heute befindet. Im Kreis der Diakonissenhäuser Deutschlands war die Diakonissenanstalt Dresden eine Besonderheit, weil sie in den ersten Jahren ausschließlich von den Gründerinnen geleitet wurde.

Erst ab 1856 wurde die Einrichtung von Pfarrer Fröhlich geleitet, der als Rektor die Entwicklung vorantrieb und zunächst mit seiner Frau, später mit einer Diakonisse als Oberin, die Geschäfte führte. Viele junge Frauen kamen ins Haus, um ihre Ausbildung zu absolvieren und in die Diakonissengemeinschaft einzutreten. Es entstanden zahlreiche neue Arbeitsgebiete in der Anstalt und außerhalb von Dresden. Dazu gehörten die Bereiche Berufsausbildung, Pflege, Betreuung von Kinder und Jugendlichen, aber auch eine Hostienbäckerei und Paramentenwerkstatt. Als das neu gebaute Diakonissenkrankenhaus 1893 eröffnet wurde, gehörten bereits über 400 Diakonissen zur Schwesterngemeinschaft. Sie wurden jeweils dort eingesetzt, wo sie von der Leitung des Hauses gebraucht wurden.

Bis in die 1920er Jahre stieg die Zahl der Diakonissen auf über 1.000. In Folge der staatlichen Anerkennung des Pflegeberufes in dieser Zeit gab es danach zunehmend Absolventinnen der Krankenpflegeausbildung, die sich nicht zur Diakonisse berufen fühlten. Sie wurden 1939 – um sie vor dem Zugriff des Nationalsozialismus zu schützen – Glieder der sog. Verbandsschwesternschaft (benannt nach dem Kaiserswerther Verband deutscher Diakonissenmutterhäuser). Einige Jahrzehnte später wurde diese Gemeinschaft in „Diakonische Schwestern- und Bruderschaft" umbenannt und es konnten ihr auch Männer beitreten. Beide Gemeinschaften prägten in der Zeit der DDR den Dienst des Hauses. Als die Zahl der Diakonissen in der zweiten Hälfte des 20. Jahrhunderts stetig abnahm und zunehmend Mitarbeitende ohne Gemeinschaftsbindung im Haus tätig waren, entstand aus deren Reihen nach der Friedlichen Revolution eine Initiative zur Gründung einer dritten geistlichen Gemeinschaft mit einem familienorientierten Profil. Sie nannte sich „Evangelische Mitarbeitergruppe" und ihre ersten Mitglieder wurden 1993 eingesegnet.

Zehn Jahre später traten kaum noch neue Mitglieder in die Gemeinschaften ein. Besonders aufgrund der Altersstruktur der Diakonissen war zu verzeichnen, dass viele Arbeitsgebiete nicht mehr in der gewohnten Weise mit gemeinschaftlich gebundenen Schwestern besetzt werden konnten. So setzten die Schwesternräte im Jahr 2003 einen Gesprächsprozess in Gang, der sich mit Möglichkeiten der zukünftigen Entwicklung befasste.

Im Ergebnis dessen schlossen sich im Jahr 2007 Diakonissenschwesternschaft, Diakonische Schwestern- und Bruderschaft und Evangelische Mitarbeitergruppe zur „Diakonischen Gemeinschaft" zusammen. Unter Einbeziehung ihrer bis dahin gültigen Lebensregeln wurden neue Vereinbarungen für das gemeinsame Leben verfasst, die nun für alle bisherigen und neuen Mitglieder maßgebend sind. Der grundlegende Bibeltext dafür ist der Abschnitt Röm 12,9-16. Unter diesem Leitwort des Paulus möchten wir als Gemeinschaft „Zuwendung leben" und das Profil der Diakonissenanstalt Dresden als christliche Einrichtung entscheidend mitgestalten.

Profil

Unsere Gemeinschaft hat in den Notlagen des 19. Jahrhunderts eine vielfältige soziale Arbeit begonnen, die sich bis heute in der Diakonissenanstalt Dresden und ihren Tochtereinrichtungen fortsetzt. Dabei war und ist der christliche Glaube Hauptmotivation für die sozialen Aktivitäten. Wir sind der Überzeugung, dass „Diakonie im Alltag" geschehen muss. Darin sehen wir unsere Berufung. Wir folgen dem Auftrag Jesu und kümmern uns im helfenden Tun um Menschen, die unsere Hilfe und Begleitung brauchen. Das geschieht in der Regel sowohl an unseren Arbeitsplätzen als auch im persönlichen Umfeld. Insofern verstehen wir uns zuerst als diakonische (und daraus folgend als geistliche) Gemeinschaft. Wir möchten unseren Glauben in die Tat umsetzen und Zuwendung leben. Dabei haben für uns fachliche

Qualifikation und diakonische Fortbildung einen gleichermaßen hohen Stellenwert. Zudem bringen wir unsere unterschiedlichen Glaubens- und Lebenserfahrungen in die Gemeinschaft ein. Wir sind haupt- oder ehrenamtlich in der Diakonissenanstalt Dresden oder einer Tochtergesellschaft tätig.

Darüber hinaus übernimmt jedes Mitglied der Gemeinschaft mindestens eine ehrenamtliche Aufgabe. Wir verantworten z.B. die Arbeit der Hostienbäckerei und den Kirchendienst, sind an der diakonischen Fortbildung von Mitarbeitenden sowie am Hospizdienst beteiligt und prägen das christliche Profil des Hauses durch Andachten, Veranstaltungsangebote oder in der Kantorei. Wöchentlich feiern wir Sonntagsgottesdienste im Krankenhaus und in der Diakonissenhauskirche.

Zudem sind wir offen für neue Projekte und Aufgaben. So unterstützen wir z.B. seit vielen Jahren ein Schulprojekt für Romakinder in Rumänien.

In der Gemeinschaft ist es uns wichtig, unseren christlichen Glauben, Begabungen und Fähigkeiten, Freude und Schmerz und auch materiellen Besitz miteinander zu teilen. Dazu haben wir konkrete Vereinbarungen in unseren Grundlagen getroffen (z.B. verbindliche Mitarbeit in einer Kleingruppe, Mitgliedsbeitrag von einem Prozent des Nettoeinkommens).

Darüber hinaus sehen wir uns dem Motto der deutschen Nagelkreuzgemeinschaft „Versöhnung leben", der unser Haus angehört, verpflichtet und wollen dies intern sowie nach außen leben und kommunizieren.

Struktur

Die Gemeinschaft hat ca. 130 bis 140 Mitglieder (Todesfälle und Neueintritte sind zahlenmäßig gleich). Ihr höchstes Gremium ist der Konvent, dem alle eingesegneten Mitglieder angehören. Die Leitung erfolgt durch einen Gemeinschaftsrat, dem die Oberin und der Rektor der Diakonissenanstalt von Amts wegen angehören, außerdem sieben vom Konvent gewählte und zwei vom Rat berufene Geschwister.

Voraussetzungen für die Mitgliedschaft sind:

· vollendetes 18. Lebensjahr und in der Regel abgeschlossene Berufsausbildung,
· Kirchenzugehörigkeit (in der Regel ev.-luth.),
· eine haupt- oder ehrenamtliche Tätigkeit in der Diakonissenanstalt oder in einer ihrer Tochtergesellschaften,
· Wunsch nach verbindlicher Gemeinschaft und Bereitschaft zur Mitverantwortung,
· abgeschlossene theologisch-diakonische Fortbildung (mindestens 120 Stunden).

Die Aufnahme erfolgt zunächst als Anwärter/in. Nach sechs bis 12 Monaten, die man mit Begleitung einer Mentorin / eines Mentors in der Gemeinschaft mitgelebt hat, ist die Einsegnung im Gottesdienst möglich.

Gemeinsames Leben

Die meisten Geschwister leben in Dresden, sie sind häufig in ihren Heimatgemeinden engagiert. Einige Glieder leben auch andernorts in Sachsen oder in anderen Bundesländern.

Jährlich finden vier Gemeinschaftstage statt, an denen in der Regel alle Geschwister teilnehmen, sofern es ihr Gesundheitszustand erlaubt. Zentraler Punkt dieser Begegnungen ist der Gottesdienst. Zwei der Gemeinschaftstage finden eintägig, die anderen zweitägig statt. Von letzteren ist einer mit dem jährlichen Konvent verknüpft, der andere hat den Schwerpunkt „Jubiläen und Neuaufnahmen".

Außerdem finden monatlich mehrere Veranstaltungen statt, an denen die Geschwister nach ihren Möglichkeiten teilnehmen (Gebetsnachmittag mit Informationen, Bibelstunde). Darüber hinaus ist jedes Mitglied einer Kleingruppe zugehörig, die sich in der Regel monatlich trifft (z.B. Gebetskreis, Redaktionskreis, kreativer Stammtisch, Arbeitskreis offene Kirche u.a.).

Zwei Mal jährlich wird eine mehrtägige Rüstzeit angeboten (mit bzw. ohne Familien), für nicht reisefähige Geschwister findet ein Rüsttag im Haus statt.

Außerdem sind die Mitglieder durch ein Tagesgebet verbunden, dass jede/r persönlich betet. Darin wird besonders an Geschwister gedacht, die ein Gebetsanliegen veröffentlicht haben und es werden drei monatlich vereinbarte Gebetsanliegen aufgenommen.

Diese sowie alle wesentlichen Termine und Informationen erhalten alle Geschwister durch einen monatlichen Rundbrief, der vom Gemeinschaftsrat herausgegeben und versandt wird (per Mail bzw. Post).

Aktivitäten/Angebote

Die Veranstaltungen der Gemeinschaft (außer Konvent) sind grundsätzlich offen für Interessenten.

Wir bieten außerdem mehrmals jährlich Abende zu aktuellen Themen (z.B. Flüchtlingshilfe, Weltgebetstag, ethische Fragestellungen) an, zu denen im Haus öffentlich eingeladen wird. Gleiches gilt für Fachtage, die aller zwei Jahre stattfinden. Dazu wird auch über die Diakonissenanstalt hinaus eingeladen.

In den vergangenen Jahren wurden mehrere Projekte im Ausland (Rumänien, Brasilien) unterstützt.

Netzwerk

Zahlreiche Verbindungen bestehen zu Gemeinschaften anderer Diakonissenhäuser durch die Zugehörigkeit im Kaiserswerther Verband deutscher Diakonissenmutterhäuser (KVW) und der internationalen Kaiserswerther Generalkonferenz. Hier finden gegenseitige Besuche, Austausch über Gemeinschaftsprojekte, gemeinsame Bibelgespräche und diakonische Fortbildungen sowie Feiern zu Jubiläen statt. Vertreter unserer Gemeinschaft arbeiten im Vorstand des KWV bzw. seinen Ausschüssen mit. Zwischen den Häusern der sog. Regionalkonferenz Ost gibt es zudem einen regelmäßigen Austausch auf Leitungsebene. Besonders intensiv ist unser Kontakt zur Diakonischen Schwestern-

und Bruderschaft in unserem Partnerdiakonissenhaus in Neuendettelsau.

Innerhalb von Sachsen sind wir regelmäßig mitverantwortlich für die Treffen Geistlicher Gemeinschaften und haben uns in Dresden an der Aktion „Miteinander für Europa" beteiligt.

Seit einigen Jahren sind wir in intensiveren Gesprächen mit der Gemeinschaft Moritzburger Diakone und Diakoninnen, da Glieder unserer Gemeinschaft dort ihre Weiterbildung zur Diakonin bzw. zum Diakon absolvieren. Mittlerweile sind mehrere unserer Geschwister eingesegnete Diakone/Diakoninnen, weitere befinden sich zur Zeit in der berufsbegleitenden Weiterbildung.

Ingeborg Geiger, Birgit Kenner, Gudrun Stellwag

Evangelische Lebensgemeinschaft Leipzig

> Ein einzelner Mensch kann leicht überwältigt werden,
> aber zwei wehren den Überfall ab.
> Noch besser sind drei; es heißt ja:
> Ein Seil aus drei Schnüren reißt nicht so schnell.
> (Prediger 4,12)

Geschichte

1950 kam Otto Riecker als Pfarrer nach Adelshofen im Landkreis Heilbronn. Im Wissen, dass es seine letzte Pfarrstelle war, bat er Gott um eine Erweckung. 1955 kam durch eine Evangelisation mit Pfarrer Heinrich Kemner aus Krelingen eine große Anzahl der Dorfbewohner zum lebendigen Glauben an Jesus Christus. Damit das erste Feuer nicht verlöschte, gründete Pfarrer Riecker 1958 eine Bibelschule, das Theologische Seminar Adelshofen. Aus einer Handvoll Leute entstand ein geistliches Zentrum mit Brüdern und Schwestern, die verbindlich mit Jesus Christus leben wollten, die Kommunität Adelshofen. Die Schwestern und Brüder der Kommunität verpflichteten sich zu einem gemeinschaftlichen Leben in Ehelosigkeit und Gütergemeinschaft, zu einfachem Lebensstil und „mündigem Gehorsam".

Dort im Theologischen Seminar absolvierten wir in den 1980er Jahren die Ausbildung. Das gemeinsame Leben und Arbeiten, die Andachten, das tägliche Gebet, die Vertiefung in das Wort Gottes, die Feier des Abendmahls, all das hat seine Spuren im Leben von uns dreien hinterlassen. Besonders zwei Aspekte haben unser Denken verändert und unser Herz geprägt: Wir möchten, dass das Evangelium alle Menschen erreicht. Zentral ist für uns außerdem das Wort Jesu aus Johannes 13,35: „Wenn ihr einander liebt, werden alle erkennen, dass ihr meine Jünger seid!"

Nach der Ausbildung begannen wir in verschiedenen ober-fränkischen Kirchengemeinden als Gemeindepädagoginnen zu arbeiten. Eine Herausforderung war: Nach dreieinhalb Jahren engster geregelter Gemeinschaft hieß es nun, geistliches Leben und Arbeiten im Dienst einer Kirchengemeinde selbst zu gestalten und zu verantworten. Es wurden monatliche Treffen ins Leben gerufen. Es waren Treffen, in denen zuerst der Dienst im Vordergrund stand und wir füreinander und miteinander beteten und uns gegenseitig ermutigten. Mit der Zeit wurde der Wunsch stärker, mehr miteinander zu leben. Sehr angesprochen waren wir von der Art und Weise wie im Neuen Testament von Teamarbeit und gemeinsamem Leben die Rede ist. Was ist heute davon umsetzbar? Als „normale" Christen gemeinsam und verbindlich zu leben, geht das?

1988 ermutigte uns Gott, eine Testphase von zwei Jahren zu wagen, mit gemeinsamer Wohnung, gemeinsamer Kasse und gemeinsamem Auto. Anders wäre es nicht finanzierbar gewesen.

Nach dieser Zeit stand für jede von uns fest, dass wir das Gemeinschaftliche durchaus verlängern könnte. In der Frage, wo Gott uns konkret haben wollte, suchten wir Rat bei einem geistlichen Begleiter, der uns einen Stillen Tag empfahl. Am Ende dieses Tages war für uns in großer Einheit klar: Wir gehen in die neuen Bundesländer.

Profil

Das Wort aus Prediger 4,12 beschreibt unser Profil: „Ein einzelner Mensch kann leicht überwältigt werden, aber zwei wehren den Überfall ab. Noch besser sind drei; es heißt ja: Ein Seil aus drei Schnüren reißt nicht so schnell". Als Zeichen tragen wir einen Ring in Form einer dreifachen Schnur. Ergänzend vervollständigt das Wort aus Johannes 13,35 die Basis unseres gemeinsamen Lebens: „An eurer Liebe zueinander werden alle erkennen, dass ihr meine Jünger seid".

Zu dritt gemeinsames Leben mitten unter den Menschen: Derzeit wohnen wir in einem Mehrparteienhaus in Leipzig. Da wir „Zeltmacher" wie Paulus sein wollen, verstehen wir bis heute unsere Berufstätigkeit als Weg, unseren Lebensunterhalt zu verdienen und im Kontakt mit den Menschen in der Stadt zu sein.

Struktur

Seit 1988 haben wir eine verbindliche geistliche Ordnung. Sie regelt wichtige Punkte für das persönliche und gemeinschaftliche Leben: Stille Zeit und Gebet, persönliche Seelsorge, den Dienst und die seelsorgerliche Begleitung von außen. Gemeinsames Leben braucht klare Absprachen.

Gemeinsames Leben

Von Anfang an haben wir uns feste Zeiten gegeben. Morgens hat jeder seine persönliche Stille Zeit. Vor Arbeitsbeginn lesen wir Losung und Tagestext und gehen mit Gebet und unter dem Segen Gottes in den Tag. Abends treffen wir uns zum gemeinsamen Gebet, geben Gott den Tag ab und beten für verschiedene Anliegen. Morgen- wie Abendgebet gestaltet diejenige, die für den Tag verantwortlich ist. Das wechselt reihum.

Am Samstag beschließen wir die Woche mit einer Sonntagsbegrüßungsfeier, zu der wir gerne Gäste einladen. Ein Nachmittag in der Woche ist für unsere Gemeinschaft reserviert: Wir füllen ihn unterschiedlich, planen für die nächsten Wochen, hören einen Vortrag, unternehmen etwas zusammen oder spielen gemeinsam. Wir planen auch gemeinsame Stille Tage und monatliche Abendmahlsfeiern ein.

Wenn es beruflich möglich ist, fahren wir für ein bis zwei Wochen im Jahr gemeinsam in den Urlaub.

Es hat sich als notwendig erwiesen, dass jede in unserer Gemeinschaft bestimmte Dienste verantwortlich übernimmt. So sind praktische Aufgaben wie Einkaufen und Kochen, Wohnungsreinigung und Wäsche waschen, Organisatorisches untereinander aufgeteilt.

Aktivitäten/Angebote

Wir sind eingebunden in die Freie evangelische Gemeinde Leipzig und nehmen dort verschiedene Aufgaben wahr, wie z.B. Gottesdienst, Bistroleitung, Seelsorge.

Wir sind ein Standort für das „Geschichtentelefon" der Kinder-Evangelisations-Bewegung in Deutschland e.V.

Netzwerk

Wir sind der Kommunität Adelshofen angegliedert und gehören zum Netzwerk „Miteinander für Leipzig".

Reinhold Fritz

Evangelische Michaelsbruderschaft

Geschichte

Die Evangelische Michaelsbruderschaft wurde am Tag des Erzengels Michael, dem 29. September 1931, in der Sakristei der Universitätskirche in Marburg an der Lahn gestiftet. 22 Männer verbanden sich zu einer Gemeinschaft, die sich für eine geistliche Erneuerung der Kirche einsetzen wollte. Der Leipziger Pfarrer Kurt Zeuschner gehörte zu ihren Gründern.

Schon in den Jahren zuvor hatten sich seit 1923 Männer und Frauen, die z.T. aus der damaligen Jugendbewegung kamen, zu Konferenzen in Berneuchen/Neumark (heute Barnówko/Polen) getroffen. Sie bewegte die Frage nach dem Weg der Kirche in einer sich verändernden Welt. Unter Gebet und gemeinsamem Hören auf die Heilige Schrift ist ihnen bewusst geworden, dass die Kirche nichts dringender nötig hat als eine geistliche Erneuerung. In dem 1926 erschienenen sog. „Berneuchener Buch" fand dies seinen Niederschlag. In Berneuchener Einkehrtagen, später Berneuchener Freizeiten oder Berneuchener Wochen genannt, hat man sich um Einführung in geistliches Leben und Wirken bemüht.

Profil

Aus dem Berneuchener Kreis ist die Evangelische Michaelsbruderschaft erwachsen. Sie ist eine verbindliche Gemeinschaft von Männern, die sich zum Dienst in der Kirche verpflichtet weiß. Ihre Mitglieder, Pfarrer und andere Gemeindeglieder, gehören verschiedenen Kirchen an. Jeder weiß sich beauftragt, an dem Ort, wo er lebt, am Bau der Kirche mitzuwirken, insonderheit an der geistlichen Erneuerung. Die Einheit der Kirche, auch über die

Grenzen der Denominationen hinaus, ist ihnen ein besonders Anliegen.

Das Zeichen der Evangelischen Michaelsbruderschaft symbolisiert die Gemeinde, die sich dem Geheimnis des in die Welt gekommenen Christus, des Herrn der Welt, öffnet.

Struktur / Konvent Mitte-Ost

Die Evangelische Michaelsbruderschaft lebt in neun Konventen und dem Konvent der Jungbruderschaft in Deutschland, Österreich bis hinein nach Ungarn, im Elsass und in der Schweiz. Die Gesamtleitung liegt in den Händen des Rates und des Kapitels, dessen Vorsitz der Älteste, bzw. Senior, hat.

Der ursprünglichen Konvente Sachsen, Thüringen und Berlin-Brandenburg haben sich 2007 zum *Konvent Mitte-Ost* zusammengeschlossen. Er wird von einem Konventsältesten geleitet. Derzeit ist dies Dr. Martin Hüneburg.

Das Gebiet des Konventes reicht von Schwerin bis Steinach.

Gemeinsames Leben

Die Brüder wissen, dass geistliche Erneuerung der Kirche bei jedem Einzelnen beginnt, aber verbindlicher Gemeinschaft bedarf. Deshalb haben sie sich zu einer Bruderschaft zusammengeschlossen. Gemeinsam bemühen sie sich, aus den der Kirche verliehenen geistlichen Quellen zu leben. Regelmäßig treffen sie sich in ihrem Konvent und in kleineren Gruppen zur Feier des Heiligen Abendmahls, das sie gern wie Martin Luther „Evangelische Messe" nennen, zum Hören auf Gottes Wort, zu geistlichen Übungen und zum brüderlichen Gespräch. Die persönliche Beichte erweist sich immer wieder als eine Hilfe auf dem Weg der persönlichen Erneuerung. Schon sehr früh hat die Bruderschaft auch die Meditation als eine Einübung in die Stille neu entdeckt.

Jeder Bruder hat einen Helfer, der ihm besonders zur Seite steht. Dieser ist ihm Seelsorger und Beistand auf seinem Weg und vertritt ihn, wenn es nötig ist, gegenüber der Bruderschaft. Er kann ihm auch mit Beichte und Absolution dienen.

Als Hilfe für das geistliche Leben ist den Brüdern eine Regel gegeben. Darin heißt es z.B.:

„Die Bruderschaft ist bemüht, alle ihre Glieder auf einem festen Wege innerer Erfahrungen zu führen und sie so in ihrem geistlichen Leben zu fördern. Wir gebrauchen dabei dankbar die Erfahrungen und Weisungen der Kirche, um uns zu einem rechten Hören und Sehen zu bereiten. Wir wissen, dass kein Dienst in der Kirche ohne solche innere Bereitung recht getan werden kann".[1]

Hilfreich leitet die Regel zum Leben aus dem Gebet an, gibt konkrete Hinweise zur „Selbstzucht" der Brüder und ordnet ihr Zusammenleben.

Echtes geistliches Leben weckt Wachsamkeit, die auch auf die aktuellen Probleme der Zeit aufmerksam macht. Themen aus Kirche und Gesellschaft werden von der Michaelsbruderschaft aufgenommen und in den Konventen und zentralen Thementagungen bedacht. Beispiele für solche Themen waren und sind immer wieder Aussöhnung unter den Völkern, Rüstungskonversion, Bioethik, Ökumene, künftige Gestalt der Kirche, interreligiöser Dialog und andere.

Aktivitäten/Angebote

Höhepunkt ist in jedem Jahr die mehrtägige Feier des mehrtägigen Michaelsfestes, ein Fest der Erneuerung der Bruderschaft. Jeder Tag ist von den vier Stundengebeten, der Feier der Evangelischen Messe und Zeiten der Stille geprägt. Der Tag der Rechenschaft ist bestimmt von Besinnung auf das vergangene Michaelsjahr. Die Brüder legen Rechenschaft über das zurückliegende Jahr ab, bitten in der Beichtfeier Gott um Vergebung und empfangen unter Gebet und Handauflegung den Segen für einen Neuanfang. Am eigentlichen Festtag gibt es einen Festvortrag,

---

1 www.michaelsbruderschaft.de/Messen_inDeutschland/pdf/regel.pdf (letzter Zugriff am 09.01.2020).

einen kleinen Ausflug zu Besichtigungen, die Michaelsvesper und einen festlichen Abend, Agapefeier genannt. Am letzten Tag wird die Bruderschaftsmesse gefeiert, in der meist Neuaufnahmen von Brüdern erfolgen, die in einer längeren Probezeit darauf vorbereitet worden sind. Das Michaelsfest schließt in der Regel gegen Abend mit der feierlichen Entlassfeier und Kerzen-prozession.

Das geistliche Zentrum der Evangelischen Michaelsbruderschaft und der anderen Berneuchener Gemeinschaften (Berneuchener Dienst und Gemeinschaft St. Michael) ist das ehemalige Kloster Kirchberg bei Sulz am Neckar. Hier finden Einkehrtage mit Einübung in geistliches Leben und Tagungen über aktuelle kirchliche und gesellschaftliche Probleme statt. Das in einer waldreichen Umgebung gelegene Haus auf einem Berg und die Stille bieten darüber hinaus die Möglichkeit zur Erholung in einer geistlichen Atmosphäre an.

Aus dem Bemühen um das gemeinsame Gebet ist das „Evangelische Tagzeitenbuch"[2] entstanden, das immer wieder erneuert und erweitert worden ist. Es enthält Psalmen und Anleitung zum gregorianischen Psalmengesang, Hymnen, Gebete, eine dem Kirchenjahr entsprechende Bibelleseordnung und Wochensprüche. Letzteres ist inzwischen allgemein im Gebrauch der Kirche. Auch die Erfahrungen bei der Weiterentwicklung des Gottesdienstes, besonders der Evangelischen Messe,[3] sind inzwischen von den Kirchen aufgenommen worden.

Die Brüder des Konventes Mitte-Ost treffen sich jährlich zu einem geschlossenen Einkehrkonvent, zu einem offenen Arbeitskonvent und zum Michaelsfest. Weitere öffentliche Treffen mit Gottesdiensten, Vorträgen und Gesprächen finden in unterschiedlichen Formen regelmäßig oder nach Absprachen auf regionaler Ebene in Berlin und Leipzig statt. In Berlin werden Vorträge, Gespräch und die Feier der Evangelischen Messe monatlich

---

2 Evangelisches Tagzeitenbuch, hg. von der Evangelischen Michaelsbruderschaft, Münsterschwarzach/Göttingen ⁶2020; zuerst: Evangelisches Tagzeitenbuch. Ordnung für das tägliche Gebet, hg. im Auftrag der Evangelischen Michaelsbruderschaft von Albert Mauder, Kassel 1967.

3 Siehe: Die Feier der evangelischen Messe, im Auftrag der Evangelischen Michaelsbruderschaft hg. von Ralf-Dieter Gregorius/Peter Schwarz, Göttingen 2009; Kantionale zur Feier der Evangelischen Messe. Deutsche Gregorianik, Gesänge aus Taizé, Byzantinische Gesänge, Gesänge für Kinder, im Auftrag der Evangelischen Michaelsbruderschaft hg. von Ralf-Dieter Gregorius, Göttingen 2010.

in wechselnden Gemeinden angeboten. In Leipzig wird in der Regel am dritten Donnerstag des Monats 16 Uhr in die Thomaskirche zur Feier der Evangelischen Messe und einem anschließenden Gespräch eingeladen, dessen Inhalte von grundlegenden geistlich-theologischen Themen bis zu aktuellen gesellschaftlichen Fragen reichen.

Hinweise und genaue Angaben zu den einzelnen Treffen finden sich auf der Homepage der Evangelischen Michaelsbruderschaft unter www.michaelsbruderschaft.de/die-konvente.

Netzwerk

Die Evangelische Michaelsbruderschaft ist Mitglied des Treffens Geistlicher Gemeinschaften in Deutschland (TGG) und beteiligt sich an den Treffen in Sachsen.

Karsten Klipphahn, Christian Zschuppe

Evangelisch-Lutherische Bekenntnisgemeinschaft Sachsens

Geschichte

Die Evangelisch-Lutherische Bekenntnisgemeinschaft Sachsens e.V. ist aus der Bekennenden Ev.-Luth. Kirche Sachsens (BK) hervorgegangen, die im Kirchenkampf 1933–1945 entstanden war.

1. Die Anfänge des Pfarrer-Notbundes[1]

Als Adolf Hitler 1933 die Macht ergriffen hatte, war es für viele Pfarrer und Superintendenten klar: Die Kirche durfte den Anschluss an die Arbeiterschaft nicht verpassen, den die sich zur Kirche freundlich stellende Volksbewegung des Nationalsozialismus gefunden zu haben schien. Deshalb waren manche Pfarrer schon vor 1933 in die NSDAP eingetreten. Viele Pfarrer waren an Parteipolitik wenig interessiert und über die kirchlichen Vorgänge in Berlin schlecht informiert, insbesondere wenig über die sog. Deutschen Christen (DC).

Am Beginn des „Kirchenkampfes" in Sachsen war Landesbischof Ludwig Ihmels am 7. Juni 1933 heimgegangen. Der sächsische Innenminister Karl Fritsch verordnete am 1. Juli den Notstand in der Landeskirche und setzte den Gaufachberater und Ersten Geistlichen der Inneren Mission, Pfarrer Friedrich Coch, Dresden, kommissarisch als Landesbischof ein. Am 5. Oktober fuhr eine Leipziger Delegation nach Dresden, um mit ihm zu

---

1 In den Abschnitten 1–5 werden Auszüge wiedergegeben und ergänzt aus: Erinnerungen an den kirchlichen Kampf mit dem Nationalsozialismus in Leipzig (1933–1945) von Pfarrer Lic. theol. Georg Walther, hg. von der Ev.-Luth. Bekenntnisgemeinschaft Sachsens e.V., [Selbstverlag] 2005.

sprechen. Es erschien dessen Vertreter, Oberlandeskirchenrat Adolf Müller. Georg Walther schreibt:

„Ich kannte Adolf Müller seit meiner Studentenzeit [...]. Es gehört deshalb zu meinen schmerzlichsten Erlebnissen im ganzen Kirchenkampf, dass er mir gegenüber meiner Berufung auf mein Gewissen für meine kirchliche Einstellung antwortete: ‚Wenn Du Dich noch auf Dein Gewissen berufst, bist Du von vorgestern. Jetzt herrscht Krieg, und im Schützengraben hat sich der Offizier nicht nach seinem Gewissen zu richten, sondern nach den Befehlen!'".[2]

Es gab Kontakte zu Superintendent Hugo Hahn und Pfarrern in Dresden, die bereits zum Pfarrer-Notbund Martin Niemöllers gehörten. Leipziger Pfarrer schlossen sich am 25. Oktober an. Am 7. Dezember fand die erste Notbund-Tagung für Sachsen in der Zionskirche zu Dresden statt.

Die DC begannen ab Herbst 1933 mit einer großangelegten Propaganda. Gemäß Sportpalastkundgebung der DC in Berlin am 13. November sollte der Arierparagraph durchgesetzt und alles „Jüdische" aus der Kirche entfernt werden.[3] Dies führte zur Klärung bei den Gruppierungen innerhalb der Kirche:

Die dem kirchlichen Liberalismus verhafteten Pfarrer verließen den Notbund, weil er sich zum Bekenntnis der Kirche hielt. Umgekehrt schieden aus den Reihen der DC Lutheraner und Angehörige der Landeskirchlichen Gemeinschaft aus, die sich nicht der Parteidisziplin beugten. Neben dem Pfarrer-Notbund und den DC-Pfarrern sammelte sich aber der größte Teil der Pfarrer in der sog. „Mitte". Sie sah bei Aktionen der Notbundpfarrer oft den status confessionis (Widerstand, wenn der Heiligen Schrift und den Bekenntnis widersprechende Aussagen und Handlungen gefordert werden) nicht gegeben.

---

2 A.a.O., 4.

3 Vgl. z.B. Beyreuther, Erich, Die Geschichte des Kirchenkampfes in Dokumenten 1933/45 (Handbücherei R. Brockhaus 8), Wuppertal 1966.

2. Gemeindebewegung und Bekennende Kirche in Sachsen

Gemeindeglieder wollten von den Notbundpfarrern über die kirchlichen Auseinandersetzungen informiert sein. Sie wurden dazu in Gemeinderäume eingeladen. Das wurde später verboten. Aber es standen öffentliche Räume zur Verfügung, z.B. die Alberthalle in Leipzig und das Künstlerhaus in Dresden. Superintendent Hahn und Pfarrer Niemöller, Berlin, sprachen und weitere bekannte Persönlichkeiten. Die Besucher wurden nur mit Einladungsschreiben eingelassen, es waren die Mitglieder der stark gewachsenen Gemeindebewegung.[4] Im April 1935 wurden diese Versammlungen verboten. Alle Mitglieder erhielten die von Hahn gezeichnete „Rote Karte" als Ausweis.

Die sächsische Bewegung hieß zuerst „Gemeindebewegung Ev. Volkskirche", ab 1. September 1934 (Zusammenschluss mit dem Pfarrer-Notbund) „Bekenntnis-Gemeinschaft der Ev.-Luth. Kirche in Sachsen", seit 26. September 1935 „Bekennende Ev.-Luth. Kirche in Sachsen", auch „Bekennende Ev.-Luth. Kirche Sachsens" (kurz Bekennende Kirche, BK). Die Theologische Fakultät und das Missionshaus in Leipzig unterstützten die BK. Viele Theologiestudenten hielten sich zu ihr.

3. Kämpfe und Notzeiten

Am 4. Januar 1934 erließ Reichsbischof Ludwig Müller die Verordnung, die alle kirchlichen Auseinandersetzungen unter Strafe stellte („Maulkorberlass" genannt). Der Notbund setzte dagegen eine Kanzelabkündigung an. Notbundpfarrer wurden vom Landeskirchenamt (LKA) vorgeladen und verhört. Dienstenthebungen und Gehaltskürzungen wurden vorgenommen, aber wieder aufgehoben.

---

4 Hellmuth Schwarze, Bürovorsteher eines Leipziger Rechtsanwaltes, Posaunenchorleiter und Mitglied der Landeskirchlichen Gemeinschaft wurde zum Organisator der Gemeindebewegung. In Dresden arbeitete Reimer Mager für die Gemeindebewegung und den Pfarrer-Notbund. Es gelang Akademiker und Rechtsanwälte zu gewinnen.

Der sog. Ulmer Bekenntnistag, 22. April,[5] brachte den Zusammenschluss aller im Gegensatz zur Politik des Reichsbi-
schofs stehenden kirchlichen Kräfte (süddeutsche Landeskirchen, norddeutsche Lutheraner, Bruderräte und sonstige Vertreter der zerstörten Landeskirchen). Trotzdem setzte der Reichsbischof die unionistische Eingliederungspolitik der Landeskirchen
in die „Reichskirche" fort. Am 4. Mai hatte sich die sächsische
Landeskirche der Eingliederung angeschlossen.

Die BK antwortete darauf mit der Erklärung aus dem Dresdner Künstlerhaus am 6. Mai, sie sei nach dem Aufgeben der lutherischen Eigenart unserer Landeskirche die rechtmäßige Fort-
setzung derselben.[6] Als Konsequenz folgte nach der Barmer Bekenntnissynode (29.–31. Mai) die Bildung des Landesbruderrates
für Sachsen am 22. Juni mit Hugo Hahn als Vorsitzendem. Auf
der Synode von Dahlem (8.–20. Oktober) sagte sich die sog. „Be-
kenntnisfront" von der Reichskirche los mit Erklärung des kirchlichen Notrechtes und Errichtung einer eigenen Vorläufigen Kirchenleitung (VLK). Am 8. November wurde der Landesbruderrat
für Sachsen als Notkirchenregiment die rechtmäßige Kirchenleitung.

Mit dem Auftreten der Deutschen Glaubensbewegung von
Jakob Wilhelm Hauer und der Frage „Kann ein Deutscher Christ
sein?" ergab sich eine neue Situation.[7] Dagegen ordneten am 24.
März 1935 die Bruderräte der altpreußischen Union eine Kanzelabkündigung an, darauf folgten Verhaftungen. Hessische Pfarrer
wurden in das KZ Dachau gebracht. Die VLK ordnete für den 31.
März eine Abkündigung und Fürbittgebet für die hessischen
Pfarrer an. Pfarrer Georg Walther erhielt die polizeiliche Anord-
nung, den Leipziger Notbundpfarrern das Verbot dieser Abkün-

---

5 Vgl. Kampmann, Jürgen, Der Ulmer Bekenntnistag von 1934 und seine Bedeutung für die
Bekennende Kirche, in: Blätter für württembergische Kirchengeschichte 108/109,
2008/2009, 297–314.

6 Erinnerungen an den kirchlichen Kampf mit dem Nationalsozialismus in Leipzig (wie Anm.
1), 14.

7 Vgl. dazu Rennstich, Karl, Der Deutsche Glaube. Jakob Wilhelm Hauer (1881–1962): Ein
Ideologe des Nationalsozialismus (IEZW 121), Stuttgart 1992, abrufbar unter: http://ezw-
berlin.de/downloads/Information_121.pdf.

digung mitzuteilen. Er tat es, aber sagte, hier sei der status confessionis gegeben, sie sollten dennoch abkündigen.[8]

4. Die Zeit des Landeskirchenausschusses unter Johannes Ficker

Für Hitler waren Streitigkeiten in den evangelischen Kirchen ein Widerspruch zu seiner Parole „Ein Volk, ein Reich, ein Führer". So wurde im Sommer 1935 Hanns Kerrl zum Reichskirchenminister ernannt und durch ihn im Oktober ein Reichskirchenausschuss unter Wilhelm Zoellner eingesetzt. Wegen der unhaltbaren kirchlichen Zustände in Sachsen wurde nach eingehenden Verhandlungen zwischen Kerrl und Zöllner einerseits und Vertretern des sächsischen Landesbruderrates und der Mitte andererseits am 19. November in Dresden ein Landeskirchenausschuss eingesetzt.[9] Der Landesbruderrat beschloss, seine kirchenregimentlichen Funktionen vorläufig ruhen zu lassen. Die Bedingung war, dass der Ausschuss auf einer vertretbaren Linie arbeiten würde. Der Landesbruderrat hielt daran fest, dass außerkirchliche Faktoren wie der Staat kein kirchliches Recht setzen könnten.

Die gesamtdeutsche vierte Bekenntnissynode in Oynhausen (17.-22. Februar 1936) zerbrach über der Frage der Ausschüsse. Sachsen hielt an seinem ausschussfreundlichen Standpunkt fest. Der Landesbruderrat überzeugte den Ausschuss, dass nur der bekenntnismäßige Aufbau der Landeskirche sie wieder zu einem geordneten kirchlichen Leben zurückführen könne.

Es gelang der Anschluss der Landeskirche an den Zusammenschluss der lutherischen Landeskirchen im sog. Lutherischen Rat am 27. Mai in einem Gottesdienst in der Frauenkirche zu Dres-

---

8 Georg Walther und zwei weitere Pfarrer wurden in das Schutzhaftlager Sachsenburg gebracht. 19 sächsische Pfarrer waren in solchen Lagern. Am 04.06.1935 wurden sie unerwartet (durch Druck aus dem Ausland?) entlassen. Auf Wunsch von Gauleiter Mutschmann ordnete Landesbischof Coch das Amtsverbot dieser Pfarrer an. Die Gemeinden fanden Wege, das Verbot zu umgehen. Am 19.08. sprach eine Delegation im LKA vor, die Verbote wurden aufgehoben.

9 Vorsitz: Sup. Johannes Ficker (BK), Dresden; Mitglieder: OKR Adolf Wendelin, Dresden; Sup. Willy Gerber, Chemnitz; Pfr. Dr. Horst Fichtner, Dresden; Pfr. Erich Knabe, Leipzig (er war DC, aber orientierte sich oft an der Mitte).

den. Die positive Situation führte zu einer regen Vortragstätigkeit der BK mit Rednern aus ganz Deutschland. Höhepunkt war das Landesposaunenfest in Leipzig (12.–13. Juni) mit 1.000 Bläsern. Eine Abstimmung unter der sächsischen Pfarrerschaft ergab: Von 1.300 Pfarrern hatten 1.100 dem Ausschuss ihr Vertrauen ausgesprochen.

Das alles war zu Ende mit dem nicht abgefeuerten Revolverschuss des juristischen Mitarbeiters Johannes Klotsche im LKA in Dresden am 9. August 1937, der einer Machtergreifung gleichkam. Proteste gegen diesen Gewaltakt waren erfolglos. Klotsche wurde von Gauleiter Mutschmann gedeckt und am 12. Dezember als Leiter des LKA legalisiert.

5. Die „Ära Klotsche"

Das DC-Kirchenregiment wurde von Johannes Klotsche geleitet. Der Landesbruderrat vertrat nur noch ein Viertel der sächsischen Pfarrerschaft. Reichskirchenminister Kerrl hatte inzwischen kirchenregimentliche Funktionen durch andere verboten. So geschah manches „im Stillen" außerhalb der sächsischen Grenzen: Prüfungen von Kandidaten wurden durch befreundete Kirchenregierungen in Hannover, Bayern und Württemberg durchgeführt, auch Ordinationen. In Sachsen wurden diese Pfarrer nicht oder nur als Vikare angestellt.[10]

Erfreulich waren gemeinsame Gemeindeveranstaltungen von BK und Mitte. In Dresden hielt Hugo Hahn Bibelstunden in der Frauenkirche, was Mutschmann veranlasste, ihn am 12. Mai 1937 aus Sachsen auszuweisen.[11]

Nach Kriegsbeginn geschah jedoch manches, was in der „Ära Klotsche" keiner für möglich gehalten hätte: In der Apostelkirche Dresden-Trachau beispielsweise, wo der DC-Pfarrer Kurt Guido Rübner Klotsches Anschlag auf den Landeskirchenausschuss

---

10 Für diese sorgten Karl Fischer und Franz Lau, beide Pfarrer in Dresden. Mit dem Vikarsgehalt war die Gründung einer Familie aber nicht möglich. Deshalb hatte Lau 1940 mit Klotsche verhandelt – diese Verhandlung führte zu einem Zerwürfnis zwischen Lau und der BK und seinem Austritt aus der BK.

11 Obwohl Hahn sich bis dahin, wie die meisten Pfarrer, für eine Anerkennung Hitlers als „Obrigkeit" ausgesprochen hatte!

steuerte, unterrichtete und konfirmierte 1940/41 der in Bayern ordinierte BK-Pfarrer Rudolf Decker, der aber als Vikar angesprochen werden musste.

6. Nach dem Ende des Zweiten Weltkrieges[12]

Nach Kriegsende blieb die BK in Sachsen bestehen. Schon kurze Zeit nach der bedingungslosen Kapitulation suchte Erich Kotte, ein Mann der BK, das LKA auf. Er war schon 1933 unter Landesbischof Ludwig Ihmels als juristischer Mitarbeiter tätig. Er arbeitete mit Franz Lau zusammen – Lau hatte bereits nach den Bombenangriffen zusammen mit Mitarbeitern alle Dresdner Gemeinden aufgesucht, um ein Zusammenarbeiten für die Wiederaufnahme kirchlichen Lebens zu ermöglichen. Geleitet von Lau, Kotte und Pfarrern von BK und Mitte begann unter der sowjetischen Militärverwaltung die „Selbstreinigung der Pfarrerschaft".

Die in Leipzig und Zwickau gebildeten „Konsistorien" für eine Neuordnung der Landeskirche schlossen sich mit Dresden zusammen. Lau wurde zum Landessuperintendenten gewählt. Es war ein schwieriger und langer Prozess. Über das Amt des Landesbischofs einigte man sich. Hugo Hahn sollte es nach seiner Rückkehr übernehmen, was am 31. Oktober 1948 geschah.[13] So lag die Leitung der sächsischen Landeskirche in den Händen der BK: Erich Kotte war Präsident des LKA, Hugo Hahn Landesbischof[14] und Reimer Mager (Landesgeschäftsführer der BK) Präsident der 1948 neu gebildeten Landessynode (bis zu seinem Tod 1966).

---

12 Zum folgenden Abschnitt vgl. Hein, Markus, Die sächsische Landeskirche nach dem Ende des Zweiten Weltkrieges (1945–1948). Neubildung der Kirchenleitung und die Selbstreinigung der Pfarrerschaft (Herbergen der Christenheit, Sonderband 6), Leipzig 2002.

13 Lau wurde daraufhin Professor für Kirchengeschichte an der Leipziger Universität. Von großer Bedeutung ist der Briefwechsel zwischen Hahn und Lau, vgl. a.a.O., 289f.

14 Schwerpunkt der Arbeit Hahns war die Einzelseelsorge, z.B. betreute er Johannes Klotsche, der das Predigerseminar Paulinum in Leipzig besuchte und als Prediger außerhalb Sachsens tätig war. Hahn stand Jugendlichen in der Zeit der Verfolgung der Jungen Gemeinde bei; er führte mit jedem, der Theologie studieren wollte, ein persönliches Gespräch.

7. Zeit der DDR, Vereinsgründung nach der Wiedervereinigung

Auch nach 1966 hat die BK bei der Organisation und den Themen der Synode mitgewirkt, ab 1975 besonders in der katechetischen Unterweisung: Lehrpläne mit dem Schwerpunkt auf Bibel und Luthers Kleinem Katechismus wurden erarbeitet, um einem einseitig situationsorientierten Unterricht entgegen zu steuern. Politisch wandte sich die BK in der Zeit der DDR gegen den Gleichschaltungsanspruch der Machthaber. In der Auseinandersetzung um die Unvereinbarkeit von Konfirmation und Jugendweihe 1960/61 stand sie fest hinter der Haltung der Kirchenleitung, stimmte aber auch dem Kompromiss zu: Jugendliche, die an der Jugendweihe teilnahmen, konnten nach einem Jahr „nachkonfirmiert" werden. Herausragende Themen der BK waren: Ermutigung zum Bekenntnis zu Jesus Christus in Schule und Beruf, die Abwehr der Vereinnahmung für vormilitärische Ausbildung im Wehrkundeunterricht, der Schutz ungeborenen Lebens.

Nach der politischen Wende 1989/90 ergab sich die Notwendigkeit der Bildung eines Vereins. Er wurde am 13. April 1996 in der Zionskirche zu Dresden gegründet als Evangelisch-Lutherische Bekenntnisgemeinschaft Sachsens e.V.

Profil

Wir verstehen uns als kirchliches Werk der Ev.-Luth. Landeskirche Sachsens. Da auch unsre Landeskirche immer wieder in der Gefahr steht, den Herrn Jesus Christus und sein Wort zu verlassen und anderen Mächten, Gewalten und Zeitströmungen dienstbar zu werden, suchen wir Ausrichtung und Orientierung im Gotteswort des Alten und Neuen Testaments sowie in den Bekenntnissen unserer Landeskirche. Wir möchten unsere Kirche in Demut und geschwisterlicher Liebe helfend, mahnend und betend begleiten. Wir bekennen uns dazu, dass Jesus Christus,

wie er uns in der Heiligen Schrift bezeugt wird, das eine Wort Gottes ist, das wir zu hören und dem wir im Leben und Sterben zu vertrauen und zu gehorchen haben.

Darum treten wir ein für
- bibel- und bekenntnistreue Verkündigung,
- Gottesdienst als Mitte des kirchlichen Lebens und ein klares Zeugnis für Jesus Christus in Wort und Tat,
- kirchliche Berufe und Ausbildungsstätten, die ihre Lehre und Forschung bibel- und bekenntnistreu betreiben,
- Stärkung der Ehe von Mann und Frau und deren Familie als Schöpfungsordnung Gottes,
- Besinnung auf das biblisch-christliche Menschenbild, das uneingeschränkte Lebensrecht jedes Menschen, ob geboren, ungeboren, behindert, krank oder alt.

Wir wenden uns gegen
- Umdeutungen der uns von den Bekenntnisschriften überlieferten Glaubensbekenntnisse,
- Änderung dessen, was immer, von allen Kirchen zu allen Zeiten und an allen Orten geglaubt und bekannt wird,
- die Leugnung des Sühnetodes und der leibhaftigen Auferstehung unseres Herrn Jesus Christus,
- das Töten von Kindern im Mutterleib, das Töten aller Menschen, insbesondere im Alter und im Siechtum,
- die Öffnung der Pfarrhäuser für gleichgeschlechtliche Partnerschaften im pfarramtlichen Dienst sowie die Segnung von homosexuellen Partnerschaften.

Struktur

Die Leitung des Vereins erfolgt durch Vorstand und Leitungskreis, die in Abstimmung mit der jährlich stattfindenden Mitgliederversammlung handeln. Es gibt etwa 60 Mitglieder und einen Freundeskreis, der aus ca. 500 Personen besteht, die unsre Rundbriefe empfangen. Unsre Mitglieder und Freunde gehören zum allergrößten Teil zur Ev.-Luth. Landeskirche Sachsens. Es sind aber auch Mitgliedschaften und Mitarbeit aus anderen Landeskirchen möglich.

Gemeinsames Leben/Aktivitäten/Angebote

Wir geben jährlich etwa drei bis vier Rundbriefe heraus, in denen wir von unserer Arbeit und unsren Aktivitäten berichten und zum lebendigen Zeugnis für das Evangelium ermutigen.

Jedes Jahr im Frühjahr versammeln wir uns zu einer Tagung. Dort bedenken wir aktuelle Themen unseres kirchlichen und gesellschaftlichen Lebens. Wir tauschen uns aus über unsere Dienste in der Gemeinde (Kirchenvorstand, Bibelkreis, Besuchsdienst, Angebote von Referaten).

In Zusammenhang mit der Tagung findet auch die jährliche Mitgliederversammlung statt.

Jedes Jahr im September veranstalten wir eine Bibel- und Wanderfreizeit im kirchlichen Rüstzeitheim „Reimer Mager" in Rosenthal/Sächs. Schweiz mit dem Schwerpunkt auf Bibelarbeit.

Netzwerk

Wir sind freundschaftlich verbunden mit der Sächsischen Bekenntnisinitiative (SBI), die wir auch organisatorisch unterstützen, außerdem mit dem Theokreis an der Leipziger Universität und mit anderen bekennenden Gemeinschaften in Deutschland, z.B.: Lutherisches Einigungswerk, Gemeindehilfsbund, Kirchliche Sammlung für Bibel und Bekenntnis (KSBB), Konferenz bekennender Gemeinschaften in Deutschland.

Gaston Nogrady, Christian Zschuppe

Evangelisch-Lutherische Gebetsbruderschaft

Geschichte

Die Anfänge der Evangelisch-Lutherischen Gebetsbruderschaft (ELGB) sind in den Regionalkonventen verschieden gewesen.

Den Grund für den Konvent in der DDR, später „Konvent Mitte" bzw. „Mitteldeutscher Konvent" legte Kantor Dr. Erhart
Theodor Paul (gest. 1996), Beauftragter der sächsischen Landeskirche für Singwochen, in denen besonders Jugendliche für das
Singen in der Jungen Gemeinde ausgebildet wurden. Die Singwochen werden als „Gregorianische Wochen" bis heute durchgeführt. In Leipzig leitete er ab 1951 die Stundengebete in einer
Seitenkapelle der Thomaskirche: täglich Laudes und Sext vor
bzw. nach den Vorlesungen der Universität und wöchentlich eine
Übstunde mit Vesper und Komplet nach Melodien des Alpirsbacher Antiphonale. Nach dem Vorbild von Luthers Deutscher Messe wurde die heilige Messe gefeiert.

So entstand schrittweise das „Leipziger Brevier": Beten des
ganzen Psalters in einem Vierwochen-Turnus, Lesen der ganzen
Heiligen Schrift, Responsorien, Hymnen, Cantica und Gebete.
1988 konnte das „Leipziger Brevier" durch Erhart Pauls Nachfolger in der Bruderschaft, dem Kantor an der Leipziger Peterskirche Walter Heinz Bernstein, schließlich als Buch veröffentlicht
werden.[1]

An den Stundengebeten und Messen nahmen Studierende
verschiedener Fakultäten teil. Die Theologen waren geprägt von
Professor Dr. Ernst Sommerlath. Mitte seiner Theologie war die
Katholizität des Bekenntnisses der Kirchen lutherischer Reformation zur Heiligen Schrift. Erhart Pauls Grundsatz war: „Zuerst

---

1 Zuletzt: Das Leipziger Brevier, 3. korrigierte Ausgabe 2008.

der Katechismus, dann die Gregorianik!" (in der Sext gab es Katechismuspredigten).

Unabhängig von dem Beginn in Leipzig erweckte der Heilige Geist in Braunschweig eine Gemeinde zu regem rechtgläubigen, sakramentalen Leben in der fast völlig zerstörten Brüdernkirche St. Ulrici unter Pastor Max Witte (gest. 1955). Seine Theologie war von Wilhelm Löhe geprägt. Es werden sonntags zwei heilige Messen gehalten, außerdem zwei Werktagsmessen sowie Mette, Vesper und Komplet. Pastor Witte bewegte die Herzen mit seinen Predigten. Im Anschluss an die Tagung der lutherischen Bruderkreise in Celle fand in Königslutter, einberufen von einem Kreis von Pastoren um Max Witte, vom 27. September bis 1. Oktober 1955 ein Treffen statt, das zur Geburtsstunde der Bruderschaft wurde. Es entstand das „Gebet für die Kirche" in Anlehnung an ein Gebet aus Wilhelm Löhes „Samenkörner des Gebets". Dabei waren neben Brüdern aus Bayern (Neuendettelsau) und aus der Altlutherischen Kirche (später Selbständige Evangelisch-Lutherische Kirche, SELK) auch wir Leipziger. Wir verpflichteten uns auf dieses gemeinsame Fürbittengebet für die Erneuerung der Kirche. In den folgenden Jahren konnten wir uns noch auf den Jahrestagungen der Lutherischen Bruderkreise Deutschlands treffen, seit Sommer 1961 (Mauerbau) konnten wir Brüder aus der DDR nur durch Briefe zu den Brüdern im Westen Kontakt halten.

Die Teilnahme an den Regionalkonventen „Süd" (Neuendettelsau, Wilhelm Löhes Erbe), „Mitte" (Leipziger Brevier), „Nord" (Brüdernkirche Braunschweig) und Saargebiet (Spiesen, v.a. Brüder und Schwestern aus der SELK), die Bitte um Aufnahme in die Fürbittliste und das tägliche Gebet konstituierten die Bruderschaft. Die Regionalkonvente arbeiteten föderativ mit der Tendenz möglichster Angleichung.

Der Konvent Mitte kam im Winterhalbjahr zu einem thematischen Arbeitskonvent, im Sommer zu einem Ferienkonvent (Dr. Paul: „Wir brauchen Ferien unter Wort und Sakrament") zusammen. Auch Gäste nahmen an den Konventen teil. Es bildete sich ein Freundeskreis der Bruderschaft. Im Ferienkonvent werden bis heute – mit Beteiligung der Kinder (!) – Stundengebete und täglich die evangelische Messe in einfacher Form (missa pauperum) gefeiert. Im Arbeitskonvent, an dem seit 1991 wieder alle Regionalkonvente teilnehmen, finden neben Gebetszeiten, der täglichen Messfeier und einem dem Kirchenjahr entsprechenden „Hochamt" seelsorgerliche Gespräche und theologische Referate statt.

Profil

„Evangelisch-Lutherisch" – unser Standort

Die Glieder der Bruderschaft bekennen sich zum Erbe der lutherischen Reformation und wissen sich gebunden „an die Heilige Schrift Alten und Neuen Testaments als das Wort Gottes, das allein Regel und Richtschnur für Lehre und Leben der Kirche ist, an die altkirchlichen Bekenntnisse und die Bekenntnisse der lutherischen Reformation als rechte Auslegung der Schrift. Im schrift- und bekenntnisgemäßen Gottesdienst der Kirche, insbesondere in der Feier des heiligen Altarsakraments, haben sie ihre geistliche Heimat".[2]
Entsprechend sehen sie es als ihre Aufgabe an, „regelmäßig in der hl. Schrift zu lesen und die Bekenntnisse der luth. Kirche zu studieren" sowie „fleißig das heilige Abendmahl dort zu suchen, wo die Realpräsenz des Leibes und Blutes Christi in, mit und unter Brot und Wein eindeutig bekannt wird, und bekenntniswidriger Praxis entgegenzutreten" und „für Recht und Geltung des lutherischen Bekenntnisses einzustehen".[3]

In diesen Anliegen sind in unserer Bruderschaft Glieder aus Landeskirchen und aus der SELK vereint. Das Miteinander landeskirchlicher und freikirchlicher Lutheraner ist uns sehr wertvoll und hilft uns, von Zeit zu Zeit unsere eigenen, uns oft so selbstverständlich erscheinenden kirchlichen Strukturen in heilsamer Weise in Frage zu stellen.

Unser bewusst lutherischer Standpunkt bedeutet keine konfessionalistische Abschottung gegenüber anderen Christen. Vielmehr sehen wir uns als Teil der einen katholischen und apostolischen Kirche und sind dankbar für alle geistlichen Bemühungen um die Einheit der Christen:

---

2 Ordnung der Evangelisch-Lutherischen Gebetsbruderschaft (in der Fassung vom 14. Februar 2003), Punkt 1.
3 A.a.O., Punkt 2.

„Die Glieder der Bruderschaft sind dankbar bereit, von allem echten geistlichen Leben in anderen Teilen der Christenheit zu lernen. Sie wissen sich dazu angehalten, mit Wort und Tat Zeugnis abzulegen gegen alles Bestreben, die Christenheit ohne Übereinstimmung im Glauben und unter Verletzung des Bekenntnisses kirchlich zu einigen. In der Liebe zu aller schriftgemäßen Tradition der Christenheit wollen sie mit ihrem Gebet und ihrer Arbeit der Katholizität der evangelisch-lutherischen Kirche dienen".[4]

Gemeinsames Leben

„Gebet" – unser Auftrag

Wir sehen unseren Auftrag nicht vorrangig in kirchenpolitischem Engagement oder in der Organisation öffentlichkeitswirksamer Treffen und Verlautbarungen. Unseren Auftrag sehen wir zuerst im Gebet. Wir setzen darauf, dass Gott selbst Seine Kirche erneuert und einigt, wenn wir ihn darum bitten. Unser lutherischer Standpunkt und unsere Verortung in der Gesamtkirche zeigen sich auch in der Gestalt unseres Betens:

Da ist zum einen das „Tägliche Gebet für die Kirche" in der lutherischen Tradition Wilhelm Löhes. Die Glieder der Bruderschaft verpflichten sich, mit diesem Gebet für die Kirche und für die Bruderschaft zu beten. Weil dieses Gebet für uns so eine große Bedeutung hat, soll es hier im Wortlaut wiedergegeben werden:

„O Herr, barmherziger, ewiger Vater unseres Herrn Jesu Christi, der Du vormals gnädig warst Deinem Volk und vergabst ihnen ihre Sünde: sei auch jetzt gnädig den Deinen.
Erneuere Deine Kirche durch die lautere Predigt Deines heiligen Wortes, den rechten Brauch der hochwürdigen Sakramente und der tröstlichen Absolution.
Erleuchte alle Deine Diener, dass sie als treue Haushalter über Deine Geheimnisse befunden werden und das heilige Amt gewissenhaft ausüben. Bewahre sie in den Anläufen des Teufels, tröste sie durch die Vergebung ihrer Sünden und erfülle sie mit brennender Liebe zu Dir und Deiner Gemeinde.

---

4 A.a.O., Punkt 3.

Berufe aus Deinen Gläubigen Arbeiter in Deine Ernte, und gib ihnen Lehrer, die sie im rechten Glauben unterweisen.

Lass zunehmen die Einigkeit im Geist, im Glauben und im Bekennen. Sende Deinen Heiligen Geist, dass Er austilge aus den Herzen aller, die Deinen Namen lieben, falsche Lehre und irrige Gedanken. Nimm weg aus den Seelen aller, die mit uns Ein gesegnetes Brot essen und aus Einem Kelche trinken, was sie hindert, Eins zu werden in Deiner Wahrheit.

Reinige, läutere und stärke auch unsere Herzen und gib uns Maß, Bescheidenheit und Weisheit, dass wir nicht in Ungeduld Deinem Geiste widerstreben und, anstatt zu bauen, zerstören, was Deine Barmherzigkeit an lebendigem Glauben noch erhalten hat.

Deiner Gnade befehle ich alle Väter in Christo, Brüder und Schwestern, die Du mir besonders verbunden hast *(hier nenne die Namen derer, denen die Fürbitte besonders gilt, vorab Gliedern der Bruderschaft)*. Herr, behüte sie an Leib und Seele und segne sie mit Deinen Gnadengaben.

Ich gedenke, Herr, vor Dir auch derer, die Du aus unserer Mitte hier auf Erden heimgerufen hast: *(hier können Namen genannt werden)*. Lass sie Dein Antlitz schauen und vereinige uns wieder mit ihnen vor Deinem ewigen Thron.

Ach, Herr, lass auch mich treu befunden werden. Lass mich das Kreuz, das Du mir bestimmt hast, nicht zurückweisen und Dir in der wahren Demut dienen, mir der Dein Sohn Sein Kreuz für die Erlösung der Welt getragen hat.

Ordne und segne, Herr, alle unsere Tage und Werke in Deinem Frieden. Amen".

Unsere Verbundenheit mit der Gesamtkirche wird zum anderen im Breviergebet deutlich. Wir üben die auf die Alte Kirche zurückgehende Praxis des Stundengebets, dessen Wurzeln bis in das Beten Israels, in den Tempelgottesdienst, hineinreichen. Unser „Leipziger Brevier" enthält die vier Stundengebete Laudes, Sext, Vesper und Komplet. Wir stehen in der Tradition der benediktinischen Gregorianik. Eine Besonderheit unseres Breviers ist, dass wir die Gregorianik mit der Lutherübersetzung des Psalters und der Cantica verbinden. Darin folgen wir dem „Alpirsbacher" Ansatz von Dr. Friedrich Buchholz.

Nach unserer „Ordnung" machen es sich die Glieder der Bruderschaft zur Aufgabe, „in das Stundengebet der Kirche hineinzuwachsen und es nach Möglichkeit zu praktizieren (vornehmlich Psalmgebet, Schriftlesung, Fürbitte und Gebet für die Kirche)".[5]

„Bruderschaft" – unsere Gemeinschaft

Die Bruderschaft soll uns für unseren Dienst im Alltag stärken, uns Orientierung in geistlichen Fragen sowie Zuspruch, Trost und Ermahnung geben. Das geschieht auf den jährlichen Arbeitskonventen, woran die Glieder der drei Regionalkonvente Mitte, Nord und Süd teilnehmen sowie auf Ferienkonventen und auf Zusammenkünften der Regionalkonvente. Ein wesentliches Element der Bruderschaft ist das Angebot der Einzelbeichte und des seelsorgerlichen Austauschs im „geschlossenen Konvent", einem Tagesordnungspunkt auf unseren Zusammenkünften, an dem nur die Glieder der Bruderschaft teilnehmen (und nicht die Gäste, die ansonsten zu den Konventen herzlich eingeladen sind).

Die Glieder der Bruderschaft verpflichten sich, „nach Kräften die Zusammenkünfte der Bruderschaft zu besuchen, die gemeinsame Arbeit zu fördern und sie mit regelmäßigen Beiträgen zu sichern, einander im geistlichen Leben und kirchlichen Dienst zu beraten und zu helfen und die Gemeinschaft untereinander zu pflegen und füreinander zu beten".[6]

„Die Aufnahme in die Bruderschaft erfolgt nach gegenseitigem Kennenlernen zunächst als Postulant, d. h. zeitlich befristet (in der Regel auf ein Jahr), danach ohne Befristung. Sie findet ihren Ausdruck in der Eintragung in die gemeinsame Fürbittliste."[7]

---

5 A.a.O., Punkt 2.

6 A.a.O., Punkt 4.

7 A.a.O., Punkt 5.

Christa Knüpfer

Evangelisch-Lutherisches Diakonissen-Mutterhaus Borsdorf

Geschichte

Wenn es im 19. Jahrhundert zu Gründungen von Diakonissen-Mutterhäusern bzw. Schwesternschaften kam, waren meist soziale Nöte der Anlass. So ist es auch bei uns gewesen. In Nöte gerieten Frauen und Mädchen, die durch die aufstrebende Industrie in die Großstadt Leipzig gekommen waren, um Arbeit zu finden.

1890 wurde das „Martinstift" der Inneren Mission Leipzig, die „Erziehungsstation" für gefährdete Mädchen im Alter von 14 bis 18 Jahren, nach Borsdorf verlegt. Es ist die erste Anstalt dieser Art in Deutschland.

1896 fasste der Verein für Innere Mission in Leipzig den Beschluss, ein eigenes Diakonissen-Mutterhaus zu gründen. Das Diakonische Werk Innere Mission Leipzig e.V. ist über die Jahrzehnte hinweg unser Träger geblieben. 15 Schwestern begannen ihren Dienst unter der Leitung von Oberin Elisabeth Hammer, die aus dem Mutterhaus Berlin-Plötzensee, heute Teltow, gewonnen werden konnte. Die Schwestern erhielten eine Ausbildung als Fürsorge-Erzieherinnen.

1907 wurde unsere Schwesternschaft in den Kaiserswerther Verband deutscher Diakonissenhäuser aufgenommen.

1913 wird berichtet, dass die Borsdorfer Diakonissen nicht nur in Borsdorf, sondern in vielen Arbeitsgebieten der Inneren Mission von Leipzig anzutreffen sind: in Fabrikmädchenheimen, bei der Polizeiassistenz, in der Mitternachtsmission, in der Armendiakonie, in der Kinderarbeit und während und nach dem Zweiten Weltkrieg in der Flüchtlingsarbeit.

1933 übernahmen acht Diakonissen den Dienst an geistig behinderten Kindern im Katharinenhof in Großhennersdorf in der Oberlausitz. Diese Aufgabe endete später in großem Leid durch den Abtransport vieler Kinder in den Tod. Durch diesen Einsatz ist unsere Schwesternschaft auf die spätere Aufgabe in Borsdorf etwas vorbereitet worden. Etwa zur gleichen Zeit übernahmen Borsdorfer Schwestern nach und nach die Heime der Inneren Mission in Leipzig und in Bad Lausick (Altenheime, Altenpflegestation, Kinderheime).

Um 1950 gehörten knapp 100 Schwestern zu unserer Gemeinschaft. Zu dieser Zeit vollzog sich ein großer Wandel im Frauenheim in Borsdorf: Ab 1952 nahm der Staat durch Einrichtung der „Jugendwerkhöfe" den kirchlichen Einrichtungen die Erziehungsarbeit aus der Hand. Es kamen nach und nach geistig behinderte Frauen und schwerst-mehrfach behinderte Kinder in unsere Einrichtung. Wie gut, dass einige Schwestern in Großhennersdorf diese Arbeit kennengelernt haben.

1960 kam es zur Umstellung der Ausbildung. Anfangs werden Frauen zur „kirchlichen Heimerzieherin" ausgebildet. Im Jahre 1973 wurde das „Seminar für Heilerziehungspflege" in Borsdorf eröffnet, das eine dreijährige fundierte Ausbildung in der Heilerziehungspflege anbietet.

In der DDR-Zeit waren für unsere Schwesternschaft die so genannten „Messebegegnungen" von großem Segen. Die Geschwister vom gemeinsamen Leben und die Brüder und Schwestern des Volksmissionskreises Sachsen trafen sich zum Austausch in unserem Mutterhaus (bis Borsdorf war der Messeausweis gültig). Für Leib und Seele wurde auch für uns Schwestern gesorgt: ein Konditormeister brachte eine Torte mit, und an einigen Bibelarbeiten nahmen wir auch teil. Zu den Gästen gehörte auch Herr Pfarrer Walter Hümmer aus Selbitz. Seither bestehen Verbindungen zur Communität Christusbruderschaft Selbitz. Nach der Wende wurden diese intensiviert. Selbitzer Schwestern hielten für uns Borsdorfer Schwestern Rüstzeiten. Unterdessen sind einige Jahre ins Land gegangen. Geblieben ist aber die Begegnung einzelner Schwestern und die gegenseitige Fürbitte.

Seit 1998 wohnen wir Schwestern im neugebauten Schwesternwohnhaus in schönen Wohnungen (Betreutes Wohnen).

Profil

Wir Schwestern wissen uns in die Schwesternschaft berufen, beauftragt und eingesegnet. Wir haben eine biblisch-diakonische und eine fachliche Ausbildung.

Gemeinsames Leben

Zu unserem gemeinsamen Leben gehören die Gottesdienste, das Heilige Abendmahl (immer zum Wochenschluss), das Mittagsgebet als Gebet für den Frieden, die wöchentliche Bibelstunde, gehalten von unserer Rektorin, Frau Pfarrerin Friederike Müller, das Feiern der kirchlichen Feste.

Seit keine von uns Schwestern mehr im Arbeitsverhältnis steht, hat die tägliche Fürbittzeit an Priorität gewonnen. Wichtig ist uns auch die Stille Zeit, diese ausgesparte Zeit für Gott am Anfang des Tages. Da werden die Weichen für den Tag gestellt.

Auch heute noch sind die Rüsttage Hilfen für unser geistliches Leben. Seit 2014 haben wir die Rüstzeiten auf zwei Wochenenden im Jahr gelegt. Das entspricht unserem Alter und unseren Kräften. In den letzten Jahren sind uns außerdem die Segnungsstunden innerhalb dieser Zeit wichtig und hilfreich geworden. Sie beenden jeweils die Rüsttage.

Der auf die Rüsttage folgende Sonntag steht als Schwesternsonntag im Kalender. Wir feiern Sakramentsgottesdienst mit unserer Rektorin. Sie gestaltet auch den jeweiligen Nachmittag.

Zu unsrer Gemeinschaft gehören noch 18 Diakonissen. Jede Schwester bringt sich nach ihren Gaben und Kräften in die täglich anfallenden Aufgaben des gemeinsamen Lebens ein. Wir erleben miteinander das Älterwerden. Mehr und mehr müssen wir uns im Loslassen üben, ja, im sich Gott überlassen. Er ist mit uns auf dem Wege und bereitet uns zu, bis wir ans Ziel kommen – jede zu ihrer Zeit.

Netzwerk

Im Laufe einiger Jahrzehnte standen unserer Schwesternschaft in Folge drei Rektoren aus dem Volksmissionskreis Sachsen vor. Mit dem Volksmissionskreis und dem Kaiserswerther Verband verbinden uns heute sporadische Begegnungen und die Gebetsanliegen.

Ebenfalls in der DDR-Zeit entstanden partnerschaftliche Beziehungen zu Mutterhäusern im Westen, die bis heute bestehen. Unser Partnerhaus ist Großheppach-Beutelsbach bei Stuttgart.

Mit unserem Hausspruch schließe ich diesen Bericht: „Jesus Christus gestern und heute und derselbe auch in Ewigkeit" (Hebr 13,8).

Klaus Tietze, Friedemann Beyer

Gemeinschaft Moritzburger Diakone und Diakoninnen

Geschichte

Am 1. Mai 1872 wurde auf Anregung des Landesvereines für Innere Mission in Sachsen ein „Rettungshaus für Knaben mit Diakonenbildungsanstalt" in Gorbitz (heute Ortsteil von Dresden) gegründet. Zum Einen wurde dort Dresdener Straßenjungen ein Zuhause gegeben, zum Anderen wurden junge Männer als „Hausväter" sozialarbeiterisch und theologisch ausgebildet. Diese „Brüder" begaben sich in eine verbindliche Gemeinschaft, die „Brüderschaft". Diese verstand und versteht sich als Dienst- und Sendungsgemeinschaft. Die Gründung des sächsischen Diakonenhauses erfolgte nach dem Vorbild des Rauhen Hauses in Hamburg. Der erste Leiter, Pastor Emil Höhne, hatte ein einjähriges Praktikum in diesem renommierten Haus abgeleistet.

Die soziale Arbeit des Dresdner Rettungshauses entwickelte sich rasch, sodass bald erhebliche Raumnot entstand. So entschloss man sich zu einem Neubau. Man fand in Moritzburg einen verlassenen Bauernhof, auf dessen Gelände mit dem Aufbau eines Diakoniedorfes begonnen wurde. 1899 erfolgte die Weihe der „Moritzburger Diakonenanstalt", die Gemeinschaft der Diakone hieß von nun an „Moritzburger Brüderschaft". Bis in die Zeit des Zweiten Weltkrieges hinein wurde in Moritzburg und an einigen Außenstandorten soziale Arbeit, im Wesentlichen Jugendhilfe, geleistet. Da der Schwerpunkt der Arbeit des Diakonenhauses in der Erziehungsarbeit lag, entzog der nationalsozialistische Staat 1941 dem Diakonenhaus die Betriebserlaubnis. Die Verantwortlichen wurden zum Verkauf von Gebäuden und Ländereien genötigt. Dieser Zustand wurde auch nach dem Ende des Krieges nicht rückgängig gemacht. Das Diakonenhaus erhielt seinen Besitz erst nach 1990 zurück – die Gebäude jeweils in desolatem Zustand.

Nach dem Krieg stellte sich für die Brüderschaft die Frage nach neuen Arbeitsfeldern. Man besann sich auf die Ausbildung zum Gemeindedienst, der schon immer auch Bestandteil der Diakonenausbildung war und begegnete zugleich einem Mangel in der Landeskirche, die den Religionsunterricht nach seiner Verdrängung aus den Schulen in ihre Verantwortung nehmen musste und einen eigenen kirchlichen Unterricht entwickelte. Die Ausbildung für Diakone in Sachsen bekam dadurch ihre verstärkt religionspädagogische Prägung, nicht selten in Verbindung mit der Kirchenmusik.. Die meisten der Moritzburger Diakone sind in dieser Weise ausgebildet, jedoch sind etliche auch in der Altenhilfe, in der Jugendhilfe und in anderen Feldern sozialer Arbeit tätig bzw. tätig gewesen.

Das Jahr 1995 brachte eine grundlegende Veränderung für die Moritzburger Brüderschaft. Auf dem Brüdertag wurde mit großer Mehrheit beschlossen, künftig auch Frauen in die Gemeinschaft aufzunehmen. Als Konsequenz erfolgte die Umbenennung zur „Gemeinschaft Moritzburger Diakone und Diakoninnen".

1997 wurden die ersten Diakoninnen eingesegnet. Inzwischen gehören mehr als einhundertzwanzig Frauen unserer Gemeinschaft an und sind auch in deren Leitungsgremien vertreten.

Profil

Die Gründung des sächsischen Diakonenhauses fand am Sonntag Miserikordias Domini statt. Seither begleitet dessen Tages- bzw. Wochenpsalm (Psalm 23) die „Moritzburger" als „Hauspsalm": „Der Herr ist mein Hirte. Mir wird nichts mangeln ...".

Das Selbstverständnis der Gemeinschaft ist in der Ordnung der Gemeinschaft Moritzburger Diakone und Diakoninnen beschrieben. In der Präambel heißt es:

„Die Gemeinschaft Moritzburger Diakone und Diakoninnen ist eine Gemeinschaft evangelischer Frauen und Männer, die von Gott durch Jesus Christus im Heiligen Geist lebenslang berufen, zu Diakonen ausgebildet und im Auftrag der Kirche zum Dienst eingesegnet und gesendet sind. Sie sind bereit, ihr Leben nach der Ordnung der Gemeinschaft zu führen".

Weiterhin ist *Unser Auftrag* formuliert:

„Gott hat uns durch Jesus Christus berufen, seiner Gemeinde und der Welt mit dem Zeugnis seines Wortes und der helfenden Liebe zu dienen, bis er wiederkommt. Wir haben den Auftrag angenommen und sind nach freiem Entschluss der Gemeinschaft Moritzburger Diakone und Diakoninnen beigetreten".

Diakoninnen und Diakone sind in Kirche und ihrer Diakonie beruflich oder auch ehrenamtlich tätig. Ein wichtiges Anliegen ist es, dabei zu helfen, die Kirche diakonischer und die Diakonie kirchlicher zu gestalten. Zur staatlich anerkannten Fachlichkeit ist für die Einsegnung in das Diakonenamt eine theologische Qualifikation nach landeskirchlichen Maßstäben erforderlich. Die Landeskirche ordnet das Diakonenamt (Kirchengesetz über das Amt der Diakonin und des Diakons vom 18.11.2019). Die Berufung in dieses Amt erfolgt auf Lebenszeit und ist mit der Mitgliedschaft in einer anerkannten Gemeinschaft verbunden.

Die Besonderheit des Diakonenhauses Moritzburg besteht darin, dass es in einer Vereinsstruktur organisiert ist und zugleich in einer engen und klar definierten Verbindung zur sächsischen Landeskirche steht. So ist das Ev.-Luth. Diakonenhaus Moritzburg e.V. ein Werk der Ev.-Luth. Landeskirche Sachsens. In dieser Form ist auch die Gemeinschaft Moritzburger Diakone und Diakoninnen direkt mit der Landeskirche verbunden.

Struktur

Die ca. 550 Glieder der Gemeinschaft treffen sich einmal im Jahr zum Gemeinschaftstag, einer dreitägigen Veranstaltung in

Moritzburg. Seit 2016 findet dies jeweils am Trinitatis-Wochen-ende statt.

Im Laufe des Jahres treffen sich die Gemeinschaftsglieder in Regionalkonventen. Davon gibt es innerhalb von Sachsen zehn, zudem noch den Thüringer, den Südwest- den Brandenburger und den Ostsee-Konvent. Einige Konvente haben noch Regional-kreise eingerichtet, um geschwisterliche Begegnung tatsächlich zu ermöglichen. Einige Moritzburger leben und arbeiten außer-halb Deutschlands in Papua-Neuguinea, in England, Estland und Norwegen.

Das höchste Gremium der Gemeinschaft ist der Große Kon-vent, die Hauptversammlung.

Leitungsgremium ist der Gemeinschaftsrat, in dem jeder Konvent mit einer Person vertreten ist. Außerdem sind drei Mit-glieder vom Großen Konvent gewählt. Beratende Mitglieder sind Vertreter der Studentenschaft der Evangelischen Hochschule Mo-ritzburg und der Leiter des Brüderhauses, welches zugleich Stu-dienwohnheim ist. Der Gemeinschaftsrat trifft sich mindestens dreimal jährlich zu einer zweitägigen Sitzung. Die geistliche Lei-tung der Gemeinschaft obliegt dem Vorsteher, einem Pfarrer der Landeskirche, und dem Gemeinschaftsältesten, einem vom Gro-ßen Konvent gewählten Diakon.

Die knappe Hälfte der Gemeinschaftsmitglieder befindet sich heute im Ruhestand. Jährlich gibt es circa 10 bis 15 Neueintritte. Vor der Einsegnung gibt es eine etwa einjährige Kandidatenzeit.

Gemeinsames Leben

Das gemeinsame Leben vollzieht sich in den oben genannten Veranstaltungen. In diesen stehen Wort, Sakrament, Gebet und thematische Arbeit im Mittelpunkt. Zudem sind die Glieder unse-rer Gemeinschaft angehalten, „die Schwestern und Brüder und deren Familien gegenseitig zu besuchen und einander Beistand zu leisten". Zur Finanzierung der gemeinschaftlichen Aufgaben geben die Gemeinschaftsglieder einen finanziellen Beitrag. Dar-aus wird unter anderem das Gemeinschaftsbüro samt Personal bezahlt.

Wichtig ist das gemeinschaftliche Wissen um besondere Problemlagen. Zur Information und als Anregung zum Gebet dient die Fürbittliste, die ständig aktualisiert wird und den Gemeinschaftsgliedern zugänglich ist. In einem Gemeinschaftsverzeichnis sind die Geburtstage vermerkt. Die Gemeinschaft nimmt so teil an Freud und Leid. Bei hohen Geburtstagen gratuliert „Moritzburg" persönlich, an Trauerfeiern nimmt die Leitung der Gemeinschaft teil. Vorsteher und Ältester stehen den Gemeinschaftsgliedern zu Beratung und Seelsorge zur Verfügung, weitere derartige Kontakte gibt es in den Regionen.

Als kleines geistliches Format wird das „Mittagsgebet" gepflegt – eine liturgische Form, die möglichst immer Mittwoch um 12 Uhr abgehalten werden soll. Jeden Freitag treffen sich in Moritzburg um 9 Uhr Mitarbeitende des Diakonenhauses zur Andacht.

Zentraler Ort der Gemeinschaft ist das Brüderhaus in Moritzburg. Dort findet der größte Teil der gemeinschaftlichen Veranstaltungen statt.

Aktivitäten/Angebote

Die Gemeinschaft bietet Rüstzeiten und Fachtage für ihre Mitglieder und zum Teil auch für deren Angehörige an. Derzeit sind dies eine Seniorenrüstzeit, eine Wochenendrüstzeit für Mütter mit kleinen Kindern, ein Seminartag für Diakone, die in diakonischen Arbeitsfeldern tätig sind, eine theologische Rüstzeit. Vor der Einsegnung in das Diakonenamt finden drei Einsegnungsrüstzeiten statt. Anfang September treffen sich ca. 100 Frauen zum „Treffen der Ehepartnerinnen". In Abständen finden größere Reisen statt, zum Beispiel zu den Geschwistern in Estland.

Die Gemeinschaft steht in enger Verbindung zur Evangelischen Hochschule Moritzburg, die aus der Diakonenausbildungsstätte hervorgegangen ist. Deren Studenten werden zu gemeinschaftlichen Veranstaltungen eingeladen und wirken dabei auch aktiv mit. Die Gemeinschaft unterstützt die Studenten, indem sie für Wohnmöglichkeiten im Brüderhaus sorgt und für Mentorate zur Verfügung steht. Einzelne Gemeinschaftsmitglieder beteiligen sich punktuell am Studienprogramm.

Spezielle soziale und geistliche Projekte einzelner Gemeinschaftsglieder oder Studenten werden durch Sonderaktionen gefördert.

Vierteljährlich wird ein „Brief aus Moritzburg" erstellt, in dem es auch besondere Mitteilungen betreffs persönlicher Anliegen von Gemeinschaftsgliedern gibt.

Netzwerk

Die Gemeinschaft Moritzburger Diakone und Diakoninnen ist mit den anderen Diakonengemeinschaften im Verband evangelischer Diakonen-, Diakoninnen- und Diakonatsgemeinschaften in Deutschland (VEDD) verbunden. Besondere Beziehungen gibt es zur Karlshöhe Ludwigsburg sowie zu den Diakonischen Gemeinschaften in Franken, der Rummelsberger Brüderschaft und der Diakoninnengemeinschaft Rummelsberg. Diese Kontakte werden auf Leitungsebene und auch von Regionalkonventen aus gepflegt.

Eine besondere Nähe besteht zur Diakonischen Gemeinschaft der Diakonissenanstalt Dresden, in welcher seit 2016 auch Diakoninnen und Diakone eingesegnet und beheimatet sind.

Vertreter unserer Gemeinschaft nehmen an den Treffen Geistlicher Gemeinschaften in Sachsen teil.

Anhang: Liste der Rektoren bzw. Vorsteher und der Brüder- bzw. Gemeinschaftsältesten

Rektoren bzw. Vorsteher	Brüder- bzw. Gemeinschaftsälteste
1872-1908 Pastor Emil Höhne	1948-1978 Diakon Otto Schramm
1909-1936 Pastor Georg Rühle	1978-1987 Diakon Christian Hänisch
1936-1940 Pfr. Erich Knabe	1988-1997 Diakon Dietmar Rösch
1940-1946 Pfr. Ernst Naumann	1998-2008 Diakon Michael Zimmermann
1946-1957 Pfr. Walter Schumann	2009-2016 Diakon Klaus Tietze
1957-1970 Pfr. Helmut Appel	2017- Diakon Friedemann Beyer
1970-1977 Pfr. Dr. Folkert Ihmels	
1977-1988 Pfr. Eberhard Pampel	
1988-1994 Pfr. Roland Adolph	
1995-2016 Pfr. Friedrich Drechsler	
2016- Pfr. Prof. Dr. Thomas Knittel	

David Wohlgemuth

Glaubens- und Lebenszentrum INSEL

Geschichte

Die INSEL ist aus der Jugendarbeit des ehemaligen Ev.-Luth. Kirchenbezirkes Stollberg hervorgegangen. Im Jahr 2002 gründete sich unter der Leitung des damaligen Jugendwartes Stephan Nacke der INSEL-Trägerkreis, der bis heute für die Leitung der INSEL zuständig ist.

Zunächst stand der Gedanke im Raum, einen Ort für Jugendliche zu schaffen, die an den öffentlichen Plätzen der Orte im Kirchenbezirk ihre Treffpunkte hatten. Die Zielgruppe waren also zunächst nicht die Jungen Gemeinden (JG), sondern es ging für uns vielmehr um eine missionarische Ausrichtung. Ganz am Anfang wurde über eine Doppelgarage nachgedacht, in der eine Tischtennisplatte steht. Es sollte Öffnungszeiten geben, abgedeckt durch unseren Trägerkreis. Der „Diensthabende" sollte Tee und Speckfettbrote mitbringen.

Die Suche nach einer geeigneten Immobilie gestaltete sich zunächst schwierig. Im Laufe der ersten Bemühungen ergaben sich weitere inhaltliche Ideen, sodass im Jahr 2006 ein wesentlich größeres Gebäude gekauft wurde, als zunächst geplant. Auch die Gesamtausrichtung wurde anders. Es waren Wohnungen vorgesehen, Büro- und Seminarräume für die Jugendarbeit und ein Jugendcafé. Außerdem sollte ein Außengelände für diverse Sportangebote gestaltet werden. Die INSEL wurde aufgrund dieser Änderung zu unserem „geistlichen, kulturellen und organisatorischen Zentrum der Jugendarbeit im Kirchenbezirk".

Wegen der erforderlichen Ausbau- und Renovierungsarbeiten (in sehr großem Umfang) stand der Trägerkreis vor einer riesigen Herausforderung. Die Bauzeit war für mehrere Jahre geplant, da Spendenmittel einen wesentlichen Beitrag zur Umsetzung der Ziele bildeten. Um einen möglichst großen Eigenanteil bei den baulichen Arbeiten zu leisten, gab es neben unseren samstags stattfindenden Baueinsätzen ab September 2007 drei zusätzliche FSJ-Stellen.[1] Bis zum Jahr 2010 gab es vier FSJ-Jahrgänge mit jeweils drei FSJ-Stellen, die Hilfsarbeiten beim Bau der INSEL ausführten. In diesem Zusammenhang erwuchs im Trägerkreis der Gedanke, dass die FSJ'ler neben ihrer praktischen Tätigkeit auch in einer WG zusammen leben könnten. Dieses Zusammenleben sollte gestaltet und angeleitet werden, um „sie in ihrer Persönlichkeitsentwicklung und -findung stärker zu begleiten"[2].

Für die Begleitung war zunächst David Wohlgemuth vorgesehen, der im September 2009 als Jugend- und INSEL-Mitarbeiter angestellt wurde. Diese Stelle war für drei Jahre befristet und wurde durch die Landeskirche Sachsen und Spendenmittel finanziert. Es konnte jedoch kein passender Raum für die Jugend-WG gefunden werden.

Als im Sommer 2010 wesentliche Teile der INSEL (damals als Jugendbegegnungsstätte INSEL) fertig gebaut waren, gab es eine Umstellung im FSJ-Team. Die reinen „Bau-FSJ'ler" waren nicht mehr notwendig, dennoch sollte das FSJ-Team mit mehreren jungen Leuten erhalten bleiben. Nach einem Übergangsjahr mit drei FSJ-Stellen (2010–2011) gibt es seither vier bzw. fünf FSJ-Stellen pro Jahrgang.

Jeder in diesem Team hat inhaltliche Aufgaben im Bereich der Jugendarbeit und der INSEL als wesentlichen Bestandteil seines Dienstes. Darüber hinaus gibt es Dienste in der INSEL selbst (Büro, Hausmeister, Hauswirtschaft).

Im Jahr 2012 wurde ein vierseitiger Bauernhof in unmittelbarer Nachbarschaft der INSEL zum Verkauf angeboten. Wir konnten den Hof und das Grundstück erwerben, womit die Grundlage der WG gegeben war. Im April 2013 zogen die ersten WG-Bewohner in den INSEL-Hof ein: die vier damaligen FSJ'ler und zwei weitere junge Erwachsene.

---

1 Drei zusätzliche FSJ-Stellen, weil es bereits seit 1999 eine jährliche FSJ-Stelle in der Jugendarbeit im Kirchenbezirk Stollberg gab, die vor allem inhaltliche Arbeiten (Themenabende / Bibelarbeiten für JG, Mitarbeit bei Rüstzeiten, bei Veranstaltungen, im Büro, etc.) ausführte.

2 Nacke, Stephan: Projekt-Antrag auf nachhaltige Jugendarbeit, 2013.

Von vornherein war schnell klar, dass es für den Erwerb und Betrieb des Bauernhofes als INSEL-Hof eine juristische Form geben muss. Einerseits mit einer engen Anbindung an die Kirche (Ev.-Luth. Kirchenbezirk Annaberg), aber doch mit einer klaren Eigen- bzw. Selbständigkeit. Darum wurde ebenfalls im Jahr 2012 der INSEL e.V. gegründet. Ziel war zunächst nur der Betrieb und Bauaktivitäten im INSEL-Hof. Doch im Laufe der Jahre hat der INSEL e.V. an Bedeutung gewonnen, ist inzwischen selbst Ermöglicher von Anstellungen (kirchliche Anstellungen) oder selbst Arbeitgeber mehrerer Mitarbeiter.

Profil

Die INSEL ist ein freies Werk, verbunden mit dem Ev.-Luth. Kirchenbezirk Annaberg. Aufgrund der Entstehungsgeschichte gibt es nach wie vor eine sehr enge Anbindung und  Verzahnung mit der Jugendarbeit des Kirchenbezirkes, insbesondere im Bereich des ehemaligen Kirchenbezirkes Stollberg. Jugendliche sind nach wie vor eine sehr wichtige und elementare Zielgruppe unseres Werkes. Die Jugendarbeit der Region profitiert in vielerlei Hinsicht von den Aktivitäten der INSEL (z.B. durch Spendengelder zur Ermöglichung von Veranstaltungen bzw. durch praktische Aktivitäten der verschiedenen Mitarbeiter im Verkündigungsdienst bzw. in der Verwaltung).

In diesem Sinne versteht sich das freie Werk INSEL auch für andere Zielgruppen: als Ermöglicher, Wegbegleiter, Mentor, Ratgeber, geistliche Heimat, etc. Dabei sind nicht nur Jugendliche im Fokus, was zur Folge hatte, dass der alte Titel „Jugendbegegnungsstätte" dem neuen „Glaubens- und Lebenszentrum" gewichen ist. Diese neue Bezeichnung ist das Ergebnis eines längeren und immer noch andauernden Prozesses. Denn für uns stand ganz neu die Frage, was INSEL ist, was Ziele und Visionen sind. Folgendes Ergebnis hat dieser Prozess gebracht:

Unsere Vision

Wir sind von Gott geliebt, berufen und geführt. Gottes Absicht ist es, diese Zuwendung durch uns den Menschen zu zeigen, „denn er hat uns zuerst geliebt" (1 Joh 4,19).

Gemeinsam sind wir auf dem Weg, in unserer Bestimmung in der Art Jesu miteinander zu leben und zu lieben. Wir helfen Berufungen zu entdecken und unter der Führung Gottes zu leben.

Unsere Mission

· FINDEN: Wir haben die Sehnsucht, dass durch unser Zeugnis Menschen Jesus Christus und seine Liebe kennenlernen.

· FÖRDERN: Wir haben die Sehnsucht, dass insbesondere junge Menschen durch unseren Dienst in ihrer Beziehung zu Jesus Christus wachsen und gefestigt werden.

· FREISETZEN: Wir haben die Sehnsucht, dass Menschen durch unseren Dienst die ihnen von Gott anvertrauten Gaben entdecken und somit ihre Berufung ergreifen und darin leben.

· VERVIELFÄLTIGEN: Wir haben die Sehnsucht, dass durch unseren Dienst Menschen ausgesandt werden und so eine Multiplikation geschieht.

· VERHERRLICHEN: Wir haben die Sehnsucht, dass unser Dienst und Zeugnis zum Lob Gottes, zur Ehre von Jesus Christus und zur Verherrlichung des Heiligen Geistes geschehen.

Unsere Grundsätze

· DIENST: Wir dienen einander, anderen Menschen, Gruppen und Gemeinden.

· GEBET: Durch Gebet, Anbetung und Lobpreis stellen wir Gott in den Mittelpunkt unseres Lebens und Handelns.

· GEMEINSCHAFT: Als Dienst- und Lebensgemeinschaft sind wir miteinander unterwegs und stehen füreinander ein.

· TEAM: Wir arbeiten in Teams und treffen einmütige Entscheidungen.

· MENTORING: Wir selbst haben einen Mentor und stehen für andere als Mentor zur Verfügung.
· MISSION: Wir begegnen Menschen in ihrem Lebensumfeld und bringen ihnen die Botschaft der Auferstehung.

Struktur

Die INSEL ist ein freies Werk, welches als Verein organisiert ist. Aufgrund der Entstehungsgeschichte gibt es weiterhin die sehr enge Anbindung und Verzahnung mit der Jugendarbeit in der Region Stollberg des Kirchenbezirkes Annaberg. Diese Zusammenarbeit ist vertraglich durch eine Kooperationsvereinbarung geregelt. Zur Leitung der INSEL gibt es drei wichtige Ebenen:

1. INSEL-Trägerkreis: Den Trägerkreis gibt es bereits seit 2002 (siehe oben), er besteht aus Ehren- und Hauptamtlichen Mitarbeitern. Seit jeher ist der Trägerkreis das geistliche Leitungsorgan der INSEL und verantwortlich für Vision, Ziele und Ausrichtung des Werkes. Beispielsweise wurde der Visionsprozess (siehe oben) im Wesentlichen vom Trägerkreis verantwortet und voran gebracht.

2. INSEL e.V.: Als juristische Größe gibt es den INSEL e.V. mit seinem Vorstand. Dieser trägt die Verantwortung für das Sammeln von Spendengeldern, Bauaktivitäten im INSEL-Hof, sowie die Anstellung von Mitarbeitern (direkt als Arbeitgeber bzw. als finanzieller Ermöglicher). Somit trägt der Verein zur Umsetzung der Vision bei. Die drei gewählten Vorstandsmitglieder sind automatisch Teil des INSEL-Trägerkreises, um gleichzeitig auch an inhaltlichen Prozessen beteiligt zu sein.
Der Verein selbst besteht aus ca. 20 Mitgliedern; alle Mitglieder des Trägerkreises sind zugleich auch Vereinsmitglieder. Da sich das freie Werk INSEL zum Großteil durch Spenden finanziert, gibt es darüber hinaus unseren Freundeskreis. Unseren Freundesbrief empfangen derzeit ca. 430 Haushalte. Viele davon sind zugleich Spender beim INSEL e.V., die meisten per regelmäßiger, monatlicher Spende.

3. INSEL-Leitungsteam: Das INSEL Leitungsteam besteht aus folgenden vollzeitlichen Mitarbeitern:

- Christfried Schumann (Gebets- & Verkündigungsmitarbeiter, angestellt beim INSEL e.V.)
- David Wohlgemuth (Jugendmitarbeiter, angestellt beim Kirchenbezirk)
- Erik Lehmann (Lobpreisleiter, angestellt beim INSEL e.V.)
- Esther Schwinger (Verwaltungsleiterin, angestellt beim INSEL e.V.)
- Heiko Wetzig (Jugendpfarrer, angestellt beim Kirchenbezirk)
- Stephan Nacke (INSEL-Leiter, angestellt beim Kirchenbezirk auf Spendenbasis).

Neben dieser Leitungsstruktur gibt es mehrere Teams, die jeweils einen konkreten Bereich verantworten und ausführend für diesen zuständig sind.

Gemeinsames Leben

Gebet & Lobpreis

Lobpreis und Gebet spielen in der INSEL eine sehr wichtige und zentrale Rolle. In der INSEL gibt es regelmäßige Gebetstreffen, z.B. das Montagsgebet (als Gebetskreis für Erweckung, für Kirche, für Heilung, für konkrete Anliegen, etc.), das Tagesgebet (täglich von ca. 17.45 bis 18.05 Uhr) und das monatliche Bergfest (als Lobpreis- & Gebetszeit). Unsere wöchentliche Dienstberatung ist, neben einer Andacht, ebenfalls eine Zeit, die gefüllt ist mit Lobpreis, Austausch und Gebet.

Nach wie vor sind wir dabei in der INSEL einen Gebetsraum auszubauen. Im Nachbarort, im Haus unseres Gebets- & Verkündigungsmitarbeiters, Christfried Schumann, gibt es bereits einen Gebetsraum, welcher immer mehr mit Gebetszeiten gefüllt wird. Es finden auch regelmäßig Gebetsnächte statt, wo im zweistündigen Rhythmus Lobpreis, Anbetung und Gebet stattfindet und insbesondere Jugendliche beteiligt sind.

Unter der Leitung von Christfried Schumann gibt es auch Gebetsreisen. Die meisten davon nach Polen, seit einiger Zeit auch nach Israel. Ziel dabei ist es, unter anderem als Segensbringer an bestimmten Orten, für bestimmte Menschen und bestimmte Situation zu beten und auszusprechen, „was gut ist, was erbaut, ... damit es Segen bringe ..." (Eph 4, 29).

Lobpreis spielt auch bei unseren Jugendgottesdiensten (z.B. dem „open heaven"; viermal jährlich mit knapp 500 Teilnehmern) eine wesentliche Rolle. In den letzten Jahren ist der Lobpreisabend PraiseUnited stark gewachsen, ein Abend mit inzwischen über 200 Teilnehmern, bei dem fast ausschließlich Lobpreis stattfindet. Auch auf Gemeindeebene (oftmals initiiert durch bzw. von der JG) finden inzwischen punktuell bzw. regelmäßig Lobpreisabende bzw. Lobpreisgottesdienste statt. An vielen Orten dürfen etablierte Bands weiter wachsen und neue Bands entstehen. Durch unseren Lobpreisleiter Erik Lehmann kann eine professionelle Begleitung im geistlichen, musikalischen und technischen Bereich durch die INSEL angeboten werden. In dem gesamten Bereich Lobpreis sehen wir uns als Pionier und Vorbild für die Gemeinden, mit denen wir zusammenarbeiten.

Dienstgemeinschaft und persönliches Miteinander

Unsere Zusammenkünfte, sei es bei unserer Dienstberatung, im Trägerkreis, im Leitungsteam oder in anderen Teams, sind sehr oft versehen mit einer Zeit zum persönlichen Austausch. Diese dafür vorgesehene Zeit soll dazu dienen, einander Anteil zu geben und Anteil zu nehmen an den ganz individuellen und persönlichen Anliegen der jeweils Einzelnen. Diese zweckfreien und nicht von bestimmten Zielen geleiteten Zeiten dienen der Stärkung des Miteinanders und sind wertvoll für unsere Gemeinschaft, stärken unsere Einheit und helfen uns für unseren Dienst.

Mentoring

Mentoring, als für uns übergeordneter Begriff für Begleitung, Beratung, Seelsorge, Coaching etc. spielt für uns eine sehr große Rolle. Dabei ist es für uns vollzeitliche Mitarbeiter wichtig selbst einen Mentor zu haben und wiederum für andere als Mentor zur Verfügung zu stehen, sei es für Einzelpersonen, Gruppen, Teams, Bands, etc.

Da es im Bereich unserer Landeskirche für viele immer noch Neuland ist, empfinden wir uns auch hier als Pionier, um dieses wertvolle biblische Prinzip in unserer Region neu mit Leben zu füllen. Bei der INSEL-Schule (siehe unten) ist es beispielsweise so, dass jeder Schüler (unsere FSJ'ler, JG-Mitarbeiter, etc.) einen Mentor bekommt. Für sehr viele ist diese Mentor-Schüler-Beziehung sehr wertvoll und gewinnbringend, wie die Zeugnisse der Teilnehmer zum „Schuljahresende" belegen.

INSEL-Hof

Seit 2013 lebt unsere Jugend-WG im INSEL-Hof. Zu ihr gehören unsere vier jährlich wechselnden FSJ'ler und derzeit fünf weitere Jugendliche im Alter von 16 bis 23. Ziel ist es, dass diese Jugendlichen einen gelingenden Übergang vom „Hotel Mama" hin zur Selbständigkeit erleben und verschiedene Formen von geistlichen Angeboten und Gemeinschaftsformen in der INSEL miterleben oder als WG selbst gestalten.

Damit diese Jugendlichen nicht sich selbst überlassen sind und bleiben, gibt es seit mehreren Jahren unsere WG-Begleiter; derzeit zwei junge Familien. Von Anfang an war geplant, dass diese Familien mit auf dem Hof leben und so eine natürliche Gemeinschaft und natürliche Beziehungen zu den Jugendlichen wachsen. Hinter diesem Ziel sind wir, aufgrund von Mangel an geeignetem Wohnraum bzw. an mangelnden Finanzen und Mitarbeitern für den Bau von neuem Wohnraum, zurück geblieben. Dennoch bleibt das Ziel einer INSEL-Lebensgemeinschaft weiterhin bestehen. Offen ist derzeit noch, ob bzw. inwiefern die Jugend-WG auf dem INSEL-Hof als Teil dieser Lebensgemeinschaft zu sehen ist.

Aktivitäten / Angebote

Über das Jahr verteilt gibt es ein vielfältiges Angebot an *Rüstzeiten*, mit unterschiedlichen Interessensgebieten (z.B. Skifahren, Wandern), für unterschiedliche Zielgruppen (Kinder, Jugendliche, Erwachsene, Familien, Männer, Frauen, etc.; auch generationsübergreifend) und unterschiedlichen Zielrichtungen (glaubensvertiefend, missionarisch, etc.).

Die *INSEL-Familie* ist ein geistlicher Zusammenschluss von Leuten, die eine Verbindung zur INSEL haben. Zweimal jährlich gibt es ein gemeinsames Treffen mit Arbeitseinsatz in den Gebäuden und im Gelände der INSEL, mit sportlichen Aktionen und Freizeitaktivitäten, mit Mahlzeiten und einem Gottesdienst. Darüber hinaus gibt es persönliche Verbindungen einzelner Familienmitglieder.

Die *INSEL-Schule* ist eine Jüngerschaftsschule für unser FSJ-Team und für Mitarbeiter und Leiter von JG's, etc. Von September bis Juni werden sie an zwei Wochenenden und 15 Abenden ermutigt, geschult und herausgefordert, in ihrer Jesusbeziehung zu wachsen. Nach einem gemeinsamen Abendbrot und einer Lobpreiszeit gibt es jeweils ein Thema. Diese Themen, sowie eigene Fragen und Anliegen, bewegen die Schüler darüber hinaus mit ihrem Mentor, der sie für dieses Jahr begleitet.

Jugendgottesdienste, Lobpreisabende, missionarische Jugendabende und weitere regelmäßige Angebote, Großveranstaltungen und Veranstaltungen im kleineren Kreis sind fester Bestandteil unseres Veranstaltungskalenders. Nähere und aktuellere Infos sind unter anderem auf unserer Homepage zu finden.

Aufgrund des Einsatzes vieler Ehrenamtlicher und unseres INSEL-Leiters, Stephan Nacke, ist in den letzten Jahren aus einer Initiative ein eigener Verein gewachsen, der seit dem 1. Oktober 2018 eine christliche *Kindertagesstätte* in Adorf betreibt. Diese ist, durch den eigenen Verein, juristisch, finanziell und inhaltlich vollkommen selbstständig und unabhängig von INSEL, jedoch zugleich durch einzelne Personen aus INSEL heraus entstanden und nach wie vor eng mit INSEL verbunden.

Netzwerk

Das freie Werk INSEL ist, wie oben erwähnt, vertraglich mit dem Ev.-Luth. Kirchenbezirk Annaberg per Kooperationsvereinbarung verbunden. Einige Mitarbeiter, insbesondere die mit Anstellung beim Kirchenbezirk, sind eingebunden in die entsprechenden Konvente und Dienstbesprechungen.

Für die Region Stollberg gibt es zahlreiche gute Kontakte zu und Zusammenarbeit mit einzelnen Kirchgemeinden und Aktivitäten mit bzw. in Jungen Gemeinden und Jugendkreisen.

Darüber hinaus gibt es Kontakte zu anderen regionalen Werken, Vereinen und Initiativen, wie z.B. the message, Missionsring Chemnitz, BRUNNEN etc.

Thomas Schönfuß

Haus der Stille Grumbach

Geschichte

Das Haus der Stille in Grumbach ist eine Einrichtung der Evangelisch-Lutherischen Landeskirche Sachsens und wurde am Johannistag 24. Juni 1997 eröffnet. Dem voraus gingen 13 Jahre des Betens, des Planens und des Bauens.

Bereits 1980 war Pfarrer Christian Schreier von der Landeskirche mit der sogenannten Retraitenarbeit (retraite: französisch im Sinne von Zurückgezogenheit) beauftragt und hatte 1984 die Gemeindepfarrstelle Grumbach übernommen . Da zu dieser Zeit in den evangelischen Landeskirchen keine Einkehrhäuser zur Verfügung standen, wurden Kursangebote vorwiegend in katholischen Einrichtungen – zumeist in ökumenischer Zusammenarbeit – realisiert.

Pfarrer Schreier gelang es, die Kirchgemeinde Grumbach für die Idee zu begeistern, das Pfarr- und Gemeindehaus zu einem Haus der Stille umzugestalten. Wer die letzten DDR-Jahre miterlebt hat, kann die Größe der Aufgabe nachempfinden, ein denkmalgeschütztes Dorfpfarrhaus zu sanieren und umzubauen. Von Anfang an bis heute gab und gibt es Unterstützung seitens der Gemeinde sowie ansässigen Bauunternehmen beim inneren und äußeren Bauen. Dazu gehörte, dass Pfarrer Schreier täglich mit einer kleinen Gruppe das Morgenlob in der Kirche gesungen hat – so wie es bis heute im Haus der Stille praktiziert wird. Pfarrer Schreier leitete das Haus der Stille bis zum Eintritt in den Ruhestand im Jahr 2000 und ist ihm bis heute tief verbunden.

In den Jahren 2000 bis 2010 leitete Pfarrer Heiner Bludau das Haus der Stille. Er setzte die begonnene Arbeit fort und hat gleichzeitig die Themenpalette und Veranstaltungsformate deutlich erweitert wie z.B. durch Kurse, in denen die Teilnehmenden ihrem Glauben kreativ Ausdruck geben können.

Von 2010 bis 2019 war Pfarrer Thomas Schönfuß mit der Hausleitung beauftragt. Ihm ist es beispielsweise gelungen, Exerzitien (Geistliche Übungen) in der Fortbildung von Hauptamtlichen der Landeskirche zu etablieren, wodurch Geistliche Begleitung in der Ausbildung stärkeres Gewicht erhält.

Seit Dezember 2019 leitet Pfarrerin Anette Bärisch das Haus der Stille.

Profil

Das Haus der Stille versteht sich als geistliches Zentrum und als Ort religiöser Bildung. Es ist die landeskirchliche Anlauf- und Vermittlungsstelle für Menschen, die Geistliche Begleitung und Vertiefung ihres Glaubens suchen. Daneben bietet das Haus der Stille in Kursen und persönlichen Gesprächen Hilfen zur Aneignung alltagstauglicher Formen von Spiritualität. Beispielsweise werden in Stillen Tagen auch Einsteigern praktische Möglichkeiten für den alltäglichen Glaubensvollzug angeboten. Stille Tage gibt es von Beginn an und sie werden stets nachgefragt.

Dabei ist das Haus der Stille als landeskirchliche Einrichtung Teil der Evangelisch-Lutherischen Kirche und hat die Bibel Alten und Neuen Testaments sowie die lutherischen Bekenntnisschriften als Grundlage seiner Arbeit. Diese Verankerung ermöglicht es, in großer ökumenischer Offenheit spirituelle Formen anderer christlicher Konfessionen aufzunehmen, in besonderer Weise die auf Ignatius von Loyola zurückgehenden Exerzitien wie auch die stille Gebets- bzw. Meditationszeit vor einer Ikone. Die intensive Beschäftigung mit der Heiligen Schrift in unterschiedlichen Formen und Methoden sowie das Echo, das sie im Teilnehmenden auslöst, stehen dabei im Vordergrund.

Die Einkehrarbeit bildet bis heute den eindeutigen Schwerpunkt des Hauses, und dieses von Anfang an ausgerichtet in geschwisterlicher Verbundenheit mit verschiedenen Klöstern und Gemeinschaften unterschiedlicher Konfessionen – in besonderer Weise in Zusammenarbeit mit den Jesuiten-Patres im Haus HohenEichen (Dresden-Hosterwitz).

Als geistliches Zentrum möchte das Haus der Stille auch Gruppen eine Heimstatt geben, deren Mitglieder ihren persönlichen Glauben nicht nur über die Länge eines Kurses im Jahresangebot miteinander teilen und vertiefen. So trifft sich seit dem Jahr 2001 eine Gruppe „Spiritualität im Alltag" zum regelmäßigen Beten und Miteinander-Teilen ihres Glaubens.

Zum Netzwerk gehören außerdem der Retraitenarbeitskreis (s unten) unserer Landeskirche und der Freundeskreis um das Haus der Stille.

Struktur

Das Ev.-Luth. Landeskirchenamt Sachsen führt die Dienstaufsicht und beruft alle vier Jahre den Beirat des Hauses neu als begleitendes und beratendes Gremium in Grundsatzfragen.

Der so genannte Retraitenarbeitskreis umfasst gegenwärtig etwa 25 Personen, die entweder über Qualifikationen im Bereich Meditationsleitung, Exerzitienleitung und / oder Geistlicher Begleitung verfügen oder durch jahrelange aktive Mitarbeit auf verschiedenen Ebenen in besonderer Weise mit dem Haus der Stille verbunden sind. Aus diesem Kreis heraus wird der Leiterin bzw. dem Leiter des Hauses bei einem erheblichen Teil der im Jahresprogramm angebotenen Einkehrtage und Kurse Unterstützung zuteil.

Aktivitäten und Angebote

Das Haus der Stille steht Gästen offen, die Einkehr, Stille und Geistliche Begleitung suchen – unabhängig davon, ob sie einer Kirche angehören. Voraussetzung ist, dass die Gäste den an der biblischen Botschaft orientierten inhaltlichen Zugang akzeptieren. Einzelgäste können auf Anfrage in unterschiedlicher Verweildauer als Selbstversorger (Einzelzimmer und Zugang zu einer Miniküche) Aufnahme finden.

Daneben bietet das Haus jährlich etwa 12 der bereits genannten Stille Tage (jeweils von 9.00 bis 17.00 Uhr) und ca. 30 mehrtägige Kurse (Aufenthalt mit Vollverpflegung) an. Die Angebote sind dem jeweiligen Jahresprogramm bzw. der Webpräsenz (www.haus-der-stille.net) zu entnehmen. Darunter finden sich ca. 10 Kurse, die sich in unterschiedlicher Dauer als Geistliche Übungen im durchgehenden Schweigen (Exerzitien bzw. Retraiten) verstehen.

Mitverantwortet vom Haus der Stille bieten Mitglieder des Retraitenarbeitskreises neben den Kursen in Grumbach beispielsweise auch Exerzitien im Alltag oder Stille Tage in ihrer jeweiligen Heimatregion an.

Das Haus der Stille kooperiert in seinen Angeboten regelmäßig mit anderen landeskirchlichen Einrichtungen (z.B. der Evangelischen Erwachsenenbildung oder der Kirchlichen Frauenarbeit) sowie dem katholischen Exerzitienhaus HohenEichen in Dresden.

Darüber hinaus können Gruppen – außerhalb von Zeiten mit Programmangeboten – das Haus für eigene Veranstaltungen nutzen, sofern deren Charakter zum Profil des Hauses passt. Beispielsweise nutzen Kirchenvorstände wie auch sächsische Politiker sowie Polizei und Justiz die Möglichkeit, im Haus der Stille neue Kraft zu schöpfen.

Frank Pierel

Hochkirchliche St.-Johannes-Bruderschaft

Geschichte

Die Hochkirchliche St.-Johannes-Bruderschaft (SJB) entstand im Zuge der liturgischen Erneuerungsbewegung der 1920er Jahre. Gegründet wurde sie 1929 von Professor Dr. Friedrich Heiler (1892–1967) als „Evangelisch-Katholische Eucharistische Gemeinschaft". Darin sammelten sich um ihn Mitglieder der „Hochkirchlichen Vereinigung", die – wie er – ein Interesse hatten am Reichtum der Liturgien der weltweiten Kirche. Getrieben von der Sehnsucht nach der Einheit der Einen Heiligen Kirche und im Bewusstsein der Bedeutung der bischöflichen apostolischen Sukzession für diese Einheit empfing Heiler 1930 von Bischof + Petrus Gaston Vigué als Vorsteher der Bruderschaft die Bischofsweihe in der apostolischen Sukzession (syrisch-orthodoxe Linie). Seitdem wird sie innerhalb der Bruderschaft entsprechend den altkirchlichen Regeln weitergegeben. Im „Dritten Reich" wurde die Bruderschaft wegen ihres Widerstands gegen den Arierparagraphen verboten. Sie ging in den Untergrund und sammelte sich 1947 als „Evangelische-Ökumenische St.-Johannes-Bruderschaft" neu. Nach den Jahren der erzwungenen Trennung durch den „eisernen Vorhang" ist die Bruderschaft seit 1992 wieder vereint und trägt nun den Namen „Hochkirchliche St.-Johannes-Bruderschaft".

Profil

Die Bruderschaft – auch Frauen sind willkommen – hat sich den Evangelisten Johannes, den Apostel der Liebe, zu ihrem Patron erwählt. Damit bekennt sie sich zur Einheit der Kirche, wie sie im hohepriesterlichen Gebet Jesu (Joh 17) zum Ausdruck kommt. Sie versteht sich in besonderer Weise der ökumenischen Arbeit verpflichtet. Vor diesem Hintergrund hat Friedrich Heiler eine Liturgie entwickelt, die viele liturgische Traditionen der weltweiten Kirche aufnimmt und als „Heiler-Messe" bekannt geworden ist. Diese Gottesdienstform mit einem weiten Herzen für die Eine Heilige Kirche wird in der Bruderschaft häufig gefeiert. Aber auch außerhalb der Bruderschaftsmessen pflegen die Glieder der Bruderschaft eine Abendmahlsfrömmigkeit, bei der dem Altarsakrament aufgrund der Christusbegegnung eine besondere Bedeutung und Verehrung zukommt. Neben dem Apostolischen Glaubensbekenntnis verwendet sie das ökumenische Glaubensbekenntnis von Nizäa-Konstantinopel gemäß seiner altkirchlichen Überlieferung. In einer Bruderschaftsmesse tragen die Zelebranten Albe, Kasel und Stola. Wer die Verantwortung für eine Messe trägt, hat in der Regel einen Diakon und weitere Mitwirkende an der Seite, die ihn entlasten und bei der festlichen Gestaltung des Gottesdienstes unterstützen.

Für die Tagzeitengebete wurde 2009 ein neues Chorgebet herausgegeben, das ebenso wie die Heiler-Messe mit einem weiten Herzen verschiedene Traditionen unterschiedlicher Regionen und Zeiten aufgenommen hat.

Bei den Gebetszeiten und zu den Gottesdiensten tragen die Glieder der Bruderschaft ein weißes Bruderschaftsgewand mit weiten Ärmeln und Kapuze. Darüber – aber manchmal auch im Alltag – tragen sie ein Bruder-schaftskreuz. Dieses „Elisabeth-Kreuz" wurde zum Erkennungszeichen, das auf die heilige Elisabeth von Thüringen (1207–1231) zurück geht. Es hat zwei Seiten. Auf der Kreuzigungsseite steht Johannes mit Maria unter dem Kreuz. Auf der zweiten Seite hat Christus als Auferstandener die Arme zum Segen erhoben. An den vier Enden des Kreuzes sind die Symbole der Evangelisten dargestellt.

Der altkirchlichen Tradition folgend, werden innerhalb der Bruderschaft neben der Bischofs-, der Presbyter- und der Diakonatsweihe auch die niederen Weihen (Ostiarier, Lektor/Kantor, Akolyth und Subdiakon) erteilt. Dankbar erleben die Glieder der Bruderschaft dadurch den Reichtum der großen Dienstgemeinschaft. Darüber hinaus hat die SJB den pädagogischen Wert der historisch gewachsenen altkirchlichen Ämterstruktur für sich neu entdeckt. Es wurde der Gemeinschaft zum Segen, dass auch die „niederen" Ämter in ihrer Verschiedenheit und Aufgabenfülle neu wahrgenommen wurden. Nun kann auch der Einzelne wieder besser mit seinen Aufgaben wachsen.

In ihrem Streben nach evangelischer Katholizität beruft sich die Bruderschaft auf das unveränderte Augsburgische Bekenntnis von 1530, das die Übereinstimmung des evangelischen Rechtfertigungsglaubens mit der Tradition der einen ungeteilten Kirche bezeugt und die Wiederherstellung der zerbrochenen kirchlichen Einheit sucht.[1]

Struktur

Die Leitung der Bruderschaft liegt in den Händen des Apostolischen Vorstehers. Er ist Bischof in der apostolischen Sukzession. Er wird vom Gesamtkonvent in geheimer Abstimmung mit Zwei-Drittel-Stimmenmehrheit gewählt. Der Apostolische Vorsteher ernennt den Apostolischen Vikar nach Zustimmung des Gesamtkonvents als seinen Stellvertreter in den bischöflichen Funktionen ohne das Recht der Nachfolge.

Dem Apostolischen Vorsteher steht das Kapitel zur Seite. Zu ihm gehören außer dem Apostolischen Vikar fünf vom Gesamtkonvent gewählte Glieder der Bruderschaft sowie bis zu drei vom Vorsteher berufene Mitglieder. Wahl und Berufung der Mitglieder des Kapitels erfolgen alle vier Jahre.

Mindestens einmal im Jahr tritt der Gesamtkonvent der Bruderschaft zusammen. Jedes anwesende Glied der Bruderschaft

---

1 Vgl. Regel der Bruderschaft, Artikel 7.

hat darin eine Stimme. Zur Bruderschaft gehören zur Zeit 65 Glieder und fünf Novizen. Der Frauenanteil beträgt 30 Prozent.

Die Gliedschaft in der SJB steht grundsätzlich jedem offen, der auf den Namen des dreieinigen Gottes getauft ist und einer christlichen Kirche angehört. Vor der Aufnahme in die SJB wird zunächst die Teilnahme an vier Tagungen erwartet, um die Bruderschaft kennenzulernen. Während eines Postulates individueller Länge kann der Kandidat den Apostolischen Vorsteher um die Aufnahme in das Noviziat bitten und sich einen Novizenbegleiter wählen. Wenn der Vorsteher und dann das Kapitel diesen Schritt und die Wahl des Novizenbegleiters befürworten, erfolgt die Aufnahme in das Noviziat in einer Messe oder einer feierlichen Vesper ohne Einkleidung. Zwei Jahre lang soll der Novize ein Studienprogramm absolvieren und mindestens an einer Novizentagung teilnehmen. Nach den zwei Jahren der Prüfung kann der Novize um die Aufnahme in die Bruderschaft bitten. Diese Aufnahme mit Einkleidung erfolgt durch den Apostolischen Vorsteher in einem Gottesdienst.

Das Archiv der Bruderschaft ist an die Universitätsbibliothek Marburg angeschlossen. Die SJB hat kein Zentrum und keinen Grundbesitz. Die Glieder der Bruderschaft leben und wirken überwiegend in Deutschland.

Gemeinsames Leben

Die Glieder der Bruderschaft wissen sich im Gebet miteinander verbunden. Vorwiegend über die modernen Medien befinden sich viele im regen Austausch miteinander. Zweimal im Jahr finden Tagungen der Bruderschaft statt. Wichtige Bestandteile dieser Tagungen sind bis zu sechs Stundengebete pro Tag und die tägliche Messfeier. Daneben wird zur persönlichen Beichte ermutigt. Die Tagungen dienen nicht nur dem gemeinsamen Leben der Bruderschaft, sondern auch der gemeinsamen Weiterbildung. Sonderopfer aus den Reihen der Bruderschaft machen es möglich, dass auch einige Studenten nahezu kostenfrei an den Tagungen teilnehmen können, was sie meist als große Bereicherung neben der universitären Ausbildung empfinden. Einmal im Jahr wird zu einer separaten Novizentagung eingeladen. Sie ist auch offen für Interessenten und widmet sich besonders der Bildung und der Weitergabe von kirchlichen und bruderschaftlichen Traditionen.

Netzwerk

Gemeinsam mit den Evangelischen Franziskaner Tertiaren und dem Ev.-Luth. Humiliatenorden gehört die SJB zur Familie der Bruderschaften der Hochkirchlichen Vereinigung. Enge Beziehungen bestehen zum Augustinus-Konvent von Berlin, zum Bund für evangelisch-katholische Wiedervereinigung e.V. und zur Jakobusbruderschaft.

Freundschaftlich verbunden ist die SJB auch mit der Evangelischen Michaelsbruderschaft, die in der gleichen Zeit und mit ganz ähnlichen Anliegen entstanden ist. Durch gemeinsame Wurzeln ist die SJB auch mit der Bruderschaft vom gemeinsamen Leben verbunden.

Als Gast ist die SJB regelmäßig bei der Hamburger St.-Ansgar-Vesper vertreten, dem größten jährlichen deutschen ökumenischen Treffen vieler Geistlicher Gemeinschaften und Kirchen. Aber auch an den kleineren zentralen und regionalen Treffen Geistlicher Gemeinschaften der EKD nehmen Vertreter der Bruderschaft teil.

Die Glieder der Bruderschaft gehören in der Regel zu den aktiven Förderern der ökumenischen Beziehungen der Region, in der sie wohnen. Die SJB pflegt intensive Kontakte zur syrisch-orthodoxen Kirche. Aber auch zum Vatikan wird Kontakt gehalten. Wöchentlich wird die Ausgabe der sächsischen Kirchenzeitung „Der Sonntag" an den Päpstlichen Rat zur Förderung der Einheit der Christen verschenkt – und dort auch gelesen.

Friedemann Kuppler

Jesus-Bruderschaft Hennersdorf, Werk- und Studienzentrum

Geschichte

Die Jesus-Bruderschaft Hennersdorf wurde 1991 als Zweig der Kommunität Jesus-Bruderschaft in den neuen Bundesländern gegründet. Die Jesus-Bruderschaft ist eine verbindliche Lebensgemeinschaft, in der die drei Stände vertreten sind: Familien, zölibatär lebende Brüder und Schwestern. Das Zentrum der evangelischen Ordensgemeinschaft ist in Gnadenthal (Hessen).

Im Sommer 1990 nahmen mehrere Familien aus Sachsen am „Familien-Forum" der Jesus-Bruderschaft in Gnadenthal teil. Auf ihre Anregung hin suchte die Gnadenthaler Schreinerei im Raum Chemnitz ein geeignetes Umfeld für den Aufbau einer Niederlassung. 1991 kaufte dann die Werk- und Studiengemeinschaft Gnadenthal e.V. (daher auch die Bezeichnung Werk- und Studienzentrum Hennersdorf) – ein Kreis von Freunden und Förderern des bruderschaftlichen Auftrags – von der Treuhand-Anstalt das nicht mehr genutzte große Werksgelände der Alten Spinnerei in Hennersdorf, einem Ortsteil von Augustusburg. Schon zur DDR-Zeit war die Spinnerei auf Möbelproduktion umgestellt worden, aber auch diese hörte nach der Wende auf.

1994 begannen Umbau und Renovierung zur Umnutzung des Spinnereigebäudes, es entstanden Tagungsräume, Gästezimmer und Wohnungen. Die anderen Gebäude auf dem Areal nutzt heute die Firma Rosskopf+Partner, die inzwischen Arbeitsplätze für über 100 Mitarbeiter bietet. Sie wird geführt von Bruder Helmut Rosskopf, der zum Brüderzweig der Jesus-Bruderschaft gehört. Auch zwei weitere junge Männer waren motiviert, sich mit je einem eigenen Betrieb auf dem Gelände der Spinnerei selbständig zu machen.

Profil

Die Gemeinschaft in Hennersdorf ist Teil der Kommunität Jesus-Bruderschaft. Sie drückt ihr Selbstverständnis wie folgt aus:

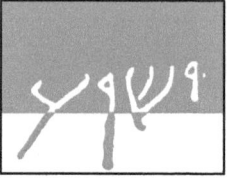

„Unsere Berufung ist es, für die Einheit des Volkes Gottes zu leben und zu beten, die ohne Versöhnung nicht möglich ist.
Jesus Christus ist die Mitte unseres Lebens. Er ist uns in Seiner Menschwerdung Bruder geworden. *Bruderschaft* geht also von Ihm aus. Seine Liebe hat uns ergriffen und zu einem Leben der Nachfolge angespornt. Als Frauen und Männer sind wir im Zölibat bzw. im Ehe- und Familienleben zu einem gemeinsamen Weg und Dienst berufen. Wir knüpfen an die Tradition von Orden und geistlichen Gemeinschaften an. Wir wollen Christen ermutigen, miteinander das Leben aus dem Evangelium zu gestalten. Gerne laden wir in unsere Häuser ein, um an unserem Leben teilzugeben. Das Wort aus Apg 2,44 ist von Anfang an ein Leitvers für unsere Gemeinschaft: *,Alle aber, die gläubig geworden waren, bildeten eine Gemeinschaft und hatten alles gemeinsam.'*"

Jeder Ort der Kommunität Jesus-Bruderschaft hat seine ganz eigene praktische Ausprägung. Die Gemeinschaft in Hennersdorf will mit den Möglichkeiten des Hauses dienen, indem sie zu Angeboten einlädt, die Christen in ihrem Leben in Familie, Gemeinde und Beruf stärken. Die multifunktionalen Räume (großer Seminarraum, Gruppenraum auf der Gästeetage) ermöglichen aber auch, dass Menschen für familiäre Feiern ein wohltuendes, schönes Umfeld und Ambiente haben können.

Hennersdorf ist auch ein Ort für Stille und Gebet, nicht zuletzt von seiner ruhigen Lage her im Zschopautal. Die Gästezimmer können für persönliche Einkehrzeiten genutzt werden. Auch seelsorgerliche Begleitung ist möglich.

Die Dienste der Gemeinschaft sind aber auch nach außen gerichtet. Wir bringen uns ein in der örtlichen Kirchgemeinde Augustusburg sowie auch in Erzgebirgsgemeinden des Kirchenbezirks Marienberg rund um Augustusburg. Insbesondere nehmen wir auch teil am geistlichen Leben in Chemnitz, mit Schwerpunkt Lutherkirchgemeinde.

Struktur

Hennersdorf ist ein Zweig der Jesus-Bruderschaft Gnadenthal. Andere Ableger sind das Kloster Volkenroda in Thüringen, die Kommunität Latrun in Israel und die Niederlassung Makak in Kamerun. Die einzelnen Niederlassungen verwalten sich selbst, was sie aber alle eint, ist die Spiritualität der Jesus-Bruderschaft.

Hennersdorf wird rechtlich vom gemeinnützigen Verein Werk- und Studiengemeinschaft e.V. getragen (in dem es einen Vorstand mit drei Personen gibt).

Zur Zeit leben in Hennersdorf zwei ledige Brüder der Jesus-Bruderschaft, außerdem gehören zur Hausgemeinschaft noch ein Ehepaar und eine Familie.

Die Gemeinschaft am Ort wird ergänzt durch einen Trägerkreis von zur Zeit ca. fünf Personen. Diese haben in früheren Jahren in Hennersdorf geistliche Impulse empfangen. Von daher wirken sie mit bei der Gestaltung des Jahresprogramms und führen es mit durch.

Gemeinsames Leben

Wie an jedem anderen Ort der Jesus-Bruderschaft feiern wir auch in Hennersdorf täglich von Montag bis Freitag um 7.30 Uhr einen Gottesdienst mit Herrenmahl, zu dem auch Gäste aus dem Haus und der Umgebung willkommen sind.

Aktivitäten/Angebote

Die Jesus-Bruderschaft Hennersdorf gestaltet ein Jahresprogramm. Folgende Veranstaltungen gehören derzeit dazu: Ein *Tag für Frauen*, ein *Männertag*, an dem Väter mit ihren Kindern z.B. gerne ein Floß an der Zschopau bauen. Ein *Tanztag* spricht Menschen an, die sich in fröhlicher Runde für Volkstänze (israelische Tänze) begeistern, verbunden mit geistlichen Impulsen. Aus dem Trägerkreis heraus wird auch eine *Wanderung für Trauernde* angeboten, bei der Menschen die Möglichkeit haben, der Trauer, die sie in sich tragen, nachzugehen, ohne allein zu sein. Den Feiertag des Buß- und Bettages in Sachsen nutzen wir für einen Feiertag für Paare, an dem Menschen für ihre Partnerschaft frische Impulse empfangen können. Weiterhin ist uns das Angebot von „Stillen Wochenenden" wichtig, bei denen Gäste im Einzelzimmer persönliche Einkehr bei Gott finden können, begleitet von biblischen Impulsen und persönlicher Segnung. Menschen, die sich kreativ ausprobieren möchten, können gelegentlich bei einem Malwochenende dabei sein.

Typisch für Hennersdorf sind auch die *Begegnungs-Sonntage*. Sie fanden von Anfang an statt, zuerst in den Werkstatträumen der Firma Rosskopf+Partner. Es wird Gottesdienst gefeiert, nach dem Mittagessen ein Thema in Vortrag und Gespräch behandelt, anschließend können in lockerer Atmosphäre bei Kaffee und Kuchen die Gespräche fortgesetzt werden.

Auch Gruppen von außen haben die Möglichkeit, die Räume der Alten Spinnerei zu nutzen, z. B. für Schulungen.

Auch Gäste, die ein familiäres Ereignis feiern wollen, sind gerne gesehen. Sie können den Seminarraum nach eigenem Geschmack schmücken, Kinder können die große, zum Haus gehörende Wiese entlang der Zschopau zum Tummeln nutzen. Und Familie Benz, die im Haus wohnt, sorgt auf Wunsch mit ihrem Essensservice „Empanada" für leckere Verköstigung. In ähnlicher Weise können wir auch Kirchenvorstandstagungen und anderen Zusammenkünften mit unseren Räumlichkeiten und Verpflegung dienen.

Wir sind auch offen, mal gelegentlich etwa einen Theaterabend mit verkündigendem Impuls anzubieten, ebenso auch eine Ausstellung oder einen musikalisch-kulturellen Abend mit Tischgemeinschaft – also Angebote, die in guter Atmosphäre Freude bereiten und Gemeinschaft fördern.

Netzwerk

Zu den Kernanliegen der Jesus-Bruderschaft als verbindlicher Lebensgemeinschaft gehören Versöhnung und Einheit. So gilt das, was wir nach innen leben wollen, auch unserem Engagement nach außen, d.h. die brüderliche Beziehung zu anderen Gliedern des Leibes Christi ist uns wichtig, und sie wollen wir, wo immer möglich, unterstützen.

Wolfgang Freitag

Lauenhainkreis

Geschichte

Die ausgehenden 1960er Jahre waren in der sächsischen Landeskirche eine Zeit theologischer Kontroversen: Ist die Bibel offenbartes Wort Gottes? Hat der Kreuzestod von Jesus Heilsbedeutung für uns? Ist Jesus leibhaftig von den Toten auferstanden? Diese und ähnliche Fragen wurden bei kirchlichen Zusammenkünften erregt diskutiert. Gleichzeitig erlebte die vom Pietismus geprägte Jugendarbeit Einflüsse der charismatischen Bewegung. Die Jesus-Bewegung, die einen weltweiten Jugendaufbruch erzeugte, machte auch vor der DDR nicht halt.

Die hauptamtlichen Jugendarbeiter waren mit Fragen und Phänomenen konfrontiert, die sie vorher noch nie erlebt hatten. Diese Dinge konnten, angesichts der oben beschriebenen theologischen Ausgangslage, in den Konventen der Jugendarbeiter nicht besprochen werden.

Nach einem Jugendwartkonvent im sächsischen Landeskirchenamt saßen drei Jugendwarte (Frieder Schirrmeister aus Löbau, Thomas Gelbhaar aus Dippoldiswalde und Rainer Dick aus Werdau) zusammen. Sie waren über die unbefriedigende Zusammenkunft bedrückt und fragten, was man tun solle. Es entstand der Gedanke: Wir treffen uns in Abständen, zusammen mit unseren Ehefrauen, zum Austausch und Gebet. Das war im Jahr 1968 die Geburtsstunde des Lauenhainkreises.

Da es in dem Ort Lauenhain, im Kirchenbezirk Werdau, ein kleines Rüstzeitheim gab, wurde das erste Treffen dort abgehalten. So wurde der Ort auch Namensgeber dieser geistlichen Gemeinschaft. Als die Entstehung dieses Kreises bekannt wurde, kamen immer mehr Anfragen von hauptamtlichen Jugendarbeitern, die gerne dazu gehören wollten. So wuchs der Kreis innerhalb kurzer Zeit und wurde in der sächsischen Landeskirche und ihrer Jugendarbeit ein nicht zu übersehender Faktor.

Dies spiegelte sich auch in verschiedenen Initiativen wider, die in den Jahren danach vom Lauenhainkreis ausgingen: So wurde z.B. zusammen mit dem Volksmissionskreis Sachsen der Antrag an die Landeskirche gestellt, in Crimmitschau eine Bibelschule für ehrenamtliche Mitarbeiter einzurichten. Leider stieß dieser Gedanke bei den Verantwortlichen der Landeskirche auf keine Gegenliebe, so dass er fallen gelassen wurde.

Öfter erlebten wir auch, dass Familien von Jugendarbeitern Belastungen durch Krankheiten ausgesetzt waren. So entstand der Gedanke, eine Familienpflegerin anzustellen, die den Familien beistehen konnte. Die Anstellung erfolgte dann über das Diakonenhaus Moritzburg. Die Bezahlung übernahm der Lauenhainkreis.

Ebenso sahen wir die Notwendigkeit, jungen Leuten in der Auseinandersetzung mit den Fragen von Glauben und Naturwissenschaft zu helfen. In Diakon Wolfgang Hampel gab es einen geeigneten Mitarbeiter dafür. Der Lauenhainkreis stellte daraufhin den Antrag, für ihn eine Stelle einzurichten. Dies wurde dann in der von Landeskirche und Landeskirchlicher Gemeinschaft verwirklicht.

Dass die Fragen, die aus dem geistlichen Aufbruch der 1970er Jahre entstanden, in der sächsischen Jugendarbeit integriert wurden, ist auch den Mitarbeitern, die sich im Lauenhainkreis sammelten, zu verdanken. Und dass viele Mitarbeiter durch diesen Kreis Ermutigung und Zurüstung erfahren haben, soll nicht vergessen werden.

Geistliche Beratung und Unterstützung erfuhr der Kreis besonders in den ersten Jahren seines Bestehens durch die Geschwister des CVJM München und dessen leitenden Sekretär Wilhelm Bläsing. Auch zu den geistlichen Aufbrüchen der 1970er Jahre in Sachsen, wie z.B. in Bräunsdorf (Pfr. Gerhard Küttner) oder Großhartmannsdorf (Pfr. Christoph Richter) gab es intensive Kontakte, indem der Lauenhainkreis an diesen Orten tagte und die genannten Brüder referierten. Eine lebendige Beziehung bestand zudem zum Volksmissionskreis Sachsen. Bis in die

Wendezeit trafen sich die Leitungsebenen beider Werke zu regelmäßigem Austausch und geistlicher Gemeinschaft.

Profil

Wie aus der Entstehungsgeschichte erkenntlich wird, diente die Gemeinschaft des Lauenhainkreises von Anfang an der geistlichen Zurüstung und Vernetzung hauptamtlicher Jugendarbeiter,

die im gemeindlichen und übergemeindlichen Dienst standen – in der Regel Gemeindediakone oder Katechetinnen und Jugendwarte oder -wartinnen. Was sie verband, war ihr geistliches Anliegen einer bibelbezogenen und erwecklichen Jugendarbeit. In dem Bewusstsein, dass ein intensiver Dienst in der Jugendarbeit immer auch die Ehepartner mit betrifft, waren diese von Beginn an mit eingeladen und dabei.

Trug der Name „Lauenhainkreis" zu Anfang den Untertitel *„Geschwisterkreis hauptamtlicher jugendmissionarischer Mitarbeiter"*, so ist im Laufe der Jahre ein *„Geschwisterkreis von hauptamtlichen Mitarbeiterinnen und Mitarbeitern, deren Ehepartnern sowie Ruheständlern, denen eine von Gottes Geist erweckte Jugend- und Gemeindearbeit am Herzen liegt"* geworden. Wie dabei beschrieben, hat sich bei manchen Gliedern des Kreises der Dienst weg von der aktiven Jugendarbeit hin zu anderen Aufgabenfeldern geändert oder sie sind im Ruhestand angekommen. Ihrem Wunsch, der Gemeinschaft weiterhin verbunden zu bleiben und missionarische Jugendarbeit mit Gebet, Rat und Tat zu unterstützen, wird damit Rechnung getragen. Daneben ist nach wie vor ein maßgeblicher Teil der Gemeinschaft weiterhin in der aktiven Jugend- und Gemeindearbeit tätig und es stoßen regelmäßig junge Absolventen einer Ausbildung zum Kreis dazu.

Für das eigene geistliche Selbstverständnis hat sich die Gemeinschaft eine Ordnung gegeben, der sich jeder verpflichtet fühlt. Sie lautet:

- UNS VERBINDET das gemeinsame Fragen nach einem bibelgemäßen Lebensstil und die Bereitschaft zur gegenseitigen Hilfe bei praktischen Glaubensschritten. Als hauptamtliche Mitarbeiterinnen und Mitarbeiter tun wir unseren Dienst in dem Bewusstsein, dass nicht nur unser Reden, sondern zunehmend auch unser Leben in besonderer Weise predigt. „ ... stellt euch nicht dieser Welt gleich ... damit ihr prüfen könnt, was Gottes Wille ist" (Röm 12,2).

- UNS VERBINDET der Bedarf nach seelsorgerlichem Dienst aneinander, nach Ermutigung, Korrektur und Hilfe durch die anderen Geschwister. Als Glaubensgeschwister wollen wir bereit sein, aufeinander zu hören und achtzuhaben. „ ... so wollen wir uns reinigen und die Heiligung vollenden in der Furcht Gottes" (2Kor 7,1).

- UNS VERBINDET das Verlangen nach Einheit des Glaubens und Handelns aller Kinder Gottes. Darum suchen wir sie über traditionelle Grenzen und unterschiedliche Aufgabenfelder hinaus und fühlen uns einer gelebten Geschwisterschaft vor Ort wie auch der Verantwortung zwischen den Generationen verpflichtet. „ ... bemüht euch, die Einigkeit im Geist zu wahren, ... ein Leib, ein Geist, berufen zu einer Hoffnung" (Eph 4,3).

- UNS VERBINDET die Suche nach Orientierung und gemeinsamer Erkenntnis aus dem Wort Gottes zu aktuellen Fragen und Aufgaben unserer Zeit. Miteinander wollen wir uns den konkreten Herausforderungen stellen und unsere gemeinsamen Einsichten auch anderen zur Kenntnis geben. „ ... dass ihr erfüllt werdet in aller Erkenntnis seines Willens in aller Weisheit und Einsicht, die der Geist schenkt" (Kol 1,9).

- UNS VERBINDET die Berufung, in Leben und Dienst Jesu Zeugen zu sein und zur verbindlichen Gemeinschaft mit ihm einzuladen. In unseren Treffen suchen wir die Stärkung zu eigenem missionarischen Dienst und bemühen uns zur wirksamen Unterstützung missionarischer Projekte und Ziele. „ ... wir können es ja nicht lassen von dem zu reden, was wir gesehen und gehört haben" (Apg 4,20).

Struktur

Ziel der Gemeinschaft war es von Beginn an, den strukturellen Aufwand gering zu halten und eine einfache Form der Zusammengehörigkeit zu wählen. So wurden kein offizieller Vereinsstatus und auch keine formale Anbindung an die Landeskirche angestrebt. Dennoch gibt eine verbindliche Form der Mitgliedschaft, zu der sich jedes Glied vor Gott und den Geschwistern bereit erklärt hat. Diese Bereitschaft gliedert sich in drei Punkte:

1. An den gemeinsamen Treffen des Kreises regelmäßig teilzunehmen und die Geschwisterschaft gezielt zu suchen.
2. Füreinander und für die Anliegen des Kreises regelmäßig zu beten, wozu ein aller zwei Monate erscheinender Gebetsbrief anregt und informiert.
3. Jährlich einen Zehnten des Einkommens für die Aufgaben des Kreises zu spenden.

Die Leitung des Kreises besteht aus einem Leitungsteam von 10 Personen, dem sogenannten Zehner-Team, entstanden aus einer Gebetsvision, die sich auch im Logo widerspiegelt. Alle vier Jahre wird das Team vom gesamten Kreis neu gewählt, wobei eine Wiederwahl möglich ist. Die unterschiedlichen Leitungsaufgaben werden dann im Team aufgeteilt.

Dem gesamten Lauenhainkreis gehören gegenwärtig ca. 70 Personen an, die vorwiegend in Sachsen tätig sind. Außerdem nehmen an den gemeinsamen Treffen immer wieder interessierte Personen teil, um sich ggf. dem Kreis anzuschließen.

Gemeinsames Leben

Schwerpunkt des gemeinsamen Lebens sind die zentralen Treffen, die zweimal im Jahr stattfinden, und zwar am 1. Mai (das konkurriert mit keinem gemeindlichen Dienst) und einem Wochenende in den Herbstferien. Bausteine sind stets ein aktuelles Thema, zu dem entsprechende Referenten eingeladen werden und Formen gelebter Gemeinschaft wie Gebets- und Segnungszeiten und persönliche Austauschrunden.

Darüber hinaus findet gemeinsames Leben Ausdruck in den Gebetsrundbriefen (s.o.), in denen reihum jeweils einige Mitglieder von sich berichten und Gebetsanliegen benennen.

Anfänglich bestand das Ziel, den Kreis auch in regionale Gruppen zu gliedern, die sich regelmäßig treffen. Einige dieser Gruppen bestehen seit langem, andere sind durch Dienstwechsel u.a. wieder zum Erliegen gekommen.

Aktivitäten / Angebote

Da der Schwerpunkt des Kreises in der Zurüstung und Begleitung hauptamtlicher Mitarbeiter liegt, wirkt sich dies auch vorrangig in deren Aufgaben vor Ort aus. Darüber hinaus unterstützt der Lauenhainkreis zahlreiche missionarische Projekte der Gemeinde- und Jugendarbeit finanziell und durch Gebet. Auch zu aktuellen Themen, die die Gemeinden bewegen, äußert sich der Kreis ggf., wie etwa in der Bekenntnisbewegung.

Netzwerk

Der Lauenhainkreis selbst ist in keinen Netzwerken aktiv, aber seine Mitglieder sind aufgrund ihrer Tätigkeit und Interessen vielfach vernetzt und lassen dies auch in die Gemeinschaft einfließen.

Michael Ahner, Christoph Richter

Oase des gemeinsamen Lebens

Geschichte

Die Bewegung „Oase des gemeinsamen Lebens" hat ihre Wurzeln in einem erwecklichen Aufbruch in der Kirchgemeinde Großhartmannsdorf (bei Freiberg) in den 1960er und 70er Jahren, der mit Pfarrer Christoph Richter verbunden ist. Dieser begann im Frühjahr 1958 seinen Dienst in der Gemeinde. Bereits im gleichen Jahr erlebten zunächst 30 Gemeindeglieder einen persönlichen, geistlichen Neuanfang mit Gott und wollten als Konsequenz in eine verbindliche Nachfolge Jesu Christi eintreten.[1] Daraus entstand innerhalb der Gemeinde eine intensive geistliche Weiterbildung zur „Einübung in ein Leben als Jünger Jesu": Auch in den Folgejahren kamen immer wieder ältere und jüngere Gemeindeglieder zu einer verbindlichen Glaubensentscheidung, um sich daraufhin an den wöchentlichen Weiterbildungstreffen zu beteiligen.

Ab 1959 erfolgten durch die in verbindlicher Gemeinschaft lebenden Gemeindeglieder zusammen mit Pfarrer Richter achttägige Evangelisationen in einer Reihe von Nachbargemeinden, später auch in anderen Gemeinden der sächsischen Landeskirche. Ab 1965 wurden für auswärtige Gäste „Tagungen zur Einübung in die Nachfolge Jesu" durchgeführt. Sie dauerten in der Regel mit An- und Abreisetag fünf Tage. Unterbringung und Verpflegung der Teilnehmer an diesen Tagungen wurden von vielen mitarbeitenden Gemeindegliedern sowohl im Pfarrhaus als auch in Privathäusern organisiert.

Ab 1966 zogen mehrere junge Männer im Pfarrhaus Großhartmannsdorf ein, um in einer kommunitär lebenden Gemein-

---

1 Vgl. Barthel, Kai, Religionspädagogische Analyse des Konzeptes „Oase des gemeinsamen Lebens" für den Gemeindeaufbau [Diplomarbeit; Fachhochschule für Religionspädagogik und Gemeindediakonie Moritzburg, 2004], 18.

schaft die Gemeinde und ihren Pfarrer in ihrer missionarischen Arbeit zu unterstützen. Man sprach von ihnen als von den „Großhartmannsdorfer Brüdern". In den Folgejahren wurden – meist über Ostern, Pfingsten und Silvester – mehrtägige Jugend-Rüstzeiten im geräumigen Großhartmannsdorfer Pfarrhaus durchgeführt, bei denen viele Jugendliche aus Sachsen und aus anderen Bezirken der damaligen DDR zu einer verbindlichen Entscheidung für die Nachfolge Jesu kamen. Aus dem wachsenden Kreis solcher Jugendlicher heraus bildete sich in Anlehnung an den Evangelisten Philippus (vgl. Apg 8) der „Philippusring".[2]

Ab 1973 wurden dann monatliche Jugendwochenenden in Großhartmannsdorf angeboten. „Nach einem Jahr hatten diese Treffen ein solches Ausmaß angenommen, dass bereits zum Abschlussgottesdienst des letzten Jugendwochenendes 1973 ungefähr 1.700 Teilnehmer gezählt wurden."[3] Pfarrer Christoph Richter und seine Mitarbeiter suchten aber inzwischen nach Möglichkeiten einer intensiveren Nacharbeit, da sie die Jugendlichen an den Wochenenden immer nur eine kurze Zeit bei sich hatten. Bei einem dieser Jugendwochenenden kam es zu einem Kontakt mit dem polnischen Priester und Professor Franciszek Blachnicki (1921–1987). Als dieser 1974 mit Priesteramtskandidaten in die DDR und nach Freiberg kam, trafen sich die Großhartmannsdorfer Brüder an einem der Jugendwochenenden mit den Gästen aus Polen. Blachnicki ist der Gründer der Bewegung „Licht - Leben". Von ihr ging in Polen ein nationaler geistlicher Aufbruch aus. Blachnicki hatte mit seinen vierzehntägigen Oasenwochen ein katechetisches Bildungs- und Formungsprogramm zur Einübung in die Nachfolge Christi entwickelt.[4] Blachnicki lud die Großhartmannsdorfer Brüder nach Kroscienko in Polen ein, woraus sich ein intensiver theologischer Austausch ergab. Die Sachsen kamen zu dem Schluss: „Wir müssen das, was die Polen da tun,

---

2 Vgl. Wohlgemuth, David, Der Beitrag der Oasenarbeit für die Erneuerung von Kirche und Gesellschaft [Diplomarbeit, Fachhochschule für Religionspädagogik und Gemeindediakonie Moritzburg, 2009], 26.

3 A.a.O.

4 Eine Darstellung der Geschichte und vor allem der theologischen Inhalt der Licht-Leben-Bewegung findet sich bei: Piechaczek, Krysitan, „Strebt aber nach den höheren Gnadengaben!" (1. Kor 12, 31a). Die Bewegung Licht-Leben als Schule der aktiven Laien [Univ.-Diss; masch. Manuskript, Wien 2002].

zunächst ‚ins Lutherische' und dann auch ‚ins Deutsche' übersetzen und konzipieren".[5]

Ein von Pfarrer Richter zusammengerufener Kreis von jungen Pfarrern der sächsischen Landeskirche konzipierte ab 1980 verschiedene „Oasen des gemeinsamen Lebens", d.h. Rüstzeiten von jeweils sieben Tagen, die inhaltlich aufeinander aufbauten (Oasen I, II und III)[6]. Bis in die 1990er Jahre hinein fanden jährlich mehrere solcher Oasenrüstzeiten in der DDR statt. Nach der Friedlichen Revolution kam die Arbeit leider fast ganz zum Erliegen.

Ab 2001 kam es jedoch durch Rüstzeiten der „Oasen des gemeinsamen Lebens" zu einem geistlichen Aufbruch unter Jugendlichen in Dittersdorf bei Chemnitz. Der dortige Pfarrer Falk Klemm hatte das vorhandene Konzept aufgegriffen und für die Arbeit mit Konfirmanden umgearbeitet. Zusammen mit den Pfarrern Henry Mitschke und Johannes Dziubek wurden nun in der Folgezeit spezielle „Oasen des gemeinsamen Lebens" für Konfirmanden durchgeführt, die sich im Wesentlichen an den Inhalt der „Oase I" anlehnten. Diese besonderen „Konfirmanden-Oasen" finden bis heute an verschiedenen Orten Sachsens statt.

Profil

Ausgehend vom Missionsbefehl Jesu (Mt 28) wollen die „Oasen des gemeinsamen Lebens" zu einer persönlichen Erfahrung der Rechtfertigung durch Gottes Geist helfen und zu einer Einübung in ein Leben aus der Gabe der Heiligen Taufe befähigen. Dies sollte durch eine entschiedene Umkehr und Hinwendung zu Gott beginnen und in eine persönliche Erneuerung

---

5 Richter, Christoph, Überlegungen zu den theologischen Grundlagen für die Arbeit der Oasen des gemeinsamen Lebens [Vortrag in Chemnitz-Harthau 2003], 2.

6 Die Oase I ist thematisch auf eine Taufbunderneuerung im Sinne einer Umkehr zu Gott ausgerichtet. In der Oase II steht die Entdeckung der Gnade und Liebe Gottes, die unserem Leben und unseren Entscheidungen schon immer vorausgeht. Oase III richtet den Blick auf die verschiedenen Aspekte von Kirche in die jeder Christ gestellt ist.

als Frucht der Buße einmünden.[7] Solches durch den Geist Gottes gewirkte Geschehen braucht die Kirche zu allen Zeiten und an allen Orten. Dazu schaffen die „Oasen des gemeinsamen Lebens" konkrete geistliche Erfahrungsräume, in denen Menschen Jesus Christus begegnen können.

Besondere Bedeutung kommt dabei der täglichen Feier eines Sakramentsgottesdienstes und der je persönlichen Erschließung des Geschenks der Heiligen Taufe zu. Dazu wird die Bedeutung der beiden Sakramente in Predigten und Bibelarbeiten bedacht. Damit haben die „Oasen des gemeinsamen Lebens" sowohl einen missionarischen Ansatz als auch einen sakramentalen Schwerpunkt. Die Oasen verstehen sich u.a. als Brückenbauer für das Geschenk der Gnade Gottes im Geschehen der Heiligen Taufe. In ihr handelt Gott im Sinne der *gratia praeveniens* (zuvorkommenden Gnade) an uns. Der persönliche Glaube ist zugleich Angebot und Wirkung des Heiligen Geistes, der auf die Annahme dieses Angebotes durch den je Einzelnen antwortet.[8] Die Oasen wollen den Teilnehmern helfen, „getauft zu leben". Die inhaltliche Erschließung und der aktive Mitvollzug der Feier eines Sakramentsgottesdienstes bilden immer einen besonderen Schwerpunkt im Verlauf einer „Oase des gemeinsamen Lebens". Der lebendige Gott ist es, der in einem solchen Gottesdienst erfahrbar in unsere Mitte kommt und unseren Glauben neu erweckt und stärkt.

In der bisherigen Praxis der Oasenarbeit haben sich verschiedene pastorale Markenzeichen entwickelt, die solche geistlichen Erfahrungsräume schaffen. Zunächst sind wir auf die Diakonie der Gastfreundschaft einer Ortsgemeinde angewiesen. Die Oasenarbeit lebt nicht im gemeindlich luftleeren Raum, sondern sie gestaltet ihr Leben und Tun innerhalb einer bestehenden, gastgebenden Ortsgemeinde. Den Vormittag verbringen wir nach dem Gottesdienst in Kleingruppen, sogenannten Oasenfamilien, die sich in den Häusern von Kirchgemeindegliedern treffen. Nach

---

7 Vgl. Klemm, Falk/Uhlig, Johannes/Richter, Christoph, Umkehr und Erneuerung. Eine Einladung zur Mitarbeit in einer Basis-Initiative innerhalb der Ev.-Luth. Landeskirche Sachsens [Dittersdorf/Aue/Oberreichenbach 2006]. In dieser Schrift sind die theologischen und pädagogischen Grundlagen der Oasenarbeit dargelegt.

8 A.a.O., 5.

dem gemeinsamen Frühstück und Abwasch wird das beim morgendlichen Gottesdienst gepredigte Bibelwort zum jeweiligen Tagesthema gelesen, in der Stille bedacht und darüber ausgetauscht (Stille Zeit). Es wird miteinander gesungen und gebetet. Christsein im Leib Christi vollzieht sich am effektivsten in einer Teamarbeit. Daher leiten beispielsweise zwei Mitarbeiter, sogenannte „Oaseneltern", eine der zu bildenden Oasenfamilien. An einem Nachmittag in der Woche gibt es eine „Zeit der Stille" bzw. der „persönlichen Inventur": Es besteht das Angebot eines seelsorgerlichen Gesprächs und der Beichte. Damit verbunden ist auch die Möglichkeit, eine Erst-Entscheidung oder eine Neu-Entscheidung für das Leben in der Nachfolge Jesu zu treffen. An einem weiteren Nachmittag, meist an einem Freitag, gehen wir – gemeinsam ein dafür zubereitetes Kreuz tragend – einen Kreuzweg mit den acht biblischen Kreuzwegstationen, um Jesu Leiden für uns betend zu bedenken. Die Abende einer Oasenwoche sind ganz unterschiedlich gefüllt. Es gibt beispielsweise einen Abend in den jeweiligen Gastfamilien, um sich gegenseitig kennenzulernen. Den Abschluss bildet ein gemeinsamer Lob- und Dankabend, an dem jeder, der möchte, die Gelegenheit hat, Zeugnis darüber zu geben, was er in der vergangenen Woche mit Jesus Christus erlebt hat. Am Ende besteht die Möglichkeit sich persönlich segnen zu lassen.

Struktur

Die Arbeit der „Oase des gemeinsamen Lebens" wird durch ein Leitungsgremium geleitet, das sich aus Pfarrern und Laien zusammensetzt. Schon in den 1980er Jahren gab es Pläne, der geistlichen Bewegung den organisatorischen Rahmen eines Vereins zu geben. Diese Pläne wurden jedoch verworfen. Beginnend mit der Neuformierung der Arbeit seit 2001 wurde nach vielfachen Überlegungen ein solcher Verein 2010 gegründet. Der Verein „Oase des gemeinsamen Lebens e.V." wird heute von einem Vorstand, momentan sind dies sechs Personen, geleitet. Zu diesem Verein gehören aktuell rund 40 Mitglieder. Es gibt aber einen weit größeren Freundeskreis der Oasenbewegung, die mit der Gesamtarbeit verbunden sind. Über die Jahre haben viele Menschen an „Oasen des gemeinsamen Lebens" teilgenommen und dabei den Segen Gottes persönlich erlebt. Im Wesentlichen konzentriert sich das geistliche Leben und Wirken der Oasenarbeit auf das Gebiet der Ev.-Luth. Landeskirche Sachsens.

Gemeinsames Leben

Die Freunde der Oasenbewegung wohnen an verschiedenen Orten in Sachsen und darüber hinaus. Wir bleiben durch einen Freundesbrief miteinander in Kontakt, der drei- bis viermal im Jahr erscheint. Einmal im Jahr treffen wir uns zu einem gemeinsamen „Oasen-Tag". Diesen gestalten wir wie einen einzelnen Tag einer „Oasen-Rüstzeit". Wir widmen uns einem für uns wichtigen Thema und hören dabei auf Gottes Wort, feiern einen Sakramentsgottesdienst und tauschen uns – meist in Gruppen – über unsere Erfahrungen in unserem Glauben, Leben und in den Gemeinden der letzten Monate aus.

Aktivitäten/Angebote

Wie bereits beschrieben, gehört der „Oasen-Tag" als feste Institution zu unserem Jahresprogramm. Daneben gibt es an verschiedenen Orten „Konfirmanden-Oasen", welche in den letzten Jahren besonders von den Kirchgemeinden Einsiedel unter der Leitung von Pfarrer Johannes Dziubek und Schönbrunn untrer der Leitung von Pfarrer Michael Ahner und Pfarrer David Keller durchgeführt wurden. Jährlich findet außerdem eine „Familien-Oase" an wechselnden Orten statt.

Netzwerk

Die Oasenbewegung stand von Beginn an mit der römisch-katholischen Bewegung „Licht – Leben" in Verbindung. Noch in den 2000er Jahren kam es zu gegenseitigen Treffen und einem geistlichen Austausch über unsere Bewegungen.

Die „Oase des gemeinsamen Lebens" steht aber auch in einem engem Austausch mit der Bruderschaft Liemehna und dem Theokreis Leipzig. Da einige Funktionsträger der Bewegung sowohl in der Bruderschaft als auch im Theokreis aktiv sind, ergibt sich daraus eine gegenseitige Zusammenarbeit. Die Oasenarbeit entsendet regelmäßig einen Vertreter in das Kuratorium des Theokreises Leipzig, um die geistliche Erneuerungsarbeit unter den Theologiestudierenden zu fördern.

Da die Oasenbewegung ausdrücklich für die Geltung von Schrift und Bekenntnis in der Ev.-Luth. Landeskirche Sachsens eintritt, engagiert sie sich auch in der Sächsischen Bekenntnisinitiative. Insbesondere schlägt unser Herz für die Ausgestaltung von besonderen Buß- und Bittgottesdiensten, die in unserer Landeskirche gefeiert werden, damit Umkehr und Buße sowie geistliche Erneuerung von Gottes Wort her geschehen.

Reinhold Nürnberger

Pfarrerinnen- und Pfarrer-Gebetsbund

Geschichte

Der Gedanke, eine Vereinigung von Pfarrern ins Leben zu rufen, die der Gemeinschaftsbewegung nahe stehen, geht zurück auf Ernst Modersohn, Pfarrer in Bad Blankenburg im Thüringer Wald. Aus eigener Erfahrung wusste er um die Nöte und Schwierigkeiten, die ein bewusst an Jesus gläubiger Pfarrer mit seinem Kirchenvorstand durchmachen kann, oft auch mit seinem Superintendenten und dem Landeskirchenamt. Bei der Blankenburger Allianzkonferenz in der letzten Augustwoche 1912 lud er etwa 20 Pfarrbrüder in sein Haus ein, erzählte ihnen von seiner Idee und fand ihre Unterstützung. Daraufhin traf man sich am 17. April 1913 in Halle an der Saale zur Gründungsversammlung des „Pastoren-Gebetsbundes" (PGB). Im Vorstand waren Leopold Wittekind als Vorsitzender, Walter Michaelis und Ernst Modersohn. 1918 übernahm Alfred Christlieb den Vorsitz.

Auf der Jahresversammlung 1920 in Berlin-Schlachtensee wurde festgestellt:

„Die Kirche braucht die Landeskirchliche Gemeinschaft, und die Landeskirchliche Gemeinschaft braucht die Kirche. Die eine, um der Verflachung, die andere, um der Verengung zu entgehen. Uns aber in dem PGB ist die Aufgabe gestellt, an der inneren Verbindung zwischen Kirche und freier Gemeinschaft zu arbeiten und brüderlich um die zu ringen, die von der Kirche nichts mehr erwarten und sich auf ihre Kreise zurückziehen".[1]

1921 fand die erste Pfarrerfreizeit des PGB statt. Bereits 1933/34 distanzierte sich der PGB klar von den „Deutschen Christen" (DC). Brüder, die sich von den DC nicht lösen wollten, wurden ausgeschlossen. 1936 wurde der Pastoren-Gebetsbund

---

1 Brand, Theodor, Ein Rückblick, in Brüderliche Handreichung Nr. 8 1953, 4, zit. nach: Braun, Reiner, (Hg.), „... da bin ich mitten unter ihnen", Wuppertal 2003, 20.

auf seiner Reichstagung in „Pfarrer-Gebetsbund" umbenannt und ein neues Grundsatzpapier beschlossen:

„Die erste Aufgabe des Bundes sagt sein Name. Wir wollen in Fürbitte allein in der Studierstube und gemeinschaftlich füreinander eintreten gegenüber den Anforderungen, Schwierigkeiten, Freuden und Nöten des Amtes. Wir möchten auch einander helfen zur rechten Haushalterschaft über Gottes Geheimnisse, dass wir in der Verkündigung der Gemeinde die Taten Gottes nicht nur aus theologischer Überzeugung wie Referenten von geschichtlichen Ereignissen sagen, sondern vom Geist gesegnet und gesalbt als Zeugen erfunden werden, damit, wo und wie es Gott gefällt, unsere Gemeindeglieder das Leben, das aus Gott ist, erlangen und darin gestärkt werden. Wir wissen aber, dass wir diese Ausrüstung nur empfangen können, wenn wir Prediger selbst in der Neuheit dieses Lebens in Christus wandeln, das dem Glauben in der Wiedergeburt und Bekehrung geschenkt wird [...]. Wir bekennen uns, ohne ein Mitglied organisatorisch zu binden, zu den Bemühungen der Bekenntnis-Bewegung um eine durch Wort und Geist erneuerte und lebendige Kirche. Wir wünschen in dem Ringen um das Verhältnis von Reformation und Pietismus, auch durch gemeinsame theologische Arbeit, einander zu helfen, damit die durch die Reformation neu herausgestellten Grundwahrheiten und das für uns unaufgebbare Erkenntnisgut des Pietismus sich in unserer Verkündigung und Seelsorge durchdringen".[2]

Bei einer Vorstandssitzung im Rahmen der Reichstagung am 3. Oktober 1938 in Bad Liebenzell fasste der Schriftführer Ludwig Thimme die ersten 25 Jahre PGB zusammen unter dem Stichwort „Erweckung" und seit 1933 „Krise". Daraus zog er folgenden Schluss:

„Unsere Aufgabe ist heute Sammlung, nicht neuer Angriff. Zum Sammeln gehört ein Panier. Dieses ist für uns 1. Bruderschaft in Christus [...] 2. Gebetsgemeinschaft. Wir sind kein Debattierklub. Pastorale Vielgeschwätzigkeit passt nicht zu uns".[3]

1946 erschienen erstmals die „Persönlichen Mitteilungen", ein halbjährlicher Rundbrief von ca. 70 Seiten. Seit der Herbsttagung 1947 in Marburg heißt der PGB „Pfarrer-Gebetsbruderschaft". Als Zentrale entstand 1952/53 die Heimstätte der PGB in Großal-

---

2 Separatdruck 1936, zit. nach a.a.O., 26.
3 Protokoll (PGB-Archiv VI/1), zit. nach a.a.O., 29f.

merode. Zur Unterstützung des Vorsitzenden und des Schriftführers konstituierte sich 1956 der Zentrale Arbeitskreis.

Auf der Delegiertenversammlung 1957 in Dassel bei Göttingen wurde ein neues Grundsatzpapier beschlossen mit den „Lebenslinien" der Bruderschaft. Mit Hermann Risch stellte die PGB einen eigenen Reisesekretär an und begann 1961 „Ferienseminare für Theologiestudenten" abzuhalten angesichts verunsichernder Tendenzen in Theologie und Kirche. Etwa 10 Jahre später begann aus gleichem Grund die Arbeit an Theologiestudenten in der DDR unter Leitung von Horst Mühlmann; sie schloss sich später mit der Gnadauer Theologiestudentenarbeit zusammen, die von Uwe Holmer an der Bibelschule Falkenberg begonnen worden war.

Da bereits in den 1950er Jahren das Reisen über die innerdeutsche Grenze zeitweilig fast unmöglich geworden war, sammelten sich die PGB-Bezirke auf dem Gebiet der DDR um ihren Vertrauensmann Ringulf Siegmund aus Dresden. Sie gründeten einen ostdeutschen Gesamtarbeitskreis (GAK) und beschlossen am 24./25. Februar 1958 in Berlin Richtlinien, die weitgehend mit denen des Grundsatzpapiers von 1957 übereinstimmten. Nachfolger von Siegmund als Gesamtvertrauensmann wurde 1965 Gerhard Klötzner aus Scheibenberg im Erzgebirge und 1981 Eberhard Becker aus Gräbendorf bei Berlin.

Nachdem die DDR-PGB-ler seit 1962 nicht mehr an den Westberliner Tagungen teilnehmen konnten, kamen einzelne Brüder und Schwestern aus der Bundesrepublik zu den Zusammenkünften des GAK bzw. den Haupttagungen in der DDR und knüpften so das brüderliche Band wieder neu. Auch halfen sie geistlich, geistig und materiell bei den Problemen der Brüder im Osten.

Im Mai 1991 fand in Großalmerode eine gemeinsame Tagung der beiden Arbeitskreise statt. Ein Jahr später wurde aus dem Zentralen Arbeitskreis im Westen und dem Gesamtarbeitskreis im Osten ein gemeinsamer „Gesamtarbeitskreis".

Im Januar 2001 beschloss die Vorständetagung den neuen Namen „Pfarrerinnen- und Pfarrer-Gebetsbund".

Profil

Zur Ausrichtung des PGB gehört von Anfang an das Zeugnis des Einzelnen, dass die
Gnade Gottes ihn durch die Bekehrung zu
einem erretteten Eigentum Jesu gemacht
hat und dass er in dessen Blute die Vergebung seiner Sünden gefunden hat. Daher
bekennt er sich zu der Gemeinschaft der
Kinder Gottes und ist bereit, Spott und Be-
nachteiligung durch andere zu ertragen.[4]

Die Lebenslinien des PGB spiegeln seine Aufgaben und seine
Berufung wider. Sie beinhalten folgende Grundsätze:
- geistliches Leben mit Jesus Christus im täglichen Hören auf
  das Wort der Heiligen Schrift, im Gebet, im Zeugnis und in
  der Tat;
- Fürbitte für die Schwestern und Brüder im PGB, für unseren
  Weg und unseren Dienst, für unsere Kirche und unsere Welt;
- verbindliches Teilnehmen am regionalen Kleinkreis zur gegenseitigen Begleitung und
- Ermutigung im Leben, Glauben und Dienen;
- Bereitschaft, im PGB Seelsorge oder Beichte zu empfangen
  und zu üben;
- jährliche Teilnahme an einer Tagung des PGB;
- ermutigendes Bezeugen des persönlichen Glaubens in der
  Begegnung mit Schwestern und Brüdern im Amt, in der Vorbereitung und im Ruhestand;
- verantwortliches Mitdenken und Mitarbeiten in den theologischen, kirchlichen und gesellschaftlichen Fragen der Gegenwart;
- Mitgestaltung des missionarischen und evangelistischen
  Dienstes unserer Kirche und des geistlichen Gemeindeaufbaus;
- regelmäßige finanzielle Unterstützung des PGB.

---

4 Vgl. Braun, „… da bin ich mitten unter ihnen" (wie Anm. 1), 17.

Die Anliegen des PGB sind:

- Bibelarbeit: Die gemeinsame persönliche Bibellese ist ein zwangloser Austausch über dem Wort Gottes, der nicht von Vers zu Vers weiterschreitet, sondern es jedem freistellt, an das Wort anzuknüpfen, das ihm bedeutsam wurde. Die Beiträge sollen kurz sein. Zurückhaltende werden zu eigenen Beiträgen ermutigt. Es wird nichts kritisiert.
- Gebet: Es ist die Mitte der Bruderschaft. Deshalb ist es auch im Namen der Gemeinschaft bei allen Namensänderungen immer wieder aufgenommen worden.
- Gemeinschaft: Weil Pfarrer oft allein sind in ihrem Engagement inmitten der Gemeinde, manchmal auch ohne tiefgehende Gemeinschaft mit Amtsbrüdern und -schwestern, möchte der PGB die Möglichkeit bieten, echte geistliche Gemeinschaft zu erleben. Die Kleinkreise unseres Bundes sind dazu gut geeignet. Erich Schnepel prägte den Satz: „Wer sich dem Leben in der kleinsten Zelle entzieht, bringt sich um das Wertvollste in der Bruderschaft".[5] Hilfe für den Zusammenhalt der größeren Gemeinschaft gibt die interne Veröffentlichung „Persönliche Mitteilungen".
- Seelsorge: Den Raum für Seelsorge und Beichte bieten vor allem die Kleinkreise. Dem PGB ist die Seelsorge am Seelsorger ein ganz wichtiges Anliegen.
- Theologische Arbeit: Der PGB fördert seit seinen Anfängen die theologische Arbeit in vielfältiger Weise: in Haupt- und Bezirkstagungen, in Evangelisations-Kursen, in Ferien- und Intensivseminaren und durch seine Publikationen, vor allem die Zeitschrift „Theologische Beiträge".

Struktur

Die kleinsten und wichtigsten Zellen der Gemeinschaft sind die Kleinkreise. Innerhalb der sächsischen Landeskirche gibt es zur Zeit fünf regionale Kleinkreise: Annaberg, Aue, Chemnitz, Leipzig und Zwickau.

---

5 A.a.O., 162.

Die Kleinkreise werden meist auf Landesebene vom Bezirks-
arbeitskreis (BAK) geleitet, zu dem der Vorstand (der Vertrauensmann, sein Stellvertreter und der Kassierer) und die Klein-
kreisleiter gehören. Der BAK trifft sich mindestens einmal im
Jahr und trägt Verantwortung für überregionale Aufgaben des
PGB.

Einmal im Jahr versammeln sich alle Vorstände zur Vorständetagung, die alle drei Jahre die Hälfte des Gesamtarbeitskreises
wählt, der eine ähnliche Struktur wie die Bezirksarbeitskreise hat
und dem bis 2015 ein theologischer Referent zugeordnet war.

Der PGB Sachsen hat 75 Mitglieder (mit Ehefrauen und -män-
nern). An den Kleinkreisen nehmen etwa 16 weitere Personen
regelmäßig teil. Darunter sind neben Pfarrerinnen und Pfarrern
auch Prädikanten, Gemeinschafts-Pastoren oder Diakone. Sie
sind so etwas wie ein Freundeskreis.

Wir stehen in enger Verbundenheit mit unseren Schwesterorganisationen im Elsass, in der Schweiz, in Österreich, in Polen
und der Slowakei.

Wir finanzieren unsere Aufgaben durch freiwillige Beiträge.
Der PGB ist vereinsrechtlich als Pfarrerdienst e.V. organisiert.

Gemeinsames Leben

Das gemeinsame Leben der Mitglieder findet vor allem in den
regionalen Kleinkreisen statt. In ihnen geschieht neben der persönlichen Bibellese, dem Gebet und der gemeinsamen Predigtar-
beit auch der Austausch über persönliche, dienstliche, allge-
meinkirchliche und gesellschaftliche Probleme.

Geistliche Gemeinschaft erleben wir auch bei den Treffen des
Bezirksarbeitskreises. Da wird nach Andacht, Lied und Gebetsgemeinschaft aus den Kleinkreisen berichtet, Tagungen geplant
und nachbesprochen, ein Kassenbericht gegeben, Informationen
ausgetauscht und Fragen sowie Probleme besprochen.

Höhepunkte unserer sächsischen Bezirksarbeit sind in der
Woche nach dem Sonntag Kantate eine mehrtägige Rüstzeit aller
zwei Jahre in Rathen in der Sächsischen Schweiz und in den Jahren dazwischen ein Begegnungstag in Chemnitz. Die Rüstzeiten

stehen jeweils unter einem Thema, zu dem Referate und Bibelarbeiten gehalten werden. Es gibt gemeinsames persönliches Bibellesen, Gebetsgemeinschaft, Berichte aus den Kleinkreisen, einen Gemeinschaftsabend mit verschiedenen Beiträgen, einen Abend mit einem Vertreter des Landeskirchenamtes und zum Abschluss einen Abendmahlsgottesdienst. Der Begegnungstag beginnt mit einem Gottesdienst mit Gebetsgemeinschaft; später gibt es ein Referat mit Aussprache, Informationen und Möglichkeit zum persönlichen Austausch.

Weitere Höhepunkte sind die bundesweiten Haupttagungen, die ähnlich wie die Tagungen auf Bezirksebene strukturiert sind. An ihnen nehmen auch Geschwister aus unseren Schwesterorganisationen teil.

Zweimal im Jahr erscheinen die „Persönlichen Mitteilungen".

Aktivitäten/Angebote

Der PGB führt normalerweise jährlich deutschlandweite Intensivseminare für Theologiestudenten durch.

Unsere Gemeinschaft gibt seit 1970 sechsmal im Jahr die Zeitschrift „Theologische Beiträge" heraus mit biblischer Besinnung, theologischen Aufsätzen, Rezensionen zu theologischer Literatur u.a.

Auf den Deutschen Evangelischen Kirchentagen ist der PGB durch einen eigenen Stand vertreten.

Netzwerk

Enge Kontakte pflegt der PGB zum Pfarrfrauen-Bund. Der PGB Sachsen ist vertreten im Kuratorium des Theokreises Leipzig und in der Arbeitsgruppe der Sächsischen Bekenntnis-Initiative (SBI).

Alexander Wieckowski

Sächsische Genossenschaft des Johanniterordens

Name und historischer Hintergrund

Der ausführliche und korrekte Name der Sächsischen Genossenschaft lautet „Genossenschaft des Johanniterordens der Balley Brandenburg im Lande Sachsen e.V."[1] Die Sächsische Genossenschaft ist Teil der „Balley Brandenburg des Ritterlichen Ordens St. Johannis vom Spital zu Jerusalem, genannt Johanniterorden." Seit der Reformationszeit steht der Name Johanniterorden für den selbständigen Teil des historischen Gesamtordens, der sich dem evangelischen Bekenntnis zugewandt hat, während der römisch-katholisch gebliebene Teil des Ordens nach seinem späteren Ordenssitz Malta den Namen Malteserorden trägt.

Die Anfänge des Johanniterordens reichen bis in die Mitte des 11. Jahrhunderts zurück. Eine in Jerusalem tätige Spitalbruderschaft pflegte Kranke, unterstütze Arme und Obdachlose und betreute Pilger, die aus den christlichen Ländern Europas ins Heilige Land gereist waren, um dort die Orte des Wirkens Jesu Christi zu sehen. Um 1099 bildete sich unter Bruder Gerhard (+1120) eine Ordensgemeinschaft mit bestimmten Regeln heraus. Vom Ordensgründer stammt der Ordensleitspruch:

---

1 Zum Folgenden vgl. das von der Sächsischen Genossenschaft verantwortete Mitgliedsblatt „Der Johanniterorden in Sachsen" (JiS), das 1999 zum ersten Mal erschien. Hier bes. Ludwig von Breitenbuch, 150 Jahre Johanniter in Sachsen. Einige grundlegende Bemerkungen, in: JiS 3/2010, 24–29; Die Johanniter in Sachsen. Eine Orientierung, JiS-Sonderheft, 1. Aufl. 2006; 2., aktualisierte Aufl. 2016; Christian Schmidt, Die Johanniter in Dohna-Heidenau. Krankenhaus – Lazarett – Stift. Ein Beitrag zur geschichtlichen Entwicklung von 1902 bis 2012, JiS-Sonderheft 2012. Silke Marburg: ... sub estos signis militamus. Adlige Selbstsymbolisierung in der Genossenschaft des Johanniterordens im Königreich Sachsen, in: Silke Marburg/Josef Matzerath (Hg.), Der Schritt in die Moderne. Sächsischer Adel zwischen 1763 und 1918, Köln u.a. 2001, 17–44. Siehe auch das vorläufige Findbuch des Ordensarchivs: Sächsisches Staatsarchiv/Hautstaatsarchiv Dresden: 13902 Sächsische Genossenschaft des Johanniterordens 1856–2014, bearb. von Peter Hoheisel und Luise Hofmann. Zur allgemeinen Einführung in den Johanniterorden vgl. die Website des Ordens unter: https://www.johanniter.de/die-johanniter/johanniterorden (letzter Zugriff: 10.02.2020).

„Unsere Bruderschaft wird unvergänglich sein, weil der Boden, in dem diese Pflanze wurzelt, das Elend der Welt ist und weil, so Gott will, es immer Menschen geben wird, die daran arbeiten wollen, dieses Leid geringer, dieses Elend erträglicher zu machen."

Der Name „Johanniter" leitet sich vom Patronat der Kirche ab, die mit dem Hospital in Jerusalem verbunden war. Ob diese Hospitalkirche ursprünglich Johannes dem Täufer oder Johannes dem Almosengeber geweiht war, ist nicht mehr feststellbar. In der Tradition hat sich Johannes der Täufer als Vorbild und Ordenspatron durchgesetzt. Die päpstliche Bestätigung des Ordens erfolgte schließlich 1113. Bis zum Jahre 1154 kam es zu einer Umformung des Hospitalordens in einen Ritterorden. Neben dem diakonischen Auftrag traten verstärkt militärische Aufgaben hinzu. Die Ritterbrüder beteiligten sich an der Verteidigung des Heiligen Landes und an den Feldzügen gegen die Muslime.

Durch zahlreiche Schenkungen und Stiftungen erhielt der Orden umfangreichen Besitz auch in Europa. Eine Verwaltungsstruktur wurde aufgebaut. Im Heiligen Römischen Reich befanden sich die Großpriorate Deutschland und Böhmen. Die nordostdeutschen Kommenden waren in der Balley Brandenburg zusammengefasst, die im Vertrag von Heimbach 1382 eine größere Unabhängigkeit vom Orden, der in dieser Zeit auf Rhodos residierte, erhielt. Die Balley durfte von nun an ihren Herrenmeister selbst wählen. Diese Selbständigkeit ging mit einer engen Verbindung zu den Markgrafen von Brandenburg einher. Nachdem der Markgraf 1538 zum lutherischen Glauben übergetreten war, folgte ihm die Balley, ohne damit die organisatorische Verbindung zum weiterhin römisch-katholischen Großpriorat Deutschland (mit Sitz in Heitersheim) und folglich auch nach Malta aufzugeben. Sie verblieb als autonomes evangelisches Ordensglied im katholischen Gesamtorden bis Anfang des 19. Jahrhunderts. Infolge der Napoleonischen Kriege säkularisierte 1810/11 König Friedrich Wilhelm III. von Preußen alle geistlichen Güter, auch die des Johanniterordens. Die Balley Brandenburg wurde aufgelöst und alle über Jahrhunderte zusammengetragenen Vermögenswerte fielen ersatzlos an den preußischen Staat. Zwischen 1811 und 1852 gab es lediglich einen zur Erinnerung an den Orden gestifteten Verdienstorden, den Königlich Preußischen St. Johanniter-Orden. 1852/53 reaktivierte König Friedrich Wilhelm IV. den Orden unter Berufung auf den ursprünglichen Ordensauftrag, aber ohne Restituierung des alten Besitzes. Die acht noch lebenden Ritter aus der alten Balley bildeten nun als Rechtsritter das Ordenskapitel und wählten den neuen Herrenmeister. Die Inhaber des St. Johanniter-Verdienstordens wurden als Ehrenritter übernommen. Bis 1948 war der Laienorden ausschließlich dem evangelischen Adel vorbehalten, seitdem werden auch Bürgerliche aufgenommen.

Der Johanniterorden versteht sich als eine Gemeinschaft evangelischer Christen, die sich bewusst zu ihrem Glauben bekennen und daraus den Willen und die Kraft schöpfen, diakonische Aufgaben wahrzunehmen. Der doppelte Ordensauftrag *„Tuitio fidei et obsequium pauperum* – Bezeugung des Glaubens und Hilfe den Bedürftigen" lässt sich sehr schön an der erhaltenen Komturkirche in Nieder-Weisel ablesen. Das romanische Gotteshaus ist zweigeschossig; über der dreischiffigen Kirchenhalle im Erdgeschoss befindet sich der ehemalige Krankensaal, heute „Kapitelsaal" genannt.

Geschichte

Die Sächsische Genossenschaft des Johanniterordens gibt es offiziell seit 1860. In diesem Jahr wurden die dafür nötigen Statuten vom Ordenskapitel (19. Januar), vom Sächsischen Ministerium des Inneren (14. März), vom Herrenmeister Carl von Preußen (19. April) und schließlich vom sächsischen König Johann (9. Juli) genehmigt und der Genossenschaft somit das Körperschaftsrecht, das Vereinigungsrecht und das Recht, ein Siegel zu führen, zugestanden. Dem vorausgegangen war ein längerer Findungs- und Gründungsprozess. Nach der Restitution des Johanniterordens 1852/53 verfolgte die Ordensleitung das Ziel, die Ritter außerhalb Preußens in regionalen Genossenschaften zusammenzuschließen. In Sachsen betraten die Johanniter dabei aber Neuland, da der historische Orden hier nicht verwurzelt war. Die mittelalterlichen Ordensniederlassungen in der Oberlausitz mit den Ordenshäusern (Kommenden) in Zittau und Hirschfelde gehörten nicht zur Balley Brandenburg, sondern zum Großpriorat Böhmen-Mähren und waren bereits infolge der Reformation 1570 untergegangen. Erste schriftliche Zeugnisse beschäftigen sich bereits 1854 mit Fragen der Organisation und der Satzung einer Genossenschaft in Sachsen.

Am 30. September 1855 forderte Ordenskanzler Eberhard Graf zu Stolberg-Wernigerode die „im Untertanenverbande des Königreichs Sachsen" lebenden Johanniterritter auf, eine Genossenschaft zu gründen. Am 9. März 1856 trafen sich Angesprochene, darunter Oberhofmarschall Georg Rudolf von Gersdorff, der Minister des Inneren und der äußeren Angelegenheiten Friedrich Ferdinand Graf von Beust und Kammerherr Alexander Ferdinand Freiherr von Budberg, um über die Gründung zu beraten. Das in der sächsischen Verfassung von 1831 festgelegte Ordensverbot behinderte zunächst eine zeitnahe Realisierung. Um dennoch eine schnelle regionale Wirksamkeit in der Öffentlichkeit zu erlangen, vereinbarte man am 25. Januar 1859 mit der Dresdener Diakonissenanstalt eine Bereitstellung von drei Freibetten. Damit war der wichtige Anfang der Werktätigkeit in der Krankenpflege für die Genossenschaft gesetzt. 1864 reichten die finanziellen Mittel schon für ein eigenes Johanniter-Zimmer. 1868 kaufte man bereits ein kleines Johanniter-Haus in der Nachbarschaft der Diakonissenanstalt und übergab es mitsamt den dortigen Freibetten den Diakonissen zur Verwaltung.

Die Geschichte des Johanniterordens in Sachsen ist eng mit der Geschichte der von ihm geführten Krankenhäuser verbunden. Der gleich auf dem ersten statutengemäßen Rittertag am 2. Januar 1861 errichtete Krankenhausfond diente diesem diakonischen Ordensauftrag. Ein erstes eigenes Krankenhaus wurde am 31. Mai 1880 in Riesa mit zunächst 16 Betten errichtet und von zwei, später drei Diakonissen betreut. Weil es bald zu klein geworden war und den hygienischen Anforderungen nicht mehr genügte, beschloss der Orden im Jahre 1900 einen Neubau. Dieser sollte in der industriell stark entwickelten, aber medizinisch unterversorgten Region um Dresden und Pirna auf der Stadtgrenze zwischen den Städten Heidenau und Dohna gebaut werden. Am 1. März 1901 wurde mit dem Bau in Heidenau begonnen, die Einweihung erfolgte am 28. Juni 1902. Bereits am 25. Februar 1902 stellte das Riesaer Krankenhaus den Dienst ein. Bis zum Jahresende 2002, also genau 100 Jahre, stand das Heidenauer Krankenhaus im Mittelpunkt der diakonischen Tätigkeit der Sächsischen Genossenschaft.

Ein weiteres Betätigungsfeld für die Johanniter waren die Lazarettdienste. 1866 legte die Genossenschaft während des Deutsch-Deutschen Krieges ein Reservedepot zur Ausgabe von Verbandsmaterial, Wäsche und Genussmitteln an. Im Kriegsjahr 1870 wurde ein Lazarett in Waldenburg unterhalten. Während des Ersten Weltkrieges errichtete die Genossenschaft Lazarette in Heidenau, Waldenburg und auf Schloss Rammenau und im Zweiten Weltkrieg ein Reservelazarett in Heidenau. Nach der sukzessiven Beschränkung der Ordenstätigkeit unter den Nationalsozialisten und der Enteignung durch die Regierung der DDR im Jahre 1948 wurde die Sächsische Genossenschaft als Flüchtlingsgenossenschaft in der Bundesrepublik Deutschland weitergeführt, wobei man immer versuchte, den Kontakt mit der sächsischen Heimat zu halten.

1990 kehrte der Orden nach Sachsen zurück. Am 1. Oktober 1991 wurde die Rückübertragung des Heidenauer Krankenhauses vollzogen. Durch die neuen Strukturen im Gesundheitswesen konnte das Krankenhaus nicht gehalten werden und wurde in ein modernes Seniorenheim umgewandelt, dessen Einweihung am 6. Mai 2006 als Johanniter-Stift Dohna-Heidenau erfolgte. Bereits 1998 errichtete die Genossenschaft in Heidenau mit dem „Siegfried-von-Lüttichau-Haus" ein erstes Johanniter-Seniorenheim. Beide Häuser befinden sich seit 2009 in der Trägerschaft der Johanniter-Seniorenhäuser GmbH. Das nach der Friedlichen Revolution neu entstandene Ordensleben findet in den regionalen Untergliederungen, den sogenannten Subkommenden, statt. 1992 wurden in Leipzig und 1993 in Dresden Subkommenden gegründet, die man aufgrund ihrer Zunahme 2003 bzw. 2004 jeweils aufteilte. Es folgten 2005 mit Chemnitz und 2009 in der Oberlausitz weitere Subkommenden. Die praktische Hilfstätigkeit findet dabei in den einzelnen Ordenswerken statt. Diese sind die Johanniter-Hilfsgemeinschaften, die Jugendarbeit im Orden, die Senioreneinrichtungen des Ordens und die Johanniter-Unfallhilfe (JUH). Gerade letztere wird in der Öffentlichkeit am meisten wahrgenommen. Noch vor der Wiedervereinigung Deutschlands wurde der Leipziger Kreisverband der JUH am 19. März 1990 gegründet. Der Landesverband Sachsen entstand im Oktober 1990.

Zählte die Sächsische Genossenschaft zu ihrer Gründung im Jahr 1860 32 Ritterbrüder als Mitglieder, so sind es im Jahr 2020 201 Ritterbrüder mit ihren Familien, wobei mehr als ein Drittel von ihnen ihren Hauptwohnsitz in Sachsen haben. Im Freistaat wohnen zudem weitere 23 Ritterbrüder aus anderen Genossenschaften mit ihren Familien, die sich am johanniterlichen Leben beteiligen und engagieren.

Profil

Johanniter sind evangelische Christen, die sich ihrem Herren Jesus Christus verpflichtet wissen und den Ordensauftrag gewissenhaft  erfüllen. Dieser Ordensauftrag besteht im Doppelgebot der Bezeugung des Glaubens und des Einsatzes für den Nächsten. Als gemeinsames Erkennungszeichen der Johanniterfamilie dient das achtspitzige Kreuz, das auf die acht Seligpreisungen Jesu hinweist. Jeder Ritterbruder trägt es als Nadel am Revers der Alltagskleidung und am schwarzen Ordensmantel, der liturgischen Tracht des Ordens.

In seiner persönlichen Lebensgestaltung soll sich der Johanniter an der Ordensregel orientieren, die das Ordenskapitel 1964 in Nieder-Weisel beschlossen hat:

Die Ordensregel

„Nach dem Vorbild und auf dem Wege der Väter des Ritterlichen Ordens St. Johannis vom Spital zu Jerusalem will der Johanniter auch heute dem Herrn Jesus Christus dienen. Er lässt sich rufen, wo die Not des Nächsten auf seine tätige Liebe und der Unglaube der Angefochtenen auf das Zeugnis seines Glaubens warten.

Sein Weg zu Gott ist nicht Weltflucht. Die Reformation hat ihm das Evangelium erschlossen und stellt ihn bei seinem Gottesdienst in die Welt mit Augen für die Not aller Kreatur, mit einem Herzen, das lieben kann, mit Händen, die zur Tat bereit sind, mit der Fürbitte für den Menschenbruder. Ihm wird auch der Alltag zur heiligen Zeit und der weltliche Beruf zum Gottesdienst.

Er trägt das Zeichen des Ordens als Sinnbild seiner Erlösung und als Gleichnis für die Seligpreisungen der Bergpredigt, die ihm in den Kämpfen und Anfechtungen des irdischen Lebens das Kommen und den Sieg des Reiches Gottes verheißen.

Er hat als Ritter seines höchsten Herrn nach dem Wort des Apostels Paulus nicht nur mit Menschenmacht zu kämpfen, sondern mit den unsichtbaren Gewalten in der Finsternis dieser Welt.

Er besteht den Kampf gegen den Unglauben mit den Waffen der Wahrheit und der Gerechtigkeit, mit dem Schild des Glaubens und dem Schwert des Geistes, welches das Wort Gottes ist, mit dem Gebet, dass Gott ihn selbst im Glauben erhalte und ihm helfe, alle Anfechtungen zu überwinden. Im geistigen Ringen seiner Zeit dient er Gott auch mit den Gaben der Vernunft, damit Glaube und Wissen gemeinsam Gottes Lob verkünden.

Das Gelöbnis des Gehorsams macht den Johanniter bereit, den Weisungen des Herrenmeisters und der Ordensoberen in tätiger Dienstbereitschaft zu folgen, die Ziele des Ordens zu fördern und die Ehre des Ordens zu wahren. Er will sich überall und allezeit, in der Ehe und Familie, in jedem Beruf und vor allen Aufgaben des irdischen Lebens als rechter Johanniter erweisen und bewähren.

Die einst aufgegebene Pflicht des Schutzes und Geleites der Pilger zu den heiligen Stätten erfüllt der Johanniter heute durch die Bereitschaft, den Weg des Glaubens mit dem Nächsten zu gehen und nach einer Bruderschaft zu streben, in der alle einander dienen, ein jeder mit der Gabe, die er von Gott empfangen hat.

Diese Regel des Ordens zeigt den Weg, den der Johanniter in guten wie in bösen Tagen geht, im Vertrauen auf die Gnade des Herrn Jesus Christus und die Liebe Gottes und die Gemeinschaft des Heiligen Geistes."

Leitbild der Johanniterritter in Sachsen

Für das johanniterliche Leben in Sachsen erarbeitete der Konvent der Genossenschaft ein Leitbild. Für das letztmalig 2016 geprüfte Leitbild zeichnete Hans-Peter von Kirchbach als Regierender Kommendator der sächsischen Johanniter verantwortlich:

·   *Wir sind Ritter des Johanniterordens.*
    Wir sind evangelische Christen und glauben an den dreieinigen Gott. Und wir sind Ritter des Johanniterordens. Wir haben als solche ein Gelübde abgelegt, das uns bindet. Wir haben gelobt, uns offen und öffentlich zu unserem christlichen Glauben zu bekennen und Hilfsbedürftigen beizustehen. Wir bemühen uns entsprechend, Ansprüche nicht an andere oder an Staat und Gesellschaft, sondern zuerst an uns selber zu stellen. Wir gehören zu einer Gemeinschaft, die sich die Bergpredigt Jesu (Matthäus 5–7) zum Maßstab ihres Handelns gewählt hat. Wir stehen in einer langen Tradition des Dienens und bemühen uns, dem daraus erwachsenen Anspruch gerecht zu werden. Wir bemühen uns um Weisheit, Tapferkeit, Mäßigung und Gerechtigkeit. Wir versuchen, für uns selber und unser Umfeld, den Egoismus zu verringern und weder zu viel Angst um die Zukunft zu haben, noch starr an der Vergangenheit festzuhalten. Wir versuchen vielmehr, im Vertrauen auf Gottes Hilfe, den jahrhundertealten Ordensauftrag entsprechend den Anforderungen unserer Zeit bestmöglich zu erfüllen.

·   *Wir versuchen, den Johanniter-Auftrag bestmöglich zu erfüllen.*
    Wir wollen leidenden, kranken, schwachen, alten und armen Menschen helfen. Wir leisten im Sinne unseres Ordensauftrages einen Beitrag zur Erziehung von Kindern und Jugendlichen. Wir erleben in der Hilfe für Andere auch die eigene Hilflosigkeit gegenüber Leid, Schmerz und Sterben und wissen, dass diese auch uns betreffen können und werden. Unser Glaube, besonders unser Vertrauen auf ein Leben nach dem Tod, hilft uns, diesen Themen zu begegnen. Wir bekennen uns zu Ehe und Familie als tragende Elemente der Gesellschaft. Wir fühlen uns für das Gemeinwohl mit verantwortlich und engagieren uns in Staat, Kirche und Gesellschaft. Wir lassen uns rufen, wenn wir gebraucht werden.

·   *Wir sind eng mit Sachsen verbunden.*
    Wir sind als sächsische Johanniterritter auf vielfache Weise mit Sachsen verbunden, dies gilt auch für die Ordensmitglieder, die nicht in Sachsen leben. Diese Identifikation beruht für manche auf Geburt und / oder Familiengeschichte, für andere auf der bewussten Hin-

wendung zu Sachsen als Wohnort und / oder zur Sächsischen Genossenschaft.

·   *Wir arbeiten ehrenamtlich.*
Unsere Tätigkeit im Sinne des Ordens ist ehrenamtlich. Sie unterscheidet sich von unserer Arbeit im Beruf durch die zeitlich stärkere Begrenzung des Einsatzes sowie durch die meist weitgehende Eigenverantwortung in der Wahl der Tätigkeit und der Durchführung. Sie unterscheidet sich jedoch nicht in der Qualität der Arbeit. Wir arbeiten in der Regel gemeinschaftlich in Projekten.

·   *Wir pflegen und schätzen unsere Gemeinschaft.*
Die Gemeinschaft der Ordensritter ist uns sehr wichtig, wobei neben den Ritterbrüdern deren Ehefrauen und Kinder wesentlicher Bestandteil dieser Gemeinschaft sind. Wir engagieren uns – soweit Zeit und Kraft dies erlauben – in den Subkommenden, den Ordenswerken oder den Johanniter-Hilfsgemeinschaften. Bestmöglich bemühen wir uns um die hilfsbedürftigen Mitglieder in unserer Genossenschaft.

·   *Wir sind mit allen Johannitern verbunden.*
Die Ordenswerke und die dort tätigen Menschen machen den Johanniterorden sichtbar und erlebbar. Als Johanniterritter fühlen wir uns mit allen Menschen verbunden und solidarisch, die sich haupt- oder ehrenamtlich in den Johanniterwerken engagieren. Auch wir engagieren uns, unseren jeweiligen Möglichkeiten entsprechend, in unseren Ordenswerken und fördern deren Dienst. Durch unsere ehrenamtliche Mitarbeit können wir die Werke dabei unterstützen, die Spannung zwischen dem sozialen Anspruch und wirtschaftlichem Handeln auszuhalten. Wir können helfen, die Arbeit der Werke durch geistige und geistliche Elemente zu bereichern, für die in deren Alltag mitunter Zeit und Geld fehlen. Wir sind dankbar dafür, Teil der großen Johanniter-Gemeinschaft zu sein.

Struktur

Bis 2001 war die Sächsische Genossenschaft ein Verein mit altrechtlicher Satzung und Sitz in Bonn. Seit der Sitzverlegung nach Dresden gilt die Genossenschaft als eingetragener Verein. Die dazu vom Rittertag der Genossenschaft am 6. Oktober 2001 in Leipzig beschlossene Satzung wurde vom Ordenskapitel am 9. November 2002 genehmigt.

Geleitet wird die Genossenschaft von einem Regierenden Kommendator, der zugleich ständiges Mitglied des Ordenskapitels ist und die Verbindung zur Ordensregierung hält. Seit 2014 ist Hans-Peter von Kirchbach Regierender Kommendator, ihm folgt 2020 Bernd von Bieler. Dem Kommendator steht der Konvent zur Seite, der aus den Alt- und Ehrenkommendatoren, dem Personalbeauftragten, Richter, Schatzmeister, Werkmeister, Schriftführer und weiteren Rittern mit speziellen Aufgaben der Genossenschaft besteht. Als Mitgliederversammlung dient der jährlich stattfindende Rittertag. Mitglieder sind die Ritterbrüder, die sich aufteilen in Anwärter, Ehrenritter und Rechtsritter. Um eine Aufnahme kann man sich nicht bewerben. Der Orden bietet von sich aus Männern, die sich zum evangelischen Glauben bekennen, zum diakonischen Dienst bereit sind und ihre Lebensführung von ritterlicher Gesinnung bestimmen lassen, die Aufnahme als Ehrenritter an. Dieses geschieht im Gottesdienst zum sächsischen Rittertag. Nach besonderer Bewährung folgt mit Ablegung des Rechtsrittergelübdes die Ernennung zum Rechtsritter, die mit dem Ritterschlag durch den Herrenmeister in der Ordenskirche von Nieder-Weisel beim Gottesdienst um den Johannistag vollzogen wird. Zum 1.1.2020 gibt es in der Sächsischen Genossenschaft einen Anwärter, 114 Ehrenritter, 81 Rechtsritter und fünf Kommendatoren. Für Damen ist eine Aufnahme derzeit nicht möglich. Doch ihr Einsatz und Dienst ist der Genossenschaft sehr wichtig und so gibt es verschiedene andere Zeichen der Anerkennung und Wertschätzung. Ein eigenes Ordenswerk ist die 1886 gegründete Johanniter-Schwesternschaft, in der sich Damen in der Gesundheits- und Krankenpflegeausbildung engagieren.

Die Sächsische Genossenschaft ist eingebunden in die Gesamtstruktur des Johanniterordens. Zu ihm zählen derzeit 4.092 Ritterbrüder (Stand: 1.1.2019). An der Spitze des Ordens steht der Herrenmeister, seit 1693 ein Mitglied des Hauses Preußen. Dieses Amt übernahm 1999 S.K.H. Dr. Oskar Prinz von Preußen als sechster Herrenmeister seit der Wiedererrichtung des Ordens 1852. Der Herrenmeister leitet den Orden auf Basis der Ordensregel, der Satzung der Balley sowie der Beschlüsse des Kapitels.

Er ist gegenüber allen Ordensmitgliedern und Ordenswerken in Ordensangelegenheiten weisungsbefugt. Der Herrenmeister wird unterstützt vom Ordenskapitel. Zum Kapitel gehören der Ordensstatthalter, der Ordenshauptmann, die Kommendatoren der einzelnen Genossenschaften und die Ordensregierung. Zur Regierung zählen der Kanzler, der Dekan, der Werkmeister, der Schatzmeister, der Beauftragte für die Johanniter-Hilfsgemeinschaften, der Präsident der Johanniter-Unfallhilfe e.V., die Oberin der Johanniter-Schwesternschaft und der Generalsekretär, der als einziger hauptamtlich tätig ist.

Der Johanniterorden ist in 23 Genossenschaften gegliedert. Die landsmannschaftlich geprägten Genossenschaften bzw. Kommenden verteilen sich auf die heutigen Bundesländer oder Landschaften (Baden-Württemberg, Bayern, Brandenburg, Hamburg, Hannover, Hessen, Mecklenburg, Provinzial-Sachsen [Sachsen-Anhalt], Rheinland, Rheinland-Pfalz, Schleswig-Holstein, Sachsen und Westfalen). Dazu kommen vier Genossenschaften, deren Angehörige aus den ehemaligen preußischen Ostprovinzen stammen (Pommern, Posen-Westpreußen, Preußen und Schlesien). Fünf nichtdeutsche Genossenschaften sind in Finnland, Frankreich, Österreich, der Schweiz und in Ungarn beheimatet. Die Ordensleitung sowie die Ritterbrüder, die ihren Wohnsitz ständig oder für längere Zeit im Ausland haben, sind in der Balley zusammengefasst.

Gemeinsames Leben

Subkommenden

Das Ordensleben geschieht vor allem in den Subkommenden. Alle in Sachsen lebenden Ritter sind einer der sechs Subkommenden zugeordnet, die von einem Subkommendeleiter geführt werden. Ritterbrüder öffnen ihre Häuser bzw. Wohnungen für die monatlichen Zusammenkünfte. Vorträge zu Themen des Glaubens, der Ordensarbeit und der gesellschaftlichen Entwicklung, Bibelarbeiten und Gespräche stehen im Mittelpunkt der Treffen, die aber auch der Mitgliederpflege und Motivierung, dem gegenseitigen familiären Kennenlernen und der Geselligkeit dienen sollen. Jede Subkommende beginnt mit einer Andacht, in der das verbindliche Ordensgebet gesprochen wird:

„Segne, segne, Herr, den Orden! Dir zur Ehre will er dienstbar sein. Sei ihm gnädig, hilfreich immer, steh' ihm bei im Kampf zum Heil. Stärk' den Glauben an den Heiland, der zu Ehren das Kreuz gebracht. Wehr dem Bösen, hilf zum Guten, dem Schwachen hilf, treu zu sein. Dem Schwachen hilf! Herr, höre uns! Amen."

Durch die Subkommenden können Anwärter oder interessierte Personen Zugang zur Arbeit im Orden finden und für ihn gewonnen werden.

Einkehrwochenende in Kohren-Sahlis

Jedes Jahr im Frühjahr lädt die Genossenschaft zum Einkehrwochenende in die Heimvolkshochschule nach Kohren-Sahlis. Auf dem Plan stehen Andachten, Bibelarbeiten sowie Gemeinschaft und Geselligkeit für Ritterbrüder und ihre Familien.

Rittertag

Ein wichtiges Datum für jeden Johanniter ist der jährlich an einem Septemberwochenende stattfindende Rittertag. Dieser widmet sich jeweils einem speziellen Thema, zu dem Referenten eingeladen werden. Die folgende Aufzählung gibt die verschiedenen Tagungsorte und die Themen des Rittertags wider:

2011 Leipzig: Verkündigung durch Musik, 2012 Zwickau: Die Rolle der Kirchen vor, während und nach der Wende, 2013 Pirna: Glauben und Toleranz, 2014 Hoyerswerda: Glaube und Politik, 2015 Leipzig: 25 Jahre Johanniter-Unfallhilfe, 2016 Radebeul: *Tuitio fidei* – Die Bezeugung des Glaubens, 2017 Torgau: Sicherheitsbedürfnis und Gottvertrauen, 2018: Bad Elster: Muslimische Zuwanderung in einer von christlichen Traditionen geprägten Gesellschaft – Wie kann Integration gelingen?, 2019 Dresden: Perspektiven des Ehrenamtes, 2020 Görlitz: Glaube in Bedrängnis und Not – Das Schicksal verfolgter Christen heute.

In der obligatorischen Ritterversammlung werden der Geschäftsbericht und der Jahresabschluss entgegengenommen und genehmigt. Zudem stellen sich die neuen Ehrenritterkandidaten vor. Ein eigenes Kinder-, Jugend- und Damenprogramm rundet das Treffen ab. Höhepunkt ist der Festgottesdienst, der mit der Ortsgemeinde gefeiert wird. In diesem findet das Ordenszeremoniell mit dem Gedenken an die Verstorbenen, der Aufnahme der neuen Ehrenritter, dem Verleihen der Ehrenritterkreuze und den Auszeichnungen an verdiente Damen im Orden statt.

Mitgliedspublikation „Der Johanniterorden in Sachsen" (JiS)

Seit 1999 erscheint bis zu dreimal jährlich die Ausgabe des JiS, die von einem Ritterbruder redaktionell geleitet wird. In den broschierten Heften erscheinen wichtige Vorträge, Predigten und Reden, die in den Subkommenden und auf dem Rittertag gehalten worden sind. Außerdem wird über das Leben in der Genossenschaft und in ihren Ordenswerken sowie über die aktuellen Personalia ausführlich berichtet.

Aktivitäten/Angebote

Johanniter-Hilfsgemeinschaft(en) (JHG)

Die JHG wurde 1951 als Werk des Johanniterordens gegründet. Die einzelnen Hilfsgemeinschaften stehen jedermann offen, der die Arbeit des Ordens fördern und unterstützen will. Alle Mitglieder sind ausschließlich ehrenamtlich tätig. In Sachsen bestehen drei JHGen: in Dresden (gegr. 1997), in Leipzig (gegr. 2003) und in Görlitz (gegr. 2013). Die JHGen in Sachsen arbeiten eng mit den anderen Werken und Einrichtungen der Ordensfamilie zusammen, z.B. durch Teilnahme an den „Runden Tischen" und durch die Unterstützung regionaler Johanniter-Besuchsdienste und der jährlich von der Jugend im Orden (JiO) durchgeführten Freizeiten für Menschen mit Behinderungen. Folgende Projekte werden derzeit begleitet und gefördert: Betreuung und Begleitung von Bewohnern der Johanniter-Pflegeheime in Heidenau, Leipzig und Lößnitz, Veranstaltung von Logotherapie-Seminaren für Grüne Damen und Herren sowie für Mitwirkende im Johanniter-Besuchsdienst, Förderung der Erziehung zum Helfen im Kindergarten- und Grundschulalter („Ersthelfer von Morgen"), Förderung der Kompetenz von Kindern und Jugendlichen an Schulen beim Umgang mit Konflikten und bei Konfliktlösungen („Seniorpartner in School"), Unterstützung von Jugendlichen aus schwierigen sozialen und familiären Verhältnissen auf ihrem Weg, den Hauptschulabschluss nachzuholen (Lebenshof gGmbH in Görlitz-Ludwigsdorf), Unterstützung eines ökumenischen Musikprojektes mit Kindern und Jugendlichen in Leipzig-Grünau, Hilfe für geflüchtete und asylsuchende Menschen sowie Förderung des Verständnisses von biblischer Botschaft in Kunstwerken sächsischer Museen und Kirchen („Bild und Botschaft"[2]). Die für diese Projekte benötigten finanziellen Mittel werben die Mitglieder der JHGen durch aktive Spendensammlungen, Benefizveranstaltungen, Basare und andere Aktionen gezielt ein.

Jugend im Orden (JiO)

Die JiO Sachsen setzt sich aus Schülern, Studenten und Berufsanfängern zusammen. Das Programm ist konzipiert für junge Damen und Herren im Alter zwischen 16 und 35 Jahren, die an der Arbeit mit kranken, schwachen und benachteiligten Jugendlichen und Erwachsenen interessiert sind und eigenverantwortlich und kreativ handeln wollen. Die Projekte bieten dabei die Gelegenheit, eine Gemeinschaft zu entwickeln, Verantwortung für andere zu übernehmen und den christlichen Glauben durch tätige Nächstenliebe zu leben. Von zentraler Bedeutung ist dabei das jährliche Sommerlager, bei dem körperlich und geistig behinderte Menschen gemeinsam mit den Jugendlichen eine Woche in Kohren-Sahlis verbringen und gestalten. Weiterhin wird

---

2 Aus der seit 2007 organisierten Vortragsreihe „Bild und Botschaft" in Dresden konnte durch die Dresdener JHG ein erstes Buchprojekt realisiert werden: Bild und Botschaft. Biblische Geschichten auf Meisterwerken der Staatlichen Kunstsammlungen Dresden, hg. von der Johanniter-Hilfsgemeinschaft Dresden, Regensburg 2015. Zehn Kunstwerke werden jeweils von einem Kunsthistoriker und einem Theologen erschlossen. Zur Vortragsreihe siehe auch: www.bildundbotschaft.de.

um Pfingsten zu einer mehrtägigen Pilgertour auf dem sächsischen Lutherweg eingeladen.

Johanniter Seniorenhäuser

In Sachsen gibt es vier Johanniter Seniorenhäuser, die seit 2009 von der Johanniter Seniorenhäuser GmbH betrieben werden: Johanniter-Stift Dohna-Heidenau (eröffnet 2006), Johanniter Seniorenheim Heidenau (eröffnet 1998), Johanniterhaus „Am Mariannenpark" Leipzig (eröffnet 1995) und Johanniterhaus „Am Berg" in Lößnitz (Übernahme 1995). In jedem Wohnheim ist ein ehrenamtlich arbeitendes Kuratorium eingesetzt, wobei die Mehrheit der Mitglieder dem Orden oder seinen Werken angehören soll. Der Alltag der Bewohner wird dadurch bereichert, dass sich viele Mitglieder der Genossenschaft und der JHGen, darunter besonders Damen und Ehefrauen der Ritterbrüder, dort in verschiedener Weise ehrenamtlich beim Gedächtnistraining, Besuchsdienst, bei der Organisation von Feiern, Festen, Basaren und Ausflügen engagieren. Die Ritterbrüder halten in den Kapellen der Wohnheime monatliche Andachten.

Johanniter Unfallhilfe (JUH)

Die JUH stellt das größte und auch bekannteste Ordenswerk dar. Zum Landesverband Sachsen gehören vier Regionalverbände mit Leipzig/Nordsachsen, Meißen/Mittelsachsen, Dresden und Zwickau/Vogtland sowie zwei Kreisverbände mit Erzgebirge/Chemnitz und Görlitz. Mit ihren fast 2.000 hauptamtlichen Mitarbeitern und 975 ehrenamtlichen Helfern (davon 407 aus der Johanniter-Jugend) nimmt die JUH auch in Sachsen einen bedeutenden Rang im Spektrum der privaten Hilfsorganisationen ein. Ihre Leistungsfähigkeit wird durch fast 24.000 Förderer unterstützt. Die JUH betreibt in Sachsen u.a. neun Rettungswachen, acht Sanitätsdienste, 55 Kindertagesstätten mit über 6300 Plätzen, 15 Schulsanitätsdienste mit 234 Schulsanitätern und 22 Sozialstationen (Stand 2018). Sie engagiert sich bei der Erste-Hilfe-

Ausbildung, bei der Flüchtlingsbetreuung und bietet weitere soziale Dienste an.

Netzwerk

Die Ritterbrüder und ihre Familien sind Teil der jeweiligen Ortskirchgemeinden, in die sie sich nach Zeit und Kraft einbringen. Die einzelnen Johanniter-Einrichtungen stehen im regelmäßigen Kontakt zu den Ortspfarrern sowie Kirchgemeinden und freuen sich über Andachten, Gottesdienste und gemeinsame Aktivitäten. Im Konvent gibt es einen Ritterbruder, der den Kontakt zur sächsischen Landeskirche pflegt. Bei kirchlichen Großveranstaltungen sichert die JUH den erforderlichen medizinischen Bedarf ab.

Das Ordenszentrum in Nieder-Weisel bietet regelmäßig Einführungs- und Weiterbildungsseminare für Ordensmitglieder und ehren- und hauptamtliche Mitarbeiter der Ordenswerke an. Die historische Komturkirche ist das geistliche Zentrum aller Johanniter in Deutschland.

Der Johanniterorden ist gemäß dem Schutzbrief des Rates der Evangelischen Kirche in Deutschland (EKD) vom 2. Mai 1947 Bestandteil der Evangelischen Kirche in Deutschland. Der Beauftragte des Rates der EKD für den Kontakt zum Johanniterorden ist seit 2010 der Kirchenhistoriker und derzeitige Ordensdekan Prof. Dr. Dres. h.c. Christoph Markschies. Ebenso ist der Orden Mitglied des Diakonischen Werks der EKD.

Der Johanniterorden arbeitet nicht nur mit dem römisch-katholischen Souveränen Ritter- und Hospitalorden vom Hl. Johannes zu Jerusalem von Rhodos und von Malta, sondern auch mit den drei protestantischen Orden des heiligen Johannes in Großbritannien (Most Venerable Order of St. John; Neugründung im 19. Jahrhundert mit dem jeweiligen Monarchen als Oberhaupt, Sitz in London), in den Niederlanden (Johanniter Orde in Nederland, selbständig seit 1946, mit Sitz in Den Haag) und in Schweden (Johanniterorden i Sverige, selbständig seit 1946, mit Sitz in Stockholm) in ritterbrüderlicher Verbundenheit eng zusammen. 1961 schlossen sich die vier evangelischen Johanniterorden in der Komturkirche in Nieder-Weisel zu einer Ordensallianz zusammen, um die internationalen Tätigkeiten zu koordinieren.

Ökumenische Beziehungen bestehen zu den anerkannten geistlichen Ritterorden, zum einen dem Orden der Brüder vom Deutschen Hospital Sankt Mariens in Jerusalem, genannt Deutscher Orden (gegr. 1190), und zum anderen dem Ritterorden vom Heiligen Grab zu Jerusalem (gegr. 1868). Kleine Delegationen nehmen an den Rittertagsgottesdiensten teil.

In Jerusalem, dem Entstehungsort des Ordens, sind auch heute noch Johanniter tätig. Der Balley Brandenburg gehört seit 1858 in der Altstadt ein Hospiz, das derzeit von der Marburger Jesusbruderschaft benutzt wird, die dort die geistliche Betreuung von jungen Menschen, Gästen und Pilgern wahrnimmt. Ebenso ist die Balley auch am Krankenhaus der Kaiserin-Auguste-Victoria-Stiftung auf dem Ölberg beteiligt.

Frauke Groß, Gisela Nowack

Sächsisches Gemeinschafts-Diakonissenhaus ZION e.V. Aue

Geschichte

Am 20. November 1919 wurde die Schwesternschaft des Sächsischen Gemeinschafts-Diakonissenhauses ZION in Kurort Rathen gegründet. Der Brüderrat der Landeskirchlichen Gemeinschaft in Sachsen druckte 1918 einen Aufruf im Gemeinschaftsblatt, der zur Gründung ZIONs führte. Darin hieß es:

„Wir haben uns nach ernstem Gebet und reiflicher Überlegung entschlossen, ein eigenes Diakonissenhaus ins Leben zu rufen. Unser Volk braucht in seinen schweren Nöten mütterliche Helferinnen."

In diesem schweren Nachkriegsjahr hungerten die Menschen im Land. Auch die ersten Schwestern lebten in großer Armut. Sie beteten ums tägliche Brot. Und sie erlebten es, dass Gott ihre Gebete erhörte. Sie waren fröhlich und voll Glauben und Liebe zu ihrem Herrn Jesus Christus.

Durch die Person des ersten Hausvaters von 1919–1926, Pfarrer Siegfried Rothardt erhält die Schwesternschaft von Anfang an eine starke Prägung durch Luthertum und Gemeinschaftsbewegung/Pietismus. Von diesen Anfangsjahren an haben zwei starke Sätze unsere Schwesternschaft begleitet: *„Zion hat der Herr gegründet"* und *„Zion muss ein Glaubenswerk bleiben."*

Der Herr Christus hat den Anfang gemacht. Er hat durch Krisen hindurchgeführt, und er ist zu loben. *„Lobe Zion deinen Gott"* (Psalm 117) wurde zum Leitwort der Schwesternschaft.

In den ersten Jahren nach der Gründung traten jährlich 20 bis 30 junge Frauen in die junge Schwesternschaft ein. Das Haus in Rathen (ab 1933 „Friedensburg") wurde bald zu klein und die

Schwestern suchten ein neues Mutterhaus, das sie im ehemaligen, 1896 von Sanitätsrat Dr. Pilling erbauten Sanatorium in Aue fanden. 1924 erfolgte der Umzug der Schwesternschaft nach Aue.

Bis 1939 konnte eine umfangreiche Gäste- und Seelsorgearbeit im Erholungsheim innerhalb des Mutterhauses in Aue betrieben werden. Während des Zweiten Weltkrieges wurde das Haupthaus als Hilfskrankenhaus, Teil- und später Luftwaffen-Lazarett genutzt.

Im Januar 1946 wurde eine Kinderklinik aufgenommen, die von Ostpreußen flüchten musste und eine Unterkunft suchte. Die Gästearbeit in Aue musste leider aufgegeben werden. Das Haupthaus wurde bis 1996 als staatlich geleitete „Kinderklinik" genutzt. Für die Diakonissen kam es im eigenen Mutterhaus zu großen Einschränkungen. Dafür taten die ZION-Schwestern einen segensreichen Dienst in Krankenhäusern, Pflegeheimen, bei behinderten und blinden Menschen in vielen diakonischen Einrichtungen in Sachsen und darüber hinaus.

Die Erfüllung des Auftrags unserer Schwesternschaft zielte stets in diese beiden Richtungen, die miteinander verknüpft waren: *Wortverkündigung* und *Diakonie*.

Von 1947–1957 fanden in Aue Bibelkurse für Gemeinschaftsschwestern statt. Ab 1971 wurden Seminare für Gemeindearbeit und Kinder-Mitarbeiter durchgeführt und ebenso der Christenlehre-Unterricht für ein Auer Stadtgebiet, den die Schwestern übernahmen. 1972 nahm man erneut in den begrenzten Räumen die Gästearbeit wieder auf mit Verkündigung und Seelsorge als Angebot und auch die Tage der Stille. 1989 bis 1993 fanden Seminare für junge Frauen statt mit dem Ziel für eine „missionarisch-diakonische Gemeinschaftsarbeit" ausgebildet zu werden.

Aus dieser selbst erfahrenen Gemeinschaft während der Seminare entstand bei den Teilnehmerinnen der Wunsch nach Verbindlichkeit. So wurde 1992 der „Zionsring" gegründet. Junge Frauen schlossen sich in loser Form in einer Gemeinschaft an die Schwesternschaft an. Gebetsverbindung, Rüstzeiten und ehrenamtliche Engagements prägen den „Zionsring".

Erst 1996, sieben Jahre nach der „Wende", zog die Kinderklinik aus und das Haupthaus konnte der Schwesternschaft zurückgegeben werden. Nach einer intensiven Phase der Renovierung und Umbaumaßnahmen wurde 1999 das Altenpflegeheim „Abendfrieden" mit 50 Pflegeplätzen eröffnet. 2016 folgten mit dem angrenzenden „Haus am Floßgraben" ein Erweiterungsbau, in dem sich 36 Bewohnerzimmer befinden und eine Tagespflege für 14 Gäste.

Das Angebot im Bereich der Altenhilfe in ZION wird ergänzt und abgerundet durch einen ambulanten Pflegedienst. Die sehr aktive Hospizgruppe Zion mit ca. 50 Ehrenamtlichen leistet intensive Hospiz- und Trauerbegleitung, Beratungs- und Schulungsarbeit.

2019 feierte das Diakonissenhaus ZION in Aue sein 100-jähriges Jubiläum. Der Höchststand an Diakonissen betrug 249. Heute wird die Schwesternschaft immer kleiner. Wie in vielen anderen Diakonissenhäusern gibt es keine neuen Eintritte. Aber der Auftrag geht weiter und wir sind dankbar für eine Schar von Mitarbeitenden, die auf zurzeit ca. 120 Personen angestiegen ist.

Profil

Das Diakonissenhaus ZION versteht sich als eine Glaubens- Lebens- und Dienstgemeinschaft. Von der Gründung an bis heute gilt der Auftrag der „Wortverkündigung und Diakonie", d.h. Menschen zu dienen mit Wort und Tat. Viele Jahre erfuhren die Diakonissen durch Rektor Erich Markert eine Prägung, die ZION als eine „kleine Gemeinde für die große Gemeinde" zu sein versteht.

Interessierte sind eingeladen teilzunehmen an den geistlichen Angeboten der Diakonissen. Durch die Erweiterung der diakonischen Arbeit in Aue wurde wichtig, dass das Diakonissenhaus auch für die Bewohner, Gäste und Mitarbeiter als ein „Haus der Geborgenheit" erfahrbar sein soll. Im Leitbild wird das christliche Profil hervorgehoben. Die sich daraus ergebenden Werte sind für alle Mitarbeitenden verbindlich. Nicht-christlich orientierten Mitarbeitenden werden in Glaubenskursen die Grundlagen unseres christlichen Profils vermittelt.

Neben den Diakonissen sind es viele engagierte, gläubige Frauen und Männer des Freundeskreises, denen der gemeinsame Glaube und Gottes Wort wichtig sind und die uns mit ihrem Gebet begleiten und das Werk mittragen.

Unsere Vision

„Auf der Grundlage unseres christlichen Glaubens wollen wir als Haus der Geborgenheit sich ergänzende und lebensfördernde Räume für Menschen schaffen."

Unsere Mission

„Wir leben Diakonie und Gemeinde unter einem Dach." Unseren diakonischen Auftrag erfüllen wir durch eine würdevolle und hoch qualitative Pflege und Begleitung hilfsbedürftiger Menschen bis ans Lebensende.

Unseren geistlichen Auftrag erfüllen wir durch Wortverkündigung und Seelsorge, damit Menschen im Glauben an Jesus Christus ermutigt werden und zum ewigen Leben finden.

Struktur

Der Name des Vereins lautet „Sächsisches Gemeinschafts-Diakonissenhaus ZION e. V." Die Leitung des Diakonissenhauses obliegt dem Vorstand, der in Verantwortung vor dem Verwaltungsrat und der Mitgliederversammlung steht. Die Mitglieder vertreten die Interessen des Diakonissenhauses und setzen sich zusammen u.a. aus den Diakonissen und ihnen nahestehenden Personen. Die Anliegen der Diakonissen werden vom Schwesternrat geregelt, dem die Oberin vorsteht.

Alle verantwortlichen Bereichsleiter und -leiterinnen kommen zu regelmäßigen Besprechungen und Klausurtagen zusammen und sollen Mitglied einer ACK-Kirche sein. Das Organigramm kann auf der Homepage www.zion.de eingesehen werden.

Gemeinsames Leben

Das gemeinsame Leben wird von dem Hören auf Gottes Wort und Gebet geprägt.

An drei Tagen pro Woche halten Diakonissen und Mitarbeitende des Teams für Gemeindearbeit Andachten zu jeweils drei aufeinanderfolgenden Uhrzeiten bei den Schwestern, in den Wohnbereichen des Pflegeheimes und der Tagespflege.

Die monatlichen Abendmahlsfeiern in den Wohnbereichen gehören dazu.

Alle Diakonissen sowie Gäste, Mitarbeitende und Ehrenamtliche sind eingeladen zum täglichen Mittagsgebet und mittwochs zur Mitarbeiterandacht.

Hausgemeindeabende, Wochenschlussandacht, Chorstunde und die sonntäglichen Gottesdienste mit Abendmahl sind öffentlich.

Seniorengottesdienste mit einer besonderen Prägung und Feiern zum Kirchenjahr werden für die Bewohner und deren Angehörige angeboten.

In einem nicht-öffentlichen Rahmen trifft sich die Schwesternschaft regelmäßig zu Gebetsgemeinschaften, Schwesternstunden, Abendmahl. Gemeinsam und in der persönlichen Stille auf Gottes Wort hören und ihm antworten ist die Grundlage und Quelle der Kraft und Freude, die den Glauben lebendig erhalten. In der Gegenwart Gottes empfangen wir Wegweisung, Korrektur und Ermutigung. Durch die Liebe-Jesu, wie es das Kreuz der Schwestern symbolisiert, wissen wir uns angenommen. Seine Liebe wirkt es, das wir sie in vielfacher Weise weitergeben können an die Menschen, denen wir dienen.

Aktivitäten/Angebote

- · Altenpflegeheim „Abendfrieden" mit 86 Plätzen
- · Ambulanter Pflegedienst
- · Tagespflege „Haus am Floßgraben"
- · Ambulante Hospizgruppe Zion - mit Ausbildung von ehrenamtlichen Hospizhelfern, Schulung und Begleitung, Trauerar-

beit, Trauer-Wochenenden, Beratung zu Patientenverfügung und Palliativpflege

· Gemeindearbeit - im Rahmen der Gemeindearbeit finden zudem monatlich ein Seniorenkreis und zwei große Frauen-Frühstückstreffen statt.

· Das Gäste- und Tagungshaus steht offen für unterschiedliche Gruppen mit einer eigenen Leitung.

· Diakonissen und Mitarbeitende vom Team Gemeindearbeit gestalten Freizeit-Angebote für verschiedene Zielgruppen, u.a.: Einkehrtage im Advent und zu Ostern, Tage der Stille, Kreativ-Freizeiten, Wochenendfreizeiten für Frauen, Großeltern mit Kindern, Senioren, Kultur und Natur im Erzgebirge, Veeh-Harfen-Tages- und Aufbaukurse. Ein eigener Jahres-Katalog dazu ist erhältlich.

· Buchprojekte von S. Gisela Nowack zum 95- und 100-jährigen Jubiläum „So weit der Himmel reicht" und „Was du, Herr, segnest…" mit Zeugnissen von Diakonissen, Mitarbeitenden und Menschen, die durch ZION gesegnet wurden.

Netzwerk

· Sächsischer Gemeinschaftsverband: Durch die „Gründerväter" von 1919 besteht von jeher eine enge Verbundenheit des Diakonissenhauses ZION. Viele junge Frauen kamen aus Kreisen der Landeskirchlichen Gemeinschaften und des Deutschen Jugendverbandes Entschieden für Christus (EC).

· Evangelisch-Lutherische Landeskirche Sachsens: Das Diakonissenhaus erfüllt seinen Auftrag innerhalb der EVLKS unter Wahrung seiner rechtlichen und organisatorischen Selbständigkeit.

· Mitglied im Diakonischen Werk Sachsens: Auch diese Verbundenheit besteht von Anbeginn an durch die Zugehörigkeit des Diakonissenhauses ZION zur Inneren Mission.

· Bund Deutscher Gemeinschafts-Diakonissenmutterhäuser: Seit der Gründung des „Bundes" 1921 ist ZION bis heute eines von 9 aktiven Mitgliedern und somit auch Mitglied im

· Evangelischen Gnadauer Gemeinschaftsverband e. V.

· Christliche Freizeithäuser Sachsen

Vor Ort arbeitet das Diakonissenhaus ZION zusammen mit den Kirchgemeinden der Ephorie Aue, der Allianz, dem ökumenischen Arbeitskreis der Stadt Aue und dem Gemeinschaftsbezirk.

David Keller, Stefan Kämpf

Theokreis Leipzig[1]

Geschichte

Der Theokreis Leipzig ist eine geistliche Studien-Gemeinschaft. Sie dient der kritisch-konstruktiven Auseinandersetzung mit dem Theologiestudium. Dass geistliche Gemeinschaft und theologische Kontroverse in einer fruchtbaren Beziehung miteinander stehen, soll in diesem Beitrag gezeigt und durch folgenden Rückblick auf den historischen Pietismus eingeleitet werden.

Als August Hermann Francke 1686 das *Collegium philobiblicum* an der Leipziger Universität gründete und es 1689 nach seiner Bekehrung fortsetzte, wollte er sowohl eine wissenschaftliche Schriftauslegung, die auf den Ursprachen Hebräisch und Griechisch basierte, als auch eine erbauliche Herangehensweise an die Heilige Schrift miteinander verbunden wissen. Sein Ansatz, der die Bekehrung und die Frömmigkeit des Einzelnen betonte, erregte immer mehr Aufsehen. Die theologische Kontroverse ließ nicht lange auf sich warten. Als der lutherisch-orthodoxe Theologieprofessor Johann Benedikt Carpzov II. es nicht unterließ, nach dem plötzlichen Tod des pietistischen Theologiestudenten Martin Born in dessen Leichenpredigt die durch Born zuvor angefertigte pietistisch geprägte Predigt zu kritisieren, kam es zu einer landesherrlichen Untersuchung, als deren Konsequenz Francke Leipzig verlassen musste.[2]

Ebenso wie die Leipziger Bewegung unter Francke sah sich der heutige Theokreis Leipzig bereits in seinen Anfängen dem

---

1 Dieser Artikel ist in leicht geänderten Fassungen bereits erschienen: Keller, David, Hohes Lied auf die Kleingruppe, in: ichthys 28/2012, 227–231; ders., Der Theokreis Leipzig, in: Evangelikale Theologie, 18,2/2012, 22–25; ders., „Es wächst zusammen, was zusammengehört." Der Theokreis Leipzig als Teil der Bruderschaft Liemehna, in: Schmidt, Markus (Hg.), Ein Haus aus lebendigen Steinen. 40 Jahre Bruderschaft Liemehna, Berlin 2013, 83–89. Für die Neu

2 Vgl. dazu Brecht, Martin, Philipp Jakob Spener, sein Programm und dessen Auswirkungen, in: ders., Geschichte des Pietismus, Bd. 1, 333–336.

Ideal verpflichtet, Erbaulichkeit und Wissenschaftlichkeit fruchtbar zu verbinden. Dies führte oft ebenso wie bei Francke zur
theologischen Kontroverse mit Professoren der Theologischen
Fakultät Leipzig.

Schon zu DDR-Zeiten gab es hin und wieder Theologiestudentenkreise mit diesem beschriebenen Profil, teilweise sogar mit
diesem Namen.[3] Allerdings besteht hier keine organisatorische
Kontinuität, sodass zum Beispiel 1990 von der Bruderschaft
Liemehna eine Bitte um Unterstützung zur Gründung eines
Theologiestudentenkreises in den Westen Deutschlands
ausging.[4] In den 90er Jahren bestanden immer wieder, wohl mit
einzelnen Unterbrechungen, sogenannte Theokreise an der Theologischen Fakultät in Leipzig.[5]

Es war Herbst 2005, als eine Handvoll Theologiestudierender
sich wieder einmal der Spannung zwischen wissenschaftlicher
Theologie und gelebter Frömmigkeit stellte und sich der Not an-
nahm, die sich für etliche von ihnen daraus ergab. Zu dieser Zeit
bestand gerade noch ein Theokreis an der Leipziger Fakultät,
dessen Teilnehmer aber kurz vor dem Examen standen, womit
eine Neugründung erforderlich war. So versammelten sich einige
Studierende in einem studentischen Wohnzimmer zu Abendbrot,
Gesang, Gebet, gemeinsamer theologischer Lektüre und Diskussion. An den gemeinsamen Abenden erlebten sie theologische
Orientierung und geistliche Stärkung. Durch Mund-zu-Mund-Pro-
paganda bekamen immer mehr angehende Theologen und Theologinnen von den wöchentlichen Treffen Wind und recht bald
musste man die Gruppe teilen, um noch diskutieren zu können.

---

3 Pfarrer i.R. Werner Kluge berichtete David Keller in einem Gespräch am 21.01.2016, dass
während seiner Studienzeit an der Theologischen Fakultät der Universität Leipzig von 1958
bis 1963 ein theologischer Arbeitskreis bestand, zu dem sich dienstags aller zwei Wochen
von 5 Uhr nachmittags bis weit in die Nacht hinein ca. 15 Theologiestudenten trafen. Es
wurden biblische Themen und theologische Zeitfragen diskutiert. Das griechische Neue
Testament war stets zur Hand. Gebetsgemeinschaften waren ebenfalls Bestandteil dieser
Treffen. Einmal im Jahr wurden theologischen Rüstzeiten organisiert, bei denen u.a. Werner
de Boor, Christoph Hinz, Adolf Pohl und Bernhard Jansa referierten. Pfarrerin Karin Bauda
berichtete in einem Gespräch vom 21.01.2016, dass sie im Jahr 1987 an einem Abend des
Theokreises teilnahm.

4 Vgl. Peikert, Gilbert, Die Liemehnaer Bruderschaft bei Leipzig, in: ichthys 12/1991, 67f.

5 Vgl. Schmidt, Markus, Charismatische Spiritualität und Seelsorge. Der Volksmissionskreis
Sachsen bis 1990 (KKR 69), Göttingen 2017, dort Kapitel 5.4.1: „Das Diakonissenhaus
Borsdorf als ‚Beichtzentrale für Theologiestudenten': Anfänge einer studienbegleitenden
Arbeit in Leipzig", 244–246.

Im großen Plenum traf man sich nun einige Male im Semester und lud Referenten wie zum Beispiel Professor Dr. Peter Zimmerling ein. Im gleichen Maße, wie der Theokreis in Leipzig einem spontanen Bedürfnis nach theologischer Orientierung und geistlicher Gemeinschaft erwachsen war, verlangte dieser Aufbruch Strukturen. Neben Verantwortlichen für die jeweiligen Kreise gab es bald so etwas wie ein Leitungs- und ein Essensteam.[6] Dieser Grad an Organisation war vielleicht die größte Neuerung in der Geschichte der Theologiestudentenkreise in Leipzig und war die Voraussetzung für eine nunmehr kontinuierliche Arbeit.

Bis zum Jahr 2008 hatte sich schon eine Menge geändert. Die Anzahl der Theokreisbesucher war stark gestiegen. Es gab nun alle 14 Tage einen Referentenabend, zu dem 30 bis 40 Studenten kamen. Die kleinen Gruppen der Anfangszeit von fünf bis zehn Personen, in denen man noch diskutieren und jeder zu Wort kommen konnte, gab es nicht mehr. In ihnen war Platz für persönliche Anliegen und Zweifel gewesen. Es hatte persönliche Seelsorge stattgefunden, die nun zu kurz kam. Hingegen waren die Referentenabende der volle Erfolg. Doch bei ihnen kamen nur die hohen Semester bzw. die mutigen und extrovertierten Kommilitonen zu Wort. Persönliches hatte hier kaum Raum. Die Wochen dazwischen sollte es ein zentrales Plenum für Diskussionen geben, zu dem aber so gut wie niemand kam. Das, was ursprünglich nur ein paar Mal pro Semester stattfinden sollte, war nun das Zentrum des Theokreises geworden. Daher beschäftigte sich das Leitungsteam nach dem Wintersemester 2008/09 mit der Frage, wie es mit den Wochen zwischen den vierzehntägigen Referentenabenden umgehen sollte. Es gab zwei Vorschläge. Der eine lautete, dass wir uns im großen Plenum treffen sollten, wo die ehrenamtlichen Theokreis-Mitarbeiter kurze Vorträge halten sollten und anschließend ausführlich diskutiert werden könnte. Der andere Vorschlag war, dass man wieder zu den alten Gruppengrößen zurückkehrte und sich dezentral in Wohnungen von Studenten mit fünf bis zehn Leuten treffen solle. Nach einem spannenden Abstimmungsprozess erhielten wir dann das Ergeb-

---

6 Vgl. Dirks, Helge, Und die Raben brachten ihm Brot und Fleisch. Theokreise in Leipzig, in: ichthys 42/2006, 38–43.

nis: Die Mehrheit der Leitungsteam-Mitglieder votierte für die kleinen Gruppen. Wir nannten unser neues Projekt „Theokreis-Kleingruppe", griffig abgekürzt: TKKG.

Weil die Arbeit so gewachsen war, hatte man die Vision entwickelt, über Spenden einen hauptamtlichen Studienassistenten für den Theokreis anzustellen. Um dies realisieren zu können, nahm sich ein Theokreismitarbeiter[7] ein Freisemester, während dessen er Gemeinden besuchte, um für den Theokreis zu werben und Beter und Spender zu finden. Besonders wichtig war den Theokreismitarbeitenden, dass unsere Arbeit von Christen aus den Kirchgemeinden mitgetragen würde. Die Gemeindebasis sollte sich für ihre zukünftigen Pfarrer und Religionslehrer einsetzen können. Deshalb wagte der Theokreis damals den Schritt auf die Gemeinden zu, von denen ebenfalls ein sehr positives Echo kam.

Im April 2010 war es schließlich soweit. Wir hatten genügend Spenden erhalten, dass wir die Anstellung eines Studienassistenten auf Glauben hin wagen konnten. Die Einführung unseres ersten Studienassistenten,[8] an welcher der damalige Personaldezernent der sächsischen Landeskirche, Oberlandeskirchenrat Martin Lerchner, mitwirkte, war für uns ehrenamtlich Mitarbeitende ein ganz besonderer Tag. Die Vision eines Hauptamtlichen für uns und unsere Mitstudierenden war in Erfüllung gegangen.[9] Die Studienassistenten stehen für persönliche Studienbegleitung und seelsorgerliche Gespräche zur Verfügung. Sie können eine Vielzahl von Lektürekursen anbieten und haben den organisatorischen Überblick über die Arbeit des Theokreises.

---

7 Dieser Mitarbeiter war Michael Ahner; das Freisemester fand im Wintersemester 2008/09 statt und wurde durch Spenden finanziert. Michael Ahner studierte evangelische Theologie 2003–2005 an der FTA Gießen, (jetzt FTH Gießen) und 2005–2011 an der Universität Leipzig. Siehe die Autorenbeschreibung am Ende dieses Bandes.

8 Andreas Ohle, geb. 1983, 2010–2011 Studienassistent des Theokreises Leipzig, jetzt Pfarrer der Ev. Kirche in Mitteldeutschland.

9 Seitdem waren als Studienassistenten angestellt: Andreas Ohle 2010/2011, David Keller 2011–2013, Tobias Liebscher 2012/2013, Tobias Dietze 2013/2014, Mark Megel 2013/2014, Samuel Golling 2014/2015, Cornelius Voigt 2015–2017, Tilman Pfuch 2016, Elke Seiler 2016–2018, Friedemann Liebscher 2017/2018, Ephraim Rüger 2017, Stefan Kämpf 2018–2020, Maxi Gütter 2019, Christian Dellert 2019/2020.

Profil

„Unser Ziel ist es, zur Klärung geistiger und geistlicher Grundfragen des theologischen Denkens und des Glaubens beizutragen und somit aneinander Seelsorge auf dem Feld des Denkens zu üben. [...]  Der Mensch ist nach biblischem Verständnis eine Einheit von Leib, Seele und Geist. Daher lässt sich theologisches Denken, die intellektuelle Dimension, nicht von anderen Lebensbereichen der christlichen Existenz abkoppeln. [...] Unser theologisches Arbeiten soll darum vorrangig vom intensiven Hören auf die Heilige Schrift des Alten und Neuen Testaments geprägt und vom Gebet getragen sein. Sie hat das Ziel, ‚alle Gedanken unter den Gehorsam Christi gefangen [zu] nehmen' (2Kor 10,5)."[10]

Festgelegtes Ziel der Theokreisarbeit ist *Seelsorge auf dem Feld des Denkens*, wie es in unserem Selbstverständnis formuliert ist. Daraus ist das spezifische Profil schon angedeutet. Unsere Arbeit ist – wie oben schon ausgeführt – aus einer wahrgenommenen Not entstanden, nämlich der Spannung zwischen der wissenschaftlichen Theologie und gelebtem Glauben. Seelsorge bedeutet nun im christlichen Sinn in einer Not einen Weg zu Jesus Christus aufzuzeigen, also die Not weder zu ignorieren, zu übertrieben oder zu relativieren, noch über der Not den lebendigen Gott zu vergessen. Daraus ergibt sich eine dreifache Ausrichtung dieser Art von Seelsorge:

1. *Biblische Hermeneutik*:[11] Das bedeutet zu fragen, wie die Bibel aus sich selbst heraus verstanden werden will. Damit verbunden ist eine heilsgeschichtliche Bibellektüre.

2. *Klärung fundamentaltheologischer Problemstellungen*: Fundamentaltheologie redet über die Grundlagen theologischer Aussagen: Mit welchen Voraussetzungen komme ich zu diesem oder jenem Ergebnis? Diese Grundlagen werden allerdings im Theologiestudium selten reflektiert.

---

10 Auszug aus dem Selbstverständnis des Theokreis, siehe:

11 So war bspw. häufig der Klassiker „Biblische Hermeneutik" von Gerhard Maier (Maier, Gerhard, Biblische Hermeneutik, Wuppertal ³1998) auf dem Lektüreplan zu finden. Außerdem nehmen Theokreisler immer wieder gern das Angebot der Freizeiten des Arbeitskreises für geistliche Orientierung im Theologiestudium (AgO) an, bei denen sich sehr intensiv über eine biblische Hermeneutik ausgetauscht wird.

Vielmehr werden Voraussetzungen unter einem Mantel einer wissenschaftlichen Methodik verkauft, so beispielsweise die Aussage, dass Jesus nach historisch-kritischer Untersuchung nicht auferstanden sein kann. Denn trägt man allein historische Indizien zusammen, gibt es sehr wohl Belege für die Auferstehung (z.B. Reaktion der Jünger nach Kreuzigung, Erscheinungsberichte, leeres Grab). Trägt man aber die weltanschauliche Voraussetzung ein, dass historisch nur das passiert sein kann, was nicht übernatürlich ist, kommt man konsequenterweise zu dem Ergebnis, dass Jesus nicht auferstanden ist. Aber das ist genau genommen kein Ergebnis historischer Forschung, sondern die wiederholte schon vorher gesetzte Voraussetzung.

3. *Das Bringen aller Theologie unter die Herrschaft Jesu Christi*: Unser Wunsch ist es, im Theokreis ein Denken einzuüben, was Christus gehorsam ist. Daher ist das Hören auf das Wort Gottes und das Gebet so entscheidend. Immer wieder soll die Fragen gestellt werden: Inwiefern ist diese oder jene theologische Anschauung Christus gemäß? Was kann ich aus meinem Theologiestudium fruchtbar annehmen und was muss ich entschieden ablehnen? Zugleich bedeutet das, dass man sich als ganze Person in die Nachfolge Jesu hineinstellt, denn das Denken kann nicht isoliert stehen. Man kann die frömmste Theologie haben und doch Christus verlassen haben. Theologie unter der Herrschaft Jesu Christi gibt es nicht isoliert von der Person, die sie lehrt oder denkt.

Struktur

Das genannte Freisemester hatte den Freundeskreis anwachsen lassen und es gingen beständig Spenden auf das Konto der Bodelschwingh-Studienstiftung in Marburg[12] ein, die freundli-

---

12 Siehe www.bodelschwingh-studienstiftung.de. Hier zeigte sich die ganz praktische Unterstützung der westdeutschen studienbegleitenden Arbeit.

cherweise in dieser Phase das Geld für uns verwaltete. Doch wo sollten wir die Anstellung des Studienassistenten konkret ansiedeln? Gründeten wir einen Verein oder schlössen wir uns einer bestehenden Institution an? Wir entschieden uns gegen eine Vereinsgründung. Praktisch hätte man mit einem Verein eine neue Struktur schaffen und sie auch in Zukunft weiter fortführen müssen, was bedeute, dass sich unsere Gründergeneration für etliche Jahre an diese Aufgabe gebunden hätte. Uns bot sich eine bessere Möglichkeit:

Es war für uns gewissermaßen ein geistlich-organischer Schritt, uns der Bruderschaft Liemehna anzuschließen, welche schon lange vor uns Theologiestudierende geistlich begleitet hatte und gut in der sächsischen Landeskirche verankert ist. Diese Verbindung war uns wichtig. Die Mitglieder der Bruderschaft, die fast alle im aktiven Dienst der Landeskirche stehen, haben keineswegs den Ruf von schlecht gelaunten Hardlinern, die alles in der Kirche kritisieren, sondern sie betreiben eine offene und missionarische Gemeindearbeit. Es waren hier die Strukturen eines Vereins vorhanden, an die wir uns anschließen konnten. Die Bruderschaft nahm uns gern als Teil ihrer Arbeit auf und integrierte uns organisatorisch, indem sie die Anstellung der Studienassistenten übernahm. Um den Vereinsvorstand und die Mitgliederversammlung nicht mit allen Details einer Anstellung zu belasten, wurde ein selbstständiges Kuratorium für den Theokreis eingerichtet.

Gemeinsames Leben/Aktivitäten/Angebote

Der Theokreis ist als eine Initiative entstanden, die auf eine konkrete seelsorgerliche Not eine Antwort und Hilfe sucht. Dem entspricht, dass sich die Angebote im Laufe der Jahre verändert haben und wohl auch weiterhin verändern werden – nicht allein um der Veränderung willen, sondern um stets neu zu fragen, wie den *Studierenden von heute* in ihren seelsorgerlichen Nöten im Studium begegnet werden kann.

Im Laufe der Zeit habe sich vier Bereiche der Angebote des Theokreises herausgebildet, die in unterschiedlicher Weise dem

Ziel dienen, Seelsorge im Bereich des Denkens zu üben und Studierende auf ihren Weg in einen späteren geistlichen Dienst zu begleiten und zu unterstützen.

Praktische Studienhilfe

Wir haben die Erfahrung gemacht, dass einige Studierenden an den Hürden des mittlerweile modularisierten Studiums scheitern oder nur mit Mühe durchkommen. Seelsorge bedeutet hier also konkrete Hilfe für Studienangelegenheiten zu geben, so z.B. beim Schreiben einer Hausarbeit oder für die Vorbereitung des Examens.

Theologische Angebote

Unterschiedliche Angebote dienen dazu einen Raum zu geben, wo man über theologische Fragen ins Gespräch kommt. Aller zwei Wochen findet im Semester ein Referentenabend statt, wo es zunächst einen Vortrag gibt und anschließend die Möglichkeit zur Diskussion. Ziel dieser Abende ist theologische Themen aufzunehmen, die im Studium nicht oder nur sehr wenig vorkommen, andere Perspektiven kennen zu lernen und auch den Kontakt zur Fakultät zu halten – so laden wir fast jedes Semester einen Vertreter der theologischen Fakultät ein. Die Theokreis-Kleingruppen, abgekürzt: TKKGS, finden in den Wochen dazwischen statt. In einer Gruppe von fünf bis acht Leuten trifft man sich, um entweder ein Buch oder Thema in einem Semester durchzunehmen oder einzelne gewinnbringende Aufsätze zu lesen. Durch die kleinere Gruppe ist hier auch Raum für Zweifel, persönliche Fragen und Anliegen gegeben. Ähnlich sind Lektürekurse gestaltet, die allerdings ähnlich wie Seminare wöchentlich stattfinden. Meist werden diese von den Studienassistenten veranstaltet und sind thematisch daher je nach Interesse unterschiedlich. Schwerpunkte sind z.B. Werke von Dietrich Bonhoeffer, Karl Heim, Martin Luther, Karl Barth oder die lutherischen Bekenntnisschriften. Traditionell finden jedes Semester je ein Lektürekurs in den Ursprachen Griechisch und Hebräisch statt, selten auch mal in Latein. Außerdem wurden zum einen einmal im Jahr eine Theologische Tagung in Liemehna angeboten, zum anderen verweisen wir auf Tagungen des Arbeitskreis geistliche Orientierungshilfe (AgO) und fahren gemeinsam dorthin. Die Herausforderung für die zusätzlichen theologischen Angebote besteht darin, dass durch die Modularisierung viele Studierende schon mit den Angeboten an der Uni überlastet sind und die Angebote zurzeit eher weniger wahrgenommen werden. Es scheint uns heute ein besonderes Anliegen des Theokreises, den Studierenden den Sinn und das Ziel eines Theologiestudiums zu vermitteln und zu einem eigenständigen Auseinandersetzen mit der Theologie unserer Zeit zu ermutigen. Wir stellen eine *„Theologiemüdigkeit"* fest, d.h. dass man weder den theologischen Voraussetzungen der Uni seinen Glauben schenkt noch dagegen Stellung bezieht, sondern vielmehr „mitschwimmt" und sich dann seine eigenen Gedanken macht. Das ist weitaus schlimmer als eine offene Kontroverse. Theologisches Denken einzuüben und alle Gedanken immer wieder Gott anzubefehlen und an seinem Wort zu prüfen – das ist grundlegendes Anliegen der theologischen Angebote.

Geistliches Leben

Gemeinsam theologisch auf dem Weg zu sein, bedeutet gleichermaßen gemeinsam zu beten. Das Gebetsfrühstück ist uns dabei ein wichtiger Anker in der Woche, wo wir Anliegen des Theologiestudiums, der Kirche und persönlicher Art vor Gott bringen. Vor ca. zwei Jahren haben wir neu das Format des Bibelnachmittags geschaffen: Kaffeetrinken, persönliches Lesen des Bibelworts, Hören einer Bibelarbeit und gemeinsamer Austausch. Wir erleben diese Zeiten als sehr fruchtbar, weil wir darin erleben, dass Gottes Wort persönlich anspricht und verändert. Segnungsgottesdienste am Ende jeden Semesters mit dem Angebot zur persönlichen Segnung, Gebetszweierschaften und seelsorgerliche Gespräche sind weitere wichtige Standbeine unserer Arbeit. Das Geistliche Leben ist nicht Mittel zum Zweck, um dann richtig Theologie studieren zu können, es ist der Ort, an dem eigentlich das Theologiestudium beginnt – nämlich dort, wo mir der lebendige Gott begegnet, dort fange ich zu fragen, wer er ist. In unserer Zeit empfinden wir als besonders brisant die Frage: Wie übe ich im Theologiestudium die Nachfolge Jesu ein? Wie bleibe ich an ihm und werde durch ihn verändert? Es ist ein Gebetsanliegen, dass der Theokreis zu einem Ort wird, wo man Jüngerschaft lebt, in die Nachfolge von Jesus hineinwächst, ein geschwisterliches Miteinander praktiziert und dem lebendigen Gott die Ehre gibt. Darin zeigt sich, dass der Theokreis *nichts Besonderes* im Vergleich zu anderen geistlichen Gemeinschaften tut, er tut es nur an einem besonderen Ort: dem Theologiestudium.

Gemeinden

Wir schätzen die Verbundenheit mit anderen geistlichen Werken und Initiativen (s.u.). Darüber hinaus besuchen wir regelmäßig Gemeinden, vor allem in Sachsen, und gestalten dort den Gottesdienst und / oder stellen den Theokreis vor. Immer wieder hilft das, als Studierender im Blick zu halten, was an der Gemeindebasis wichtig ist und mit welchem Ziel man Theologie studiert.

Netzwerk

Das Kuratorium des Theokreises spiegelt dessen Netzwerk wider. Es besteht zur Zeit aus 15 Mitgliedern, die von der Bruderschaft Liemehna berufen und aus den folgenden Gruppen entsandt werden: Leitungsteam des Theokreises, Bruderschaft Liemehna, Landeskirchliche Gemeinschaft, Pfarrerinnen- und Pfarrer-Gebetsbund in Sachsen, Evangelisationsteam Sachsen, Volksmissionskreis Sachsen, Julius-Schniewind-Haus in Schönebeck/Elbe, Albrecht-Bengel-Haus in Tübingen, Bodelschwingh-Studienstiftung in Marburg und der Arbeitskreis für geistliche Orientierung im Theologiestudium. Diese Gruppen vertreten geistliche Richtungen aus der sächsischen Landeskirche bzw. die bundesweite studienbegleitende Arbeit.

Es ging uns darum, dass diese Institutionen uns mit ihren Erfahrungen unterstützen und auch im Falle einer möglichen Krise im Theokreis für eine Kontinuität der Arbeit sorgen können. Eine junge geistliche Gemeinschaft sollte so strukturell dem Rat älterer Geschwister nicht ausweichen können.

Der Theokreis Leipzig steht als weiterhin selbstständige Eigeninitiative in enger Verbindung zur Bruderschaft Liemehna. Immer mehr ehemalige aktive Theokreisler treffen am Ende ihres Studiums den Entschluss, der Bruderschaft beizutreten. Solch ein Schritt ist keineswegs selbstverständlich und erst recht nicht zwingend, aber umso erfreulicher.

Bertram Viertel

Volksmissionskreis Sachsen

Geschichte

Die Anfänge des Volksmissionskreises Sachsen reichen bis in die 30er Jahre des 20. Jahrhunderts zurück. In einer Zeit ausgeprägter Volkskirchlichkeit fanden sich Christen zusammen, um miteinander die Bibel zu lesen, zu beten, Gemeinschaft zu leben und lebendigem Glauben Ausdruck zu verleihen. Es gab Kontakte und Inspiration durch die Oxford-Gruppenbewegung, die seit 1921 durch den Prediger Frank Buchmann (1878–1961) geprägt war. Ihm ging es ab 1938 um eine „moralische Aufrüstung" und persönliche religiöse Erfahrung, die in Haushalten und Kleingruppen gelebt werden sollte. Eine besondere Wertschätzung erfuhr die Mannschaftsarbeit, die sich von Jesu Beauftragung (Mk 6,7 „und sandte sie je zwei und zwei") herleitet.

Prägende Gestalt der ersten Zeit dieses Aufbruchs war Gottfried Klenner aus Dresden (1910-1943). Seine missionarisch-evangelistische Ausstrahlung beeindruckte die Menschen, die ihm begegneten. Seine Musikalität war mitreißend und seine Handhabung des Flügelhorns perfekt. Das Wesen dieses Christen, dessen Vorfahren aus dem österreichischen Burgenland kamen, war Ausdruck einer hingegebenen, herzlichen Liebe zu Jesus. Er hatte einen missionarischen Angriffsgeist der Liebe. 1934 zum Pfarrer in Zug bei Freiberg ordiniert, lag ihm an einem, wie er sagte, „Kirchenneubau", wobei die Betonung auf „neu" lag. Als Landesposaunenpfarrer in Sachsen und Leiter des Sextetts der Sächsischen Posaunenmission ab 1936 eingesetzt, leitete er missionarische Einsätze im Raum Leipzig, speziell in Torgau und Radebeul, aber überhaupt in Sachsen. Als 1937 die Deutschen Christen die Führung der Sächsischen Landeskirche übernahmen, konnte sich Klenner diesen nicht unterstellen. Er wurde fristlos aus dem landeskirchlichen Dienst entlassen. Noch im gleichen

Jahr gründete er mit Zustimmung der Inneren Mission ein neues Posaunenquartett, zu dem auch Johannes Prehn gehörte.

Johannes (Hans) Prehn, Pfarrerssohn aus Meißen und Theologiestudent in Leipzig, begegnete Gottfried Klenner 1938. Von Gottfried Klenner kam die Einladung zu einer Tagung der Gruppenbewegung in der Mühle Lindhardt (1927–1940 Interim des Borsdorfer Diakonissenmutterhauses) in Naunhof bei Leipzig. Hans Prehn erlebte seine Bekehrung und in der Folge eine tiefe Freundschaft mit Gottfried Klenner. Beiden lag auf dem Herzen, „Sachsen für Christus" zu gewinnen. Mit dem Posaunensextett fuhren sie in sächsische Gemeinden, bliesen nachmittags zur Einladung auf Straßen und Plätzen und gestalteten evangelistische Abende in Kirchen und Gemeindesälen. Dabei gab es biblische Vorträge und Zeugnisse von Menschen, die mit Jesus lebten. Im Anschluss an die Abende gab es das Angebot von seelsorgerlichen Gesprächen. Auf Beichte und Vergebung, Lösung und Hingabe folgte Segnung und Ermutigung zur Bereinigung von Dingen, die als Schuld erkannt worden waren. Solcherart frei und froh gewordene Menschen waren wiederum bei folgenden Glauben weckenden Abenden die Zeugen ihres Gotteserlebnisses. 1939 fand in Sosa die erste Gästetagung statt, an die sich viele Mannschaftsevangelisationen anschlossen.

Mit Rudolf Fischer, einem Seifengroßhändler aus Limmritz bei Döbeln, kam ein Geschäftsmann dazu, der als Verleger den Druck von Heften mit erwecklichen Liedern (auch Notenausgaben) organisierte und verantwortete. Über allem stand das Motto „Unverzagt und ohne Grauen soll ein Christ, wo er ist, stets sich lassen schauen" (Paul Gerhardt). Durch einen Handschlag wurde das verbindliche Leben mit Jesus festgemacht. Und weil dieser im Bahnhofsrestaurant von Limmritz anlässlich einer Reise geschah, hieß die Bewegung anfangs auch „Die Limmritzer". Im November 1945 einigten sich Rudolf Fischer und Hans Prehn auf den Namen „Volksmissionskreis" für das wachsende Werk.

Gottfried Klenner kehrte aus russischer Kriegsgefangenschaft nicht mehr zurück. Hans Prehn konnte aus einem Gefangenentransport fliehen und hat sogar sein Flügelhorn durch die Wehrmachtszeit und Gefangennahme gerettet. Endlich konnte er in

Sachsen als Pfarrer angestellt werden. Seine Ordination als Mitglied der Bekennenden Kirche durch den landesverwiesenen Superintendenten Hugo Hahn in Stuttgart blieb gültig. Hans Prehn übernahm im Laufe seines Lebens Pfarrstellen in Beutha bei Stollberg, Lauter im Erzgebirge und St. Johannis Crimmitschau.

Der Volksmissionskreis Sachsen fand seinen Platz unter dem Dach der Inneren Mission Sachsen mit Sitz in Radebeul bei Dresden. Die Geschäftsstelle wurde zunächst in Limmritz, dann im nahen Dresden eingerichtet und arbeitete über die Jahre in drei verschiedenen Stadtteilen. Geschäftsführer waren nach Rudolf Fischer der ehemalige Kaufhausbesitzer Arthur Leonhard aus Annaberg und später der Lehrer Frank Robotta aus Dresden. Heute ist es Pierre-Gerard Grosse.

Mit der friedlichen Revolution und der Wiedervereinigung Deutschlands machte sich die Gründung des Werkes als Verein erforderlich. Dies geschah mit einer Eintragung in das Register des Amtsgerichts Dresden.

Profil

Aus §2 der Satzung: „Der Volksmissionskreis Sachsen e.V. ist ein bruderschaftlicher Zusammenschluss von Männern und Frauen, denen die geistliche Erweckung unseres Volkes, die Vollendung der Einen Heiligen Katholischen (Allgemeinen) und Apostolischen Kirche, die Erneuerung der Gemeinden und das bewusste Christsein des Einzelnen am Herzen liegt. Der Volksmissionskreis Sachsen e.V. weiß sich einbezogen in die Diakonie Gottes an allen Menschen, Völkern und Geschöpfen".

Der Name „Volksmissionskreis" sagt es: Unsere Väter und Mütter des Glaubens sahen sich in einem Volk und einer Volkskirche, die oft nicht in einer täglichen lebendigen Beziehung zu dem Dreieinigen Gott lebten. Mit der Bekehrung ihrer Herzen zu dem Gott der Bibel wussten sie sich nun gemäß dem Missionsbefehl an ihr praktisch entchristlichtes Umfeld gesandt und bezeugten auf vielfältige Weise ihren Glauben. Bis jetzt ist das in verschiedenen Varianten so geblieben. Dazu kam, dass die Bekehrten auch weitergeführt werden mussten. Sie wurden gesammelt auf Bibelrüstzeiten, Einkehrtagen, Aufbaurüstzeiten und unter dem Thema „Wachstum im Glauben". Das gehört bis heute zu unserer Berufung neben dem Gebetsdienst und den Kontakten zu Kommunitäten und Geistlichen Gemeinschaften. Dabei steht im Zentrum die Einübung in das gemeinschaftliche und „einsame" Lesen im Wort Gottes, dem höchster Stellenwert beigemessen wird (Stille Zeit). In dieser biblischen Gründung, der regelmäßigen und geordneten Feier des Heiligen Abendmahls, dem bewussten Suchen der Geschwister des Glaubens und täglicher Verbundenheit im Gebet mit dem weltweiten Leib Jesu wird eigene Stärkung, Einübung für den Dienst und Ermutigung zum Sendungsauftrag Jesu erfahren. So bringt sich der Volksmissionskreis Sachsen ein in die alles und alle umfassende Diakonie Gottes in den Bereichen Familie, Kirche, Gemeinde und Bruderschaft.

Struktur

Die Gemeinschaft des Volksmissionskreises Sachsen hat es sich zur Aufgabe gemacht, vorrangig in Sachsen Menschen zu gewinnen und zu sammeln, die „mit Ernst Christen sein wollen". Sein Anliegen ist es, dass das alltägliche Leben vom Wort Gottes, vom Gebet und vom Begegnen mit denen, „die des Weges sind" geprägt wird. Dabei geht es um Verlebendigung des Glaubens, der an dem Ort gelebt werden soll, wohin man von Gott geführt wurde. Es hat keine eigenen Gemeindegründungen gegeben, sondern es geschah Zurüstung für das Leben in der Ortsgemeinde. Dabei spielte und spielt die konfessionelle Bindung keine Rolle.

Der Volksmissionskreis wird von einem zehnköpfigen Vorstand von Männern und Frauen geleitet. Der Vorsitzende und sein Stellvertreter werden vom Vorstand gewählt. Der Geschäftsführer ist hauptamtlich tätig. Die Zahl der Mitglieder liegt bei 250 Personen, dazu kommt das fünffache an Freunden. Gebetsbriefe werden monatlich an über 1300 Empfänger versandt. In monatlichen Konventen sammelt man sich zwischen Sosa und Nordsachsen, zwischen Herrnhut und dem Vogtland. Eine besondere Dichte der Freunde und Mitglieder ist im Raum Chemnitz und Umland, Dresden und Freiberg, Leipzig und Wurzen und dem Erzgebirge zu verzeichnen.

Gemeinsames Leben

Zuerst sind es Gemeinden, in denen Pfarrer, Kantoren, Katecheten oder andere Mitarbeiter im Verkündigungsdienst im Sinn des Volksmissionskreises gewirkt haben oder wirken, in denen sich wöchentlich oder vierzehntägig Gebetskreise zusammenfinden. Die Leiter dieser Kreise (aber auch darüber hinaus) begegnen sich etwa dreimal im Jahr bei Regionaltreffen.

In besonderer Weise drückt sich das gemeinsame Leben durch die Volksmissionskonvente und „VoMi-Tage" aus. Die gemeinsame Stille Zeit mit der Bibel und Gebetsgemeinschaft, sowie die Feier des Heiligen Abendmahls als Tischabendmahl gehören in der Regel dazu.

Mit einem alljährlichen Rüstzeitplan ist jedermann eingeladen, aus den ca. 20 Rüstzeiten des Jahres auszuwählen. Bei dieser Gelegenheit lernt man andere Orte und Geistliche Gemeinschaften kennen, da der Volksmissionskreis kein eigenes Haus oder Heim betreibt.

Aktivitäten/Angebote

Die alljährliche Mitgliederversammlung ist geprägt durch Bibelarbeit, Berichte von Rüstzeiten und Abendmahlsgottesdienst. Eine Vielfalt von Kinder-, Jugend- und Erwachsenenrüstzeiten ist dem Jahresplan (Bezug durch die Geschäftsstelle) zu entnehmen. Der Gästetag nimmt Menschen, die der Kirche oder dem Glauben fernstehen, in den Blick. Eine Männer-Fahrrad-Rüstzeit und eine Frauen-Fahrrad-Rüstzeit bieten sportlich interessierten Menschen neben den Fahrradtouren auch Andachten, Bibelarbeit und Themen an. Kantoren treffen sich zu ihren jeweiligen Jahresrüsten, ebenso Mitarbeiter und Junge Leute über 30 Jahre. Besuchs-

dienst in den Konventen bzw. mit seelsorgerlichen Aufgaben an
einzelnen Mitgliedern findet geordnet statt.

Netzwerk

Die Teilnahme an den Treffen Geistlicher Gemeinschaften in
Sachsen, am Miteinander für Europa, an den Jahrestagungen der
Arbeitsgemeinschaft Missionarische Dienste und an der Evange-
listenkonferenz weitet dem Volksmissionskreis Sachsen den
Blick und verbindet uns deutschland- und europaweit.

Enge Beziehungen (auch in der Mitarbeit) haben wir zur Vereinigung vom gemeinsamen Leben im Ökumenischen Christus-
dienst in Ottmaring.

Jährliche Besuchsreisen des erweiterten Vorstands ließen uns
in den vergangenen Jahren einige geistliche Gemeinschaften und
Kommunitäten näher kennenlernen. Diese Erfahrung von Ökumene ist uns wertvoll und soll weiter gefördert werden.

Informationen

Autorinnen und Autoren

Ahner, Michael, Jg. 1984, seit 2016 Pfarrer in Schönbrunn/ Erzgebirge und zugleich Jugendpfarrer im Kirchenbezirk Marienberg.

Berthold, Johannes, Jg. 1954, Pfarrer i.R., 1992-2008 Professor der Fachhochschule für Religionspädagogik und Gemeindediakonie Moritzburg, 2008-2018 Vorsitzender des Landesverbandes Landeskirchlicher Gemeinschaften Sachsen, Mitglied im Vorstand der Bruderschaft Liemehna.

Beyer, Friedemann, Jg. 1964, Diakon, seit 2017 Gemeinschaftsältester der Gemeinschaft Moritzburger Diakone und Diakoninnen.

Daniel, Thilo, Jg. 1967, Dr. theol., Oberlandeskirchenrat, 2000-2007 Pfarrer in Weistropp, 2007-2015 Referent für Gottesdienst und Amtshandlungen im Landeskirchenamt Sachsens, 2015-2018 Rektor der Ev.-Luth. Diakonissenanstalt Dresden, seit 2018 Oberlandeskirchenrat.

Freitag, Wolfgang, Jg. 1947, Diakon, 1994-2002 Generalsekretär des CVJM Sachsen, 2002-2011 Leiter des CVJM-Missio-Centers Berlin, Mitglied des Leitungsteams des Lauenhainkreises

Fritz, Reinhold, Jg. 1930, Oberlandeskirchenrat i.R., 1996-2004 Ältester der Evangelischen Michaelsbruderschaft.

Geiger, Ingeborg, Jg. 1958, Ausbildung am Theologischen Seminar Adelshofen, Gemeindepädagogin in Schwarzenbach/Wald, seit 1988 in der Evangelischen Lebensgemeinschaft, seit 1991 in Leipzig, medizinisch-kaufmännische Angestellte.

Groß, Sr. Frauke, 1986 Eintritt als Diakonisse in die Schwestern-schaft der Liebenzeller Mission, seit 2012 Oberin im Sächsi-schen Gemeinschafts-Diakonissenhaus ZION e.V. Aue.

Gulbins, Ruth, Jg. 1988, Gemeindepädagogin, Mitglied im Lei-tungsteam der churchconvention.

Johannesdotter, Jürgen, Jg. 1943, Landesbischof i.R., 1972–1982 Pfarrer in Bingum, 1982–1988 Leiter der Fortbildung in den ersten Amtsjahren für Pastoren, Diakone und Sozialarbeiter im Pastoralkolleg Loccum, 1988–1992 Konventualstudien-di-rektor im Predigerseminar Kloster Loccum, 1992–2001 Lan-dessuperintendent des Sprengels Stade der Hannoverschen Landeskirche und Mitglied des Bischofsrates, 1992–2001 Konventual des Klosters Loccum, ab 2000 Prior des Klosters, 2001–2009 Landesbischof der Ev.-Luth. Landeskirche Schaumburg-Lippe, 2002–2009 Ko-Präsident der Meiß en-Kommission zwischen der Church of England und der EKD, seit 2007 Ko-Präsident der Anglican-Lutheran Society, 2007–2016 Beauftragter des Rates der EKD für die evangelischen Kommunitäten und Geistlichen Gemeinschaften.

Kämpf, Stefan, Jg. 1993, Dipl.-Theol., 2018–2020 Studienassis-tent des Theokreises Leipzig.

Keller, David, Jg. 1983, Pfarrer, 2011–2013 Studienassistent des Theokreises Leipzig, 2015–2017 Vikariat in Großhennersdorf bei Herrnhut, seit September 2017 Pfarrer der Ev.-Luth. Kirchgemeinde Altenberg-Schellerhau, Mitglied der Bruder-schaft Liemehna.

Kenner, Birgit, Jg. 1956, Ausbildung am Theologischen Seminar Adelshofen, Gemeindepädagogin in Berg/Oberfranken, seit 1988 in der Evangelischen Lebensgemeinschaft, seit 1991 in Leipzig, Praxismangement.

Kießig, Manfred, Jg. 1940, Dr. theol., Pfarrer i.R., 1970-1975 wiss. Sekretär der Katechismuskommission der VELKD (seither Mitherausgeber des Ev. Erwachsenenkatechismus), 1975-1982 Pfarrer in Herrsching, 1982-1991 Oberkirchenrat im Luth. Kirchenamt der VELKD in Hannover, 1991-1999 Dekan in Aschaffenburg, 1999-2005 Spiritual der Communität Christusbruderschaft Selbitz.

Klipphahn, Karsten, Jg. 1957, Pfarrer in Kirchgemeinden in Riesa, Burkau, Neustadt i.Sa. und jetzt in Altensalz und Theuma bei Plauen, Vorsitzender der Ev.-Luth. Bekenntnisgemeinschaft.

Knüpfer, Sr. Christa, Jg. 1940, Kinderdiakonin, 1963 Eintritt in die Borsdorfer Schwesternschaft, Arbeitsbereich Behindertenarbeit (geistig behinderte Frauen), 1968 Ausbildung zur nebenamtlichen Kirchenmusikerin in Halberstadt mit C-Examen, 1971 Einsegnung zur Diakonisse, unterrichtete 1971-1990 „Musik und Spiel" im Seminar für Heilerziehungspflege in Borsdorf, 1971-2001 Wohngruppenleiterin im Bereich Behindertenarbeit im Frauenheim in Borsdorf, 2003 Einführung in das Amt der Oberin der Borsdorfer Schwesternschaft.

Kuppler, Br. Friedemann, Jg. 1948, Bruder der Jesus-Bruderschaft, Mitarbeit in der Organisation des Werk- und Studienzentrums Hennersdorf.

Meinel, Susanne, Jg. 1982, Soziologin, Administration und Leitung der Begleitung der Freiwilligen im BRUNNEN Christliche Lebensgemeinschaft e.V.

Meyns, Christoph, Jg. 1962, Dr. theol., Landesbischof, seit 2014 Landesbischof der Ev.-Luth. Landeskirche in Braunschweig, seit 2016 Beauftragter der Evangelischen Kirche in Deutschland für den Kontakt zu den evangelischen Kommunitäten, seit 2016 Ecumenical Canon der Kathedrale von Blackburn (England).

Nogrady, Gaston, Jg. 1964, Pfarrer, seit 1995 in Markersbach, 2006-2011 Postgraduales Studium der Liturgiewissenschaft (M.A.), seit 2012 Sprecher der Sächsischen Bekenntnis-Initiative, seit 2014 Mitglied der Ev.-Luth. Landessynode Sachsens, Mitglied der Ev.-Luth. Gebetsbruderschaft, 2010-2016 Ältester des Regionalkonvents Mitte.

Nowack, Sr. Gisela, 1964 Eintritt als Diakonisse in das Sächsische Gemeinschafts-Diakonissenhaus ZION Aue, fast 50 Jahre tätig in der Gemeinde- und Schulungsarbeit in ZION.

Nürnberger, Reinhold, Jg. 1949, Pfarrer i.R., 1977-2004 Pfarrer in Bernsdorf/Erzgebirge, 2004-2012 in Pobershau, Vertrauensmann des Pfarrerinnen- und Pfarrer-Gebetsbundes.

Peikert, Gilbert, Jg. 1965, Pfarrer, Mitglied der Ev.-Luth. Landessynode Sachsens, 2. Vorsitzender der Bruderschaft Liemehna, seit 2018 Geistlicher Leiter der Bruderschaft Liemehna.

Pierel, Frank, Jg. 1966, Pfarrer, Mitglied der Liturgischen Konferenz der EKD, Hochkirchliche St.-Johannes-Bruderschaft, Kapitelmitglied.

Richter, Christoph, Jg. 1931, Pfarrer i.R., 1958-1976 Pfarrer in Großhartmannsdorf, 1976-1985 Albernau, 1985-1990 Bernsbach, 1990-1996 Albernau, 1959-1985 Mitglied im Vorstand des Volksmissionskreises Sachsen, 1972-1996 Mitglied der Ev.-Luth. Landessynode Sachsens und der Kirchenleitung der Ev.-Luth. Landeskirche Sachsens, 1978-1982 Mitglied der Synode des Bundes der Ev. Kirchen in der DDR.

Schmidt, Markus, Jg. 1986, Dr. theol., Pfarrer im Ehrenamt, 2018-2020 wissenschaftlicher Mitarbeiter am Institut für Praktische Theologie der Theologischen Fakultät Leipzig, Ruf auf die Professur für Praktische Theologie und Diakoniewissenschaft an der Fachhochschule der Diakonie in Bielefeld (ab Oktober 2020), 1. Vorsitzender der Bruderschaft Liemehna.

Schönfuß, Thomas, Jg. 1954, Pfarrer i.R., Geistlicher Begleiter, 2010-2019 Leiter des Hauses der Stille Grumbach.

Schreier, Christian, Jg. 1938, Pfarrer i.R., 1963-1971 Pfarrer in Euba bei Chemnitz, 1971-1980 Pfarrer an der Peterskirche zu Leipzig, 1980-1984 verantwortlich für die Retraitenarbeit in der Ev.-Luth. Landeskirche Sachsens und Pfarrdienst in der Ephorie Rochlitz, 1984-2000 Pfarrer in Grumbach b. Wilsdruff, Aufbau und Leitung des dortigen Hauses der Stille.

Selle, Sr. Esther, Jg. 1961, Krankenschwester, Diplommedizinpädagogin, Diakonisse in der Diakonischen Gemeinschaft der Ev.-Luth. Diakonissenanstalt Dresden e.V., seit 2001 Oberin.

Stellwag, Gudrun, Jg. 1959, Ausbildung am Theologischen Seminar Adelshofen, Gemeindepädagogin in Geroldsgrün, Studium der Sozialpädagogik, seit 1988 in der Evangelischen Lebensgemeinschaft, seit 1991 in Leipzig, Angestellte.

Tietze, Klaus, Jg. 1957, Diakon, 2009-2016 Gemeinschaftsältester der Gemeinschaft Moritzburger Diakone und Diakoninnen.

Viertel, Bertram, Jg. 1946, Pfarrer i.R., 1971-1979 Pfarrer an St. Annen Annaberg-Buchholz, 1979-1992 Kreuzkirche Ebersbrunn, 1992-2010 Johanneskirche Chemnitz-Reichenbrand.

Wieckowski, Alexander, Jg. 1977, Pfarrer, 2007-2017 Pfarrer in Großhennersdorf-Rennersdorf und Ruppersdorf, seit 2017 in Wurzen, seit 2007 Mitglied des Johanniterordens (2007 Ehrenritter, 2017 Rechtsritter), seit 2010 Leiter der Subkommende Oberlausitz und zwischen 2014-2019 Konventsmitglied.

Wohlgemuth, David, Jg. 1982, Diplom-Ingenieur, Diplom-Religionspädagoge, 2009-2013 Gemeindepädagoge und INSEL-Mitarbeiter, seit 2013 Jugendmitarbeiter des Ev.-Luth. Kirchenbezirkes Annaberg (Region Stollberg), Vorsitzender des INSEL e.V.

Zimmerling, Peter, Jg. 1958, Dr. theol. habil., Pfarrer, Domherr zu Meißen, seit 2005 Professor für Praktische Theologie der Theologischen Fakultät der Universität Leipzig.

Zschuppe, Christian, Jg. 1932, Dr. theol., Pfarrer i.R., 1957–72 Pfarrer in Lobstädt, 1971 Promotion bei Franz Lau, 1972–1997 Apostelkirchgemeinde Dresden-Trachau und Krankenhausseelsorge Dresden-Neustadt.

Anschriften

Bruderschaft Liemehna e.V.
www.bruderschaftliemehna.de
www.gaestehausliemehna.de

1. Vorsitzender: Pfr. i.E.
Dr. Markus Schmidt
Geistlicher Leiter:
Pfr. Gilbert Peikert
Dorfstraße 20
04838 Jesewitz
Tel 034241 50436
epost@bruderschaftliemehna.de

**BRUNNEN Christliche
Lebensgemeinschaft e.V.**
www.brunnen-gemeinschaft.de

Dorfstraße 129
08428 Langenbernsdorf
Tel 036608 90267
info@brunnen-gemeinschaft.de

---

churchconvention
www.churchconvention.de

Pfr. Markus Großmann
Am Markt 10
09235 Burkhardtsdorf
markus.grossmann@evlks.de

Ruth und Pfr. Lothar Gulbins
Kirchstraße 7
01855 Sebnitz
ruth.gulbins@outlook.de

Pfr. Andreas Lau
Kirchberg 4
09518 Großrückerswalde

**Communität Christusbruder-
schaft Selbitz, Stadtkonvent
Leipzig**
www.christusbruderschaft.de

Schönbachstraße 27
04299 Leipzig

Tertiärgemeinschaft der Communität Christusbruderschaft Selbitz
www.christusbruderschaft.de/
de/communitaet/tertiaer
gemeinschaft.php

Diakonische Gemeinschaft der Ev.-Luth. Diakonissenanstalt Dresden e.V. www.diako-dresden.de	Oberin Sr. Esther Selle Holzhofgasse 29 01099 Dresden Tel 0351 8101012 Esther.Selle@diako-dresden.de
Ev. Lebensgemeinschaft Leipzig www.lza.de/kommunitaet/ evangelische-lebensgemein schaft-leipzig. htm	Ingeborg Geiger, Birgit Kenner, Gudrun Stellwag Rietschelstraße 47 04177 Leipzig Tel 0341 4797975
Ev. Michaelsbruderschaft, Konvent Mitte-Ost www.michaelsbruderschaft.de	Pfr. i.E. Dr. Martin Hüneburg Pfarrwinkel 16 04442 Zwenkau Tel 0342 0352851 hueneburg@theologie.uni-leipzig.de
Ev.-Luth. Bekenntnis-gemeinschaft e.V. www.bekenntnisgemeinschaft. de	Pfr. Karsten Klipphahn Dorfstraße 9 08541 Neuensalz Tel 03741 4828715
Ev.-Luth. Gebetsbruderschaft, Regionalkonvent Mitte www.gebetsbruderschaft.de	Sup. i.R. Dr. Friedrich Jacob Diakonissenweg 5 01099 Dresden af.jacob@yahoo.de

Ev.-Luth. Diakonissen-Mutterhaus Borsdorf www.diakonie-leipzig.de/ wohnangebote_wohnstaetten_ ev_luth_diakonissenhaus_ borsdorf_de.html	Am Diakonissenhaus 7 04551 Borsdorf Oberin Sr. Christa Knüpfer: Tel 034291 89200 Rektorin Pfrn. Dr. Anne-Kristin Kupke: Tel 0341 2008434 dhmutterhaus-borsdorf@diako- nie-leipzig.de
Gemeinschaft Moritzburger Diakone und Diakoninnen www.diakonenhaus-moritz burg.de	Schlossallee 4 01468 Moritzburg Tel 035207 83207 sekretariat@gemeinschaft-mo- ritzburg.de
Glaubens- und Lebenszentrum INSEL www.insel-adorf.de	Burkhardtsdorfer Straße 1 09221 Neukirchen Tel 03721 271085 buero@insel-adorf.de Leiter: Stephan Nacke Tel 03721 265747 stephan@insel-adorf.de
Haus der Stille Grumbach www.haus-der-stille.net	Leiterin: Pfrn. Anette Bärisch Am oberen Bach 6 01723 Grumbach Tel 035204 48612 grumbach@haus-der-stille.net
Hochkirchliche St.-Johannes-Bruderschaft www.johannesbruderschaft.eu	Pfr. Frank Pierel Obere Kirchstraße 24b 07952 Pausa frank.pierel@evlks.de

Jesus-Bruderschaft Hennersdorf, Werk- und Studienzentrum
www.Jesus-Bruderschaft-Hennersdorf.de

Bahnhofstraße 18
09573 Augustusburg
Tel 037291 139992
info@jesus-bruderschaft-hennersdorf.de

Lauenhainkreis

Steffen Fritzsch
Tel 037342 144355
steffenfritzsch@web.de

Oase des gemeinsamen Lebens e.V.
www.oase-des-gemeinsamen-lebens.de

Pfr. Falk Klemm
Obere Kirchstraße 10
09427 Ehrenfriedersdorf

Pfarrerinnen- und Pfarrer-Gebetsbund
www.pgb.de

Pfr. i.R. Reinhold Nürnberger
Wettinerstraße 58
08412 Werdau
Tel 0376 14790707
reinhold.nuernberger@me.com

Sächsische Genossenschaft des Johanniterordens
www.johanniter-in-sachsen.de
www.juh-sachsen.de

Regierender Kommendator
Hans-Peter von Kirchbach
Lennéstr. 78
14471 Potsdam

Pfarrer Alexander Wieckowski
Domplatz 9
04808 Wurzen
alexanderwieckowski@gmx.de

Sächsisches Gemeinschafts-Diakonissenhaus ZION e.V.
www.zion.de

Oberin Sr. Frauke Groß
Schneeberger Straße 98
08280 Aue
Tel 03771 274-0
info@zion.de

Theokreis Leipzig www.stud.uni-leipzig.de/ theokreis	Paul-List-Str. 19 04103 Leipzig info@theokreis.de
Volksmissionskreis Sachsen e.V. www.volksmissionskreis.de	Geschäftsstelle, Geschäftsführer Pierre-Gerard Grosse Reichenbrander Straße 4 09117 Chemnitz Tel 0371 33717944 post@volksmissionskreis.de

Stand: März 2020

www.geistliche-gemeinschaften-sachsen.de